◎ 本书系 2016 年安徽省省级质量工程教研项目"应用心理学教学团队建设"(项目编号:2016jxtd021)研究成果;2018 年安徽公安特色社会心理服务科研项目(项目编号:2018015)研究成果;2018 年安徽省省级质量工程项目"心理训练及危机干预实习实训中心"(项目编号:2018sxzx20)研究成果。

公安心理应用

郑立勇　著

合肥工业大学出版社

序　言

随着我国经济的高速发展,各种社会矛盾日趋复杂,人民群众对公安工作不断提出新期盼和新要求。一方面,公安机关所面临的执法环境正发生着很大的变化,特别是党中央以人为本、和谐社会等战略思想的提出,社会各方面及广大群众的法律意识、民主意识及维权意识普遍得到了增强,党和人民对公安机关及其广大民警的执法能力和水平提出了更高的要求,公安机关的执法活动已处在更加广泛的社会监督之下。在这种社会大背景下,公安机关所面临的挑战前所未有。由于公安机关经常处于社会矛盾的前沿、旋涡的中心、群众的对立面,如果执法能力不强、执法力度不高,在执法活动中不规范执法,那么势必会造成人民群众对公安机关的不满意甚至产生不良的印象。这就要求各级公安机关改进执法方式、规范执法行为、提高办案能力和水平,确保严格公正文明执法,维系社会公平正义,建设和谐社会。

另一方面,当前的公安队伍建设正面临着不容回避的思想困惑和巨大的工作压力,公安民警背负着维护社会秩序、保卫人民群众生命财产安全的重任,每天都处在与违法犯罪行为做斗争的前线,不但要长期超负荷地工作,而且随时都可能面对暴力威胁和生命危险。面临着日益严峻的执法环境,公安民警要圆满完成各项公安保卫任务,不辜负党和人民的重托,不仅需要具备良好的政治业务素质,还必须具备良好的心理素质。一个没有健康的心理状态、没有良好的心理素质的警察,不可能成为一个优秀的人民警察。关注民警的心理健康,使民警的心理素质能够应对新形势的挑战显得尤其重要。多年来,党中央、国务院和公安部党委始终高度关注公安民警的心理健康保护工作,要求公安机关采取有力措施,加强民警的心理健康保护,切实维护民警心理健康、强化民警职业心理素质、提升警察队伍的实战能力。

本书集公安工作主体与客体心理应用为一体,对公安工作主体和客体以及二者相互作用过程中的心理现象进行有益的探讨和研究,期望打开一种全面系统的公安心理应用研究视角，使读者了解民警在有效减少与遏制犯罪心理对策的同时，如何具备新时代要求的职业素质及心理能力，积极面对新时期赋予公安工作的历史重任。希望能从心理学的独特视角来关注公安工作发展和民警心理健康，帮助民警解决实际工作中的困惑和难题。

　　本书在写作过程中，得到了安徽省公安教育研究院、中国科学技术大学人文学院以及合肥工业大学出版社和有关部门的大力支持，同时也借鉴了诸多学者的研究成果，在此一并表示诚挚的感谢！由于作者水平有限、经验不足，缺点和错误在所难免，敬请读者批评指正！

作　者

2020 年 1 月

目　录

第一章 民警心理训练

第一节 民警心理训练概述

一、民警心理训练历史发展

(一) 古代心理教育与训练

古希腊哲学家柏拉图认为，年轻人要想抵御诱惑，就必须经历严格的训练。他提倡让年轻人经历各种虚构的危险，最好是"在我们的战士还年轻的时候，先让他们置身于可怕的事物之中，然后又把他们置身于各种快感之中，这样我们就有办法来考验他们，了解他们是否抵制了各种诱惑，是否在各种情况下都不失体面，是否很忠实地保卫了自己和自己所受的教育"。亚里士多德所提倡的"净化理论"则是现代音乐治疗的前身，指出将烦恼、痛苦、悲伤之情绪，随着欢笑、激情、泪水抒发出来，以保持身心平衡，维持身心健康，而音乐在呼吸、血压及消化上，亦有显著的影响。古希腊海军训练中，比军事训练更重要的是对士兵心理素质的培养。毕竟一个普通人在面对敌方森严的阵势时，不可避免地会感到恐惧，这时就需要"战斗的动力"。古希腊人对这种"战斗的动力/斗志"有一个专门的词来称呼：dynamis。比较特殊的一种训练方法是柏拉图在《会饮篇》中提到的：可以用当时盛行于希腊的同性恋的方式来培养战士。如果战士们彼此都是相爱的，那么战斗力肯定会大大提高。还有一些诗人是以写作能激发出 dynamis 的诗而出名的，比如著名的阿提卡诗人提尔泰欧斯（Tyrtaeus）。

欲求是人行为的内驱力，但纵欲则使行为失控，所以欲望是需要管理的也是可以管理的。古代斯巴达人通过定量分配食物、衣服，让孩子们学会忍受饥饿和寒冷；通过接受各种严酷的肉体惩罚，让他们学会忍受痛苦；通过严格的举止规范训练，如走路不许说话，眼睛向下看，双手放在外套口袋中，让他们学会如何禁欲。

自古以来，我国传统文化中就有许多"修心养性"之说。"修心"可以培养大脑的灵性，"养性"能够维护大脑的健康；要培养其灵性、维护其健康，就必须对大脑进行训练，如佛、道、儒、气功等，都是通过"意识"或"念头"对大脑进行训练。古人在"心""神"等古老概念的基础上，已经解决了"练神""治心""修心养性"等的重大问题，提出了许多训练大脑、维护大脑健康、开发大脑智慧的有效方法。例如，中华武术中的梅花桩就有练神的作用。梅花桩对练功者"里外无形无相，性与虚空相同"的要求，实际上是培养大脑灵性，保护大脑健康的重要措施；所谓"梅拳神授"实际上是大脑"潜意识"活跃状态下激发灵感的现象，是梅花桩武功训练大脑起作用的一个明证。再如古代泰拳训练中的拖桥练习不仅仅是技法训练，同时也是心理训练，攻防对练时，应变消解不被拖倒，同时，心理上保持镇静以免被人乘虚而入。练就后，拳师单足立地时，架势平稳，应对自如。此外，从古代中医对一些疑难怪病独具特色的心理疗法，如激怒疗法、逗笑疗法、痛苦疗法、怡悦疗法、羞耻疗法等，也可以看到心理刺激对于行为改变的有效性。

我国军警心理训练思想同样源远流长，历代著名兵法和经典军事著作中，蕴藏着非常丰富的相关内容。《孙子兵法》对指挥员应具备的心理品质就有详细的论述，认为"将者，智、信、仁、勇、严也"，强调带兵将领应具备才智、诚信、仁慈、勇敢、威严等多种心理品质，否则难以胜任。我国古代军事学家还特别重视对部属进行服从命令和舍生忘死的心理训练。著名军事家吴起认为，如果士卒不养成服从命令的心理品质，部队平时就会发生混乱，战时更会打败仗。他提出"三军服威，士卒用命，则战无强敌，攻无坚陈"。兵书《尉缭子》提道："兵有五致：为将忘家，逾垠忘亲，指敌忘身，必死则生，急胜为下。百人被刃，陷行乱陈。千人被刃，擒敌杀将。万人被刃，横行天下。"强调只有平时训练，士卒不避刀刃、不怕牺牲，战时才能奋勇杀敌。我国历史上许多军事家对士气的激发也有过十分精辟的论述。如《尉缭子》认为，人心和士气对战争具有十分重要的作用，"夫将之所战者，民也。民之所以战者，令也。气实则斗，气夺则走。"打仗靠民心，战斗则凭借士气，士气旺盛就可以和敌人战斗，士气丧失就必须回避作战。《孙膑兵法》在《延气》篇中详细描述了"激气""利气""厉气""断气""延气"五种激励士气的方法，这些方法非常合乎军警的心理活动规律。

（二）我国港台地区警察心理训练

中国台湾的海军陆战队为了磨炼士兵的求生意志，曾进行过要求"蛙人"拿粪便涂脸的"涂粪"魔鬼训练，甚至还把馒头丢进粪坑，"蛙人"必须快速地跳下粪坑，趁着粪水没入馒头之前，赶紧捡起充饥果腹。不过这种"蛙人"训练用精神折磨提升官兵意志曾经遭人投诉，在1988年之后已经不再进行。

中国香港飞虎队的在职培训中也包含心理训练的内容。如"如履薄冰"，即通过"蒙眼过障碍"的游戏培养警察的忠诚度、判断力和对指挥员的绝对信任。再如通过做好"用完随手关闭电脑""无人监管自动付账"等看似不是什么原则性问题但又很难做好的事情培养警察强烈的公德意识和良好的个人修养，促使香港警察机动部队总部所制定的一些看似难以遵守的规矩得到很好的贯彻，将"不是不可以，而是不应该"这一理念融入日常的生活、学习中，最终成为其行为习惯的一部分。

（三）发达国家警察心理训练

发达国家十分重视警察的心理素质，一些国家把心理素质作为选拔和训练警察的首要条件。美军海豹突击队（SEAL）的队员不仅要能执行水下侦察任务和陆上特种作战任务，还能以空降形式迅速前往战区。在圣迭戈市郊科罗拉多岛，其海军两栖训练基地的"水下爆破基础学校"的训练非常艰苦，但可以激发个人潜能。在水中爆破队成立之初，队员的训练是背负着大量的炸药进行长距离游泳，而现在他们必须使用最新的武器与复杂的机械装备，熟记大量的资料。

德国边防军第九反恐怖大队（GSG9）成员，主要来自联邦边防部队或正规警察部队服役一年以上的军人志愿参加，择优录取。为了能成为第九反恐怖大队的正式成员，要经过一系列的严格考验。仅第一阶段的心理分析就要持续4至5小时，只有30%的人能够通过这种考验。队员们经常接受心理学专家的帮助，学习应付各种极度紧张情况的本领。理论课教室的墙上一直贴着这样两句口号："为争取行动自由而奋斗"和"只有简便才能取得成功"。

目前世界上经济发达的国家和地区的警察部门都设有专门的心理服务机构，培养、训练警察更好地适应本职工作，高效率地履行其职责，解决因压力导致的各种心因性疾病。美国对警员实施严格的心理素质训练，鼓励他们到高等学府进修心理学课程；警察在经历突发事件后，心理分析师会立即与其面谈，帮助他降低突发事件对其身心健康带来的消极影响，并通过对其心理状态的评估来判断警员是否可以继续留任、是否应转到压力较轻的岗位工作、可否继续携带武器、能否胜任更高级别的职务等。

心理训练较高层面是结合实战的训练。以射击心理训练为例，我国射击场安全是通过指挥员的口令强制射手实现的，要求枪口不准对人，而欧美则是由射手自己把握安全底线自觉实现的；在不射击时，食指不进入扳机护圈内。他们认为，不惧怕战友的枪口是一种信任，也是一种战斗力。

欧美国家特种部队和特种警察于20世纪80年代开始实行靶旁站人的单向射击科目。法国宪兵机动空降队的特警在进行手枪射击时，派一名特警跪于靶旁拍摄影像。此时，进行射击的特警不可避免地产生额外的心理负担，他们必须保证发射的子弹都要命中靶子，如有闪失，就有可能伤及身在靶旁的特警。

美国洛杉矶特警队进行小组蛙跳式交替前进射击。小组成员在前进中相互掩护射击，后面特警立姿发射的子弹从前面跪姿特警的头上飞过。进行这样的实弹射击对前、后特警的心理都是一种训练。经过这种考验，在实战中就会避免发生在前进中误击战友的事故。美国特警为适应实战中保护人质的射击要求，在训练中，模拟人质的特警坐在靶旁，给射击者施加心理压力。美国里诺特警队进行室内解救人质作战训练时，在木板墙上挂上模拟恐怖分子的靶纸，靶纸旁边坐着3名模拟人质的特警。射手要在规定时间内，用手枪、冲锋枪命中靶纸上6英寸大小的标识，若子弹脱靶，则有可能击中模拟人质的特警。参加实弹射击的特警对此科目表示欢迎，他们认为这种情形在实战中经常遇到，平时有了心理承受力，战时才能做到避免伤及人质，准确击中歹徒。

俄罗斯空降兵的特种分队是世界上最优秀的特种部队之一。他们在模拟实战的训练中，应用了逆向实弹射击方式。指挥员命令机枪手向远方高桩铁丝网下匍匐前进的士兵进行实弹射击。匍匐的士兵要注意不被迎面射来的机枪子弹击中，而机枪射手必须将子弹打在铁丝网上方而不得伤及前进的士兵，因此，这种训练方式对于机枪手和在弹雨下的士兵都是一种心理承受力的考验。

葡萄牙国家警察特别行动队的特警实行手枪双向实弹射击。一方特警为立姿，另方为跪姿，双方互相用实弹射击对方身边的靶子，特警与靶子的间距稍大。两列特警持冲锋枪近距离双向实弹射击则难度较大。如果说单发射击还比较容易控制子弹的走向，那么连发、点射时弹雨如注，如果保证特警的安全，靶旁的特警必须穿上全套的防弹服，而受训特警竟然连防弹头盔都没有戴，可见该特别行动队特警射击技术和心理素质之高确实名不虚传。实战中，该队的战绩也是名扬欧洲，令恐怖分子闻风丧胆。

实弹对射是对真实作战最逼真的模拟。在这种训练中，特警和由特警装扮的假想敌互相向对方防弹背心上的指定区域直接发射实弹，从中真实感受在实战中亲手射击、命中目标以及被敌方枪弹真实击中时的紧张、恐惧，最大限度地提高心理承受压力的弹性幅度，增强生理和心理耐受力。经过这种训练的特警，在实战中一般可以做到处乱不惊，变紧张为从容，转恐惧为兴奋，使平时练就的战术动作能够正常甚至超水平发挥。因此，实弹对射被各国军事家和心理学家公认为实战心理训练中针对性最强、效果最显著，也是难度最大的训练方式，目前采用这种训练方式的只有大名鼎鼎的法国国家宪兵干预队。法国国家宪兵干预队在进行实弹对射训练时，充分利用防弹装具的优异防弹性能：让两名队员穿戴上防弹背心、护颈、护裆、头盔、面罩在内的全套防弹装具，然后相互射击对方防弹背心上印制的标志。训练中要求队员在"敌方"疯狂射击时表现出沉着、冷静，并在激烈的对抗中准确命中"敌人"的要害部位，让队员从训练中亲身感受用实弹直接射击活人和被实弹击中后心灵所受到的冲击和震撼。在一对一实弹对射的基础上，训练随后进入模拟恐怖分子控制的环境，如被劫持的飞机和被占领的使馆。恐怖分子由身着防弹装具的特警装扮，队员们则进行从汽车里向外射击以及从外面向汽车、火车、飞机内射击的训练。若队员动作稍慢就有被"恐怖分子"击中的危险，而队员在射击时又要迅速识别人质和恐怖分子，其训练难度之大无异于真枪实弹的战斗。各国特种部队的作战实践证明，技术、心理训练难度大的部队，往往作战业绩辉煌。以进行实弹对射的法国国家宪兵干预队为例，自1974年成立至今战果累累，成功完成各类任务1000余次，从无失手，令各国恐怖分子闻风丧胆。对于世界上第一个用实弹对射作为反恐作战心理训练手段的特种部队，上述战绩佐证了这种训练方式的有效性。

在常规轻武器相对现代化的今天，反恐作战部队指战员的心理素质已成为战斗力的重要组成部分，有时甚至起到第一位的作用。与欧美同行相比，我国特种部队、特种警察的实战心理训练尚有较大差距，特别在轻武器射击这一反恐作战的制胜手段上，我们的心理训练几乎是空白。在新的历史条件下，为适应未来反恐作战的需要，加强反恐特种部队、特警的心理训练，已成为一项刻不容缓的任务。我国反恐作战部队实战机会少，必须通过高水平的训练提高和保持战斗力。然而由于种种原因，相当数量的特种部队还没有开设心理训练科目，这种状况与当前反恐斗争的要求是不相适应的。其实，我国实施轻武器实弹心理训练是有条件的，没有必要过于担心。国产防弹装具完全可满足实弹对射的防护要求，如我军军需装备研究所士兵防护中心研制的防弹背心，防护性能超过国外同类产品，实施双重防弹保护后可确保万无一失。我们已经具备了实弹对射等高级训练的物质条件。20 世纪 90 年代，我国曾一度以激光模拟射击作为实战训练的主要手段，射手用激光枪射击屏幕上显示的画面目标。从欧美国家引进激光枪，每套大约百万元人民币。系统采用计算机监控计分，对射手的拔枪速度、射击速度和精度以及对恐怖分子和人质的识别能力进行裁判。该系统看似贴近实战，但参训人员没有任何心理压力，很大程度上更像是在玩高级的电子游戏。这种系统很快就被搁置起来，面临实战中生死考验的作战人员只认可真正接近实战的东西，哪怕看起来危险的训练方式。目前在一些大中城市，训练有素的射手进行手枪、自动步枪、狙击步枪的实弹射击时，已有队员敢于在靶旁报靶，类似欧美特警及特种部队双向实弹射击的训练方式，在我国已经有了雏形。

（四）我国民警心理训练现状

公安工作的成败依赖于民警的素质。政治、文化、业务、心理和身体五大素质中，身体素质和心理素质相对于其他素质来说要弱一些，其中心理素质更弱一些。心理素质已经成为我们做好公安工作的重要因素，全面提高警察心理素质是我国公安工作刻不容缓的重要任务。早在 2000 年 5 月，心理素质测试就被国家写进了《关于地方公安机关录用人民警察实行统一招考》的意见之中。2000 年 9 月，深圳市公安局建立了我国内地第一家警察心理服务中心。自此，民警的心理健康问题逐渐得到重视。2004 年 12 月，公安部属公安信息网设立"民警心理健康网站"，这是我国各部门、行业中第一家由部委组建的心理健康网站。截至 2006 年 8 月中旬，已有 113 万人次访问该网站。2005 年 9 月和 12 月，公安部人事训练局举办了两次心理健康远程教学活动，组织全国公安民警收看收听，广泛普及心理健康知识，同时，组织编写了《公安民警心理健康训练》一书，免费下发至全国公安机关基层。2005 年 10 月，公安部全国公安局长会议通过成立全国公安民警心理健康工作领导小组及服务中心，并决定从 2006 年起全国公安机关招考警察逐步推行心理素质测评。2005 年，公安部根据公安工作实际和民警心理素质现状与解放军军事心理训练中心联合研制了民警心理训练专用设备，包括心理减压舱、心理素质测评、心理能力训练、心理行为训练以及行为分析编码等五大系统，同时将公安大学确定为部级民警心理训练实验室，将工作基础较好的河北保定、山西太原、辽宁大连、上海、江苏淮安、湖北武汉、四川绵阳、云南楚雄等 8 个城市公安局指导建立为民警心理训练实验点，给予必要的技术、设备等支持，并举办专业人员培训班等。2006 年 1 月，公安部在辽宁大连试行公安民警心理训练试点，目前民警心理训练已初具规模。在 2006 年度公安部机关及

9 个边检总站新警招考中进行心理素质测评试点取得良好效果后，2006 年 2 月，公安部下发《关于在全国公安机关省级统一招警中开展心理素质测评工作的通知》，要求自 2006 年 7 月起将心理素质测评作为省级统一招警的一个必经环节，对测评结果不达标的考生不予录用，从源头上确保公安民警的心理素质。2006 年 7 月，公安部发布《关于进一步加强公安民警心理健康工作的意见》，2007 年发布《公安部关于印发〈关于进一步加强公安民警身心健康保护工作的意见〉的通知》，各省厅开始不同进度地行动起来，迄今为止，各地已有一些举措。

2002 年 4 月北京市公安局启动了首都刑警心理健康工程，全方位地关注一线警察的心理健康问题。2005 年 4 月西城分局挂牌成立"西城公安分局减压调节健康中心"，由专门心理医生值守，专为分局民警免费服务的心理咨询"倾亲热线"也正式开通，同年北京市刑侦总队邀请专家为刑警开办专门性的心理咨询讲座。此外，安定医院的心理医师还定期到基层为民警开展心理门诊，并有针对性地开设心理课程，如在执行枪击任务后，要求刑警必须接受心理检查。对于短期的心理失常、心理疾病，可以通过心理治疗、休假疗养、调换岗位等方式进行调整和缓解。广东省东莞市公安局从 2005 年开始在每一期的警衔培训中增加警察心理健康的相关课程，将警衔培训必过"心理关"形成制度。2006 年 8 月陕西省厅出台了《2005—2007 年陕西省公安机关开展民警心理健康工作规划》，对搞好民警心理健康工作的思路、目标、工作方法提出了具体要求，并特别强调了加强新录用民警的适应性训练，规定凡新录用民警，上岗前必须完成自我认知、价值取向、情绪自控、人际关系、职责意识等心理训练，同时制定了《陕西省公安机关新录用民警心理素质训练计划（试行）》，明确规定了训练目的、任务和具体的训练内容；2006 年 9 月派出心理素质训练师对 121 名新警进行了心理素质训练，迈出了实施该省民警心理健康工作三年规划的第一步。

关注民警心理健康是新形势下加强和改进公安队伍建设的必然要求，是深入开展大练兵活动、进一步提升公安队伍"四个能力"的重要突破口和切入点。公安部已把民警心理训练纳入人民警察"三个必训"体系，在原有训练内容、模式和方法的基础上，开展经常性的心理训练，制定了民警心理训练大纲和考核标准，进一步完善民警心理素质测评标准和测评方式，加强全国公安民警心理健康服务中心建设，探索建立具有中国特色的公安民警心理健康工作机制，逐步建立、完善民警日常心理健康服务各项规章制度，切实将民警心理健康保护工作纳入规范化制度化轨道。综上所述，心理健康的养护、心理品质的提升、心理潜能的开发及心理规律的运用等对于警察是极其重要的，要达成以上目标，就需要在相关理论指引下，加强政策机制客观保障，塑造正确的心理保健观，探索合适的心理训练法，规整实用心理知识体系，从而长久地、切实地为广大民警的心理发展、为警察整体战斗力的提升保驾护航。

二、民警心理训练的意义

（一）民警心理训练的含义

训练就是有目的、有步骤地获得某项技能或某种行为方式的过程，重复是其显著的特征。心理训练通常是指有意识地对人的心理过程和个性心理特征施以影响力，发展各种必需的、积极的心理品质，促进身心健康发展的一系列训练活动。从这个定义可以看到，心理训练应当是一种有意识的自觉行为，是根据人的需要出发，促进个体适应水平的系列活动。针对不同的人群，心理训练应当既有共通性，又具有差异性。通常而言，人们将个体所具有的素质当成完成某项活动所必须具备的基本条件。但同时人们也意识到，先天具有的各类素质还必须经过后天的培养与训练才能达到最佳水平。最为人们熟悉的莫过于身体素质与体育锻炼之间的关系。一个优秀运动员在其运动生涯之初总是因为其良好的身体素质与表现出来的较高运动水平而被选拔出来进行培养，在长期艰苦的训练之后，其运动水平才能达到巅峰状态，并在国际性比赛中崭露头角。随着运动员竞技水平的不断提高，人们发现在越来越多的比赛项目中，运动员能否发挥出最佳竞技水平还与其心理素质有较大的联系。心理素质已经被公认为运动员最终比赛结果的重要影响因素。

民警心理训练是针对民警个体和群体开展的心理训练，是指有意识地培养和提高民警工作中所必需的各类心理品质，促进民警身心健康发展与能力顺利发挥的一系列训练活动。通过运用较先进的方式、方法开展民警心理训练，可以较为迅速地提高民警的整体心理水平，同时，有目的、有计划地将公安工作所需要的特殊心理品质介绍给参训的民警，可以使他们自觉地培养适应实际工作岗位的特殊心理品质。另外，在面对公安工作中一些特定刺激时，需要克服某些心理障碍，也必须通过心理训练来完成。

（二）民警心理训练的意义

就理论与目前民警心理训练的实际效果来看，无论是从提升警力的角度，还是从完善公安教育培训的角度，抑或从民警个人成长的角度出发，开展警察心理训练都具有积极的现实意义。就警察心理训练的内容而言，业务技能课程解决的是能不能的问题，而心理训练解决的是愿不愿的问题，是更前提的问题。一个本事高超的警察如果不愿意执行任务，那么目标也难达成；一个能力相对较弱的警察如果肯干肯钻研，也许能力就会被激发出来。就模式而言，知识讲解与活动训练相结合，将知识内化为能力、能力外化为行动，其培养效果更佳。具体意义如下：

1. 有助于提升警力

从提升警力的角度来看，心理素质的提高为警察整体素质的增强提供了有效途径和有力保障。警察职业是一项高压力、高负荷、高应激、高风险的职业。在社会矛盾复杂凸显的现实条件下，警察自身的心理素质越来越成为保障其直面困难、顶住压力、战胜挑战的重要因素。提高心理素质，能够：克服心理惰性，磨炼战胜困难的毅力；启发想象力与创造力，提高解决问题的能力；认识群体的作用，增进对集体的参与意识与责任心；改善人际关系，学会关心，更为融洽地与群体合作；培养对组织的归属感、认同感，培养凝聚力、竞争力、创造力等。因此，加强警察心理素质训练对于提高警察队伍的战斗力具有重要意义。

2. 有助于提高民警的心理健康水平

从民警健康成长的角度来看，警察心理训练能使参训民警的心理和行为发生积极持久的改变或形成一些警察职业所需的特殊心理品质，培养其良好的职业心理素质。从挑战自我、集体攻坚中抗击源自现实的倦怠、沮丧等角度来看，警察心理训练能使参训民警重新发现人生的乐趣、唤醒生命的活力，提高其心理健康水平。

3. 提升民警心理技能，促进自我成长

心理训练能够：培养民警心理平衡技巧、情绪管理技巧、压力缓解技巧、人际沟通技巧、应激应对技巧、竞争协作技巧等；提升认知操作水平、情绪调控能力、身心放松技能等；认识自身潜能，增强自信心，促进心灵成长的意识、语言、行为；改善自身形象，完善人格；学习欣赏、关注和爱护大自然等。

三、民警心理训练类型和模式

（一）民警心理训练的类型

警察心理训练作为一个尚处于起步阶段的新生事物，已经开始获得越来越多的关注与重视，其意义已经得到了充分的肯定。但鉴于我国警察心理训练的发展水平还比较低，如何使之进一步地科学化、系统化、规范化和实用化，以更好地在实践中发挥提升警力、帮助民警自我发展与完善的作用，还有待于我们在实践中不断摸索和总结。

警察心理训练组织形式按参加人数可分为单人训练、多人训练及团队训练；按科目数量可分为单项训练、多项训练及综合训练；按参与双方关系可分为单独训练、协作训练及对抗训练。各类组织形式之间又可按照任务需要进行不同的排列组合。

1. 单项训练

单项训练是着眼于警察日常工作中需要应用到的部分具体技能与相关心理品质，强调对某种心理过程或与某项具体警务实践活动相关的心理因素进行的训练。如对认识过程中观察能力、记忆能力的训练和针对警务攀登、搏击、射击等实战技能培训中动作反应时与准确度的心理训练。

2. 综合训练

综合训练是着眼于警察心理健康及对警察个体心理过程、心理状态和个性心理的整体影响，强调将人的心理看成一个复杂的整体进行训练。如警察压力管理训练包括压力认知、理性思维、情绪调整、意志控制等综合训练，警察人际沟通训练包括观察、倾听、言语和非言语交流、共情、冲突处理等综合训练，其他还有警察应激水平控制训练、警察临战心态调控能力训练等。

单项训练更侧重任务的实现，遵从警察培训中注重实战要求的传统，而后者更侧重个体自身的发展，属于对具有警察职业属性的正常成年个体良好发展的关注。从对心理的认识角度而言，人的心理是整体、协调发展的，片面强调某些心理品质和能力是不科学的，以某种心理品质或某种技能训练作为警察心理训练的主要内容也是不全面的；而从对警察职业要求的考虑来说，不同警种对警察的技能素质和心理素质的要求也不尽相同，应当设计针对不同警种和警务技能的相关心理训练。因此，这两个类型应该是相辅相成的，要在不断增强警察心理健康和心理素质全面发展的基础上，面对具体工作的不同需求，有侧重地开展专项训练。也有学者提出在警察心理训练的实践中要区分新警培训和晋升培训的差异，对心理训练的两个方向进行有意识的侧重。

（二）民警心理训练的模式

训练方法要适应训练内容的需要，不同的训练内容要结合不同的训练方法。然而训练的效果不仅与训练方法的正确运用有关，还与训练模式的正确选择与组合有关。

1. 根据参训民警在训练过程中主动参与的程度，可将不同的训练方法划分为以下五种模式。

（1）灌输式训练

灌输式训练包括传统的讲解法、观摩法、练习法等，将参训民警看成被动接受间接经验的个体。其优点是可以在较短时间内将大量知识、技能介绍给参训民警，并通过反复强化使民警较快掌握所学知识、技能；缺点是这些间接经验与民警的实践距离较远，如果民警不能有意识地将之迁移到实践中，训练效果会受到很大影响。

（2）引导式训练

引导式训练包括咨询法、暗示法等，将参训民警当成需要帮助的对象，而视培训教官为引导者。此过程是助人自助的过程，能够对参训民警产生潜移默化的影响，但也需要参训民警自身具有主动性，训练效果不易掌握。

（3）挑战式训练

挑战式训练包括迷宫法、抗干扰训练法等，以挑战的形式激发参训民警的积极性。这种训练具有竞赛的特点，需要严格按照循序渐进的原则进行设计，以防造成参训民警的重大挫折感，打击其自信心。

（4）体验式训练

体验式训练包括模拟训练法、角色扮演法等，通过模拟民警日常工作和生活中的各种物理环境、人际环境和心理环境，主要让参训民警自发地采取应对措施。实际上是对真实警务实践的预演，其效果一是取决于模拟仿真的程度，二是取决于参训民警的自觉意识和情境融入程度。但设计难度大，对设备和培训教官的要求也很高。

（5）自我训练

自我训练是警察心理训练要达到的最终目标。自我训练是指参训民警在掌握一定的心理学知识和训练方法后，随时随地把握机会，对自己的心理活动进行锻炼和调节的一种自我发展与完善。

2. 根据人的认知及个性心理发展规律，将递进的警察心理训练模式依次可分为以下五种模式。

（1）观察模仿模式

社会学习理论将人类的学习分为两大类：一是直接经验的学习；二是间接经验的学习。前者是指从自身活动以正反两方面结果及其经验教训中学习；而通过间接经验的任何学习，只要通过观察榜样示范就能够进行，其结果具有传递信息、引发动机及强化行为的功能。观察模仿属于间接经验的学习，一般运用于训练的初始阶段，具体如观摩法、影音法等。

（2）认知组构模式

警察的认识活动是按照一定阶段的顺序形成和发展的心理结构进行的。

这种认知结构是递进的、多层次的，由低级向高级水平发展的，原先的图式经过同化和顺应不断丰富完善从而发展为新的图式。具体如讲授法、讨论法、案例法等，通过知识与技能的更新使得警察能力不断提高。

（3）心理表象模式

指运用形象思维的方法来对自己的身心进行调整。研究表明，动觉表象、视觉表象和想象表象的有机结合运用是提高心理训练效果的良好模式。此外心理表象训练还能够产生肯定的认知，对生理和心理都会产生积极的影响。具体方法如有愿景法、空椅法等。

（4）仿真模拟模式

提高思维、决策能力的最有效办法是让受训者置身于需要他作出决策的情境中去，接受从感知信息到思维、判断、做出决策的整套训练。基于此，各国都把仿真模拟训练作为心理训练的重要模式。警察实战模拟一般包括涉险环境模拟、困苦条件模拟、受辱气氛模拟、现场景象模拟、实战地域模拟、实战对抗模拟、实战过程模拟等。

（5）缓压放松模式

此模式包含两层含义：一是指对职业紧张度的缓释；二是指每次训练完成后的放松。持续紧张会使大脑处于保护性抑制状态，脑功能急剧下降，造成个体反应迟缓、记忆力降低，甚至进入临床休克状态，导致严重的身心疾病。因此缓压放松模式目前备受国内外业界关注，运用较多的有生物反馈法、艺术作业法、渐进性放松、暗示性放松、潜讯息训练等。

在警察心理训练的过程中，单一偏好某种模式的做法是不科学的。合理的做法应当是根据训练的内容、要求、时间、条件及希望达到的效果选择一种或几种训练模式，将各种训练模式融合运用，互相取长补短。当然，任何有计划、有组织的警察心理训练都是短期的，而心理的成长与完善是伴随着每一个民警毕生的"任务"，因此我们要在每一次训练中努力帮助民警树立自我训练的理念。

第二节　民警心理训练内容及评估

一、民警心理训练的内容

民警心理训练系统大致可分为三个层次：基础心理健康养护、角色心理品质提升及综合心理潜能开发。基础心理健康养护是前提；角色心理品质提升是针对不同警种、不同岗位、不同层级的心理品质需求；最高一层则是综合心理潜能开发，包括个体特殊能力的挖掘以及团队整合力量的激发。对应系统层次，民警心理训练科目构成包括基础科目、专项科目及综合科目三个部分。

（一）基础科目

基础科目的目标是心理健康的维护及心理障碍的矫正，主要任务是培养警察心理健康的维护和修复，矫正警察的心理障碍。

1. 普通心理健康

普通心理健康包括以下十个方面：其一，有足够的自我安全感；其二，能充分地了解自己，并能对自己的能力做出适当评价；其三，生活理想切合实际；其四，不脱离周围现实环境；其五，能保持人格的完整和谐；其六，具有从经验中学习的能力；其七，能保持良好的人际关系；其八，能适度地发泄情绪和控制情绪；其九，在符合集体要求的前提下，能较好地发挥个性；其十，在不违背社会规范的前提下，能恰当地满足个人的基本需求。

2. 职业心理健康

职业心理健康包括以下六个方面：其一，能够从心理上正确认识自己、接纳自己，具有较强的进取意识。即能够体验到自身价值，对自己的能力、性格、优点、缺陷能做出客观评价；同时，具备强烈的自我发展意识，努力发展自身的潜能。其二，能较好地适应现实环境。即能面对现实、接受现实，并主动地适应现实、改造现实；对周围环境和事物有客观的认识，并与现实环境保持良好接触；对各种挑战和困难能妥善处理。其三，具有和谐的人际关系。即乐于与人交往，能认可别人存在的价值和作用，融入集体之中，以友善、信任、同情的态度与他人共存，在社会生活中有较强的适应能力和充分的安全感。其四，具有较强的自我调节能力，能较好地协调与控制情绪。即以愉快、乐观、开朗、满意等积极情绪状态占主导地位，身心处于积极向上充满信心与希望的乐观状态；能适度地表达和控制情绪，合理地宣泄不良情绪；在紧张激烈的战斗环境中能有效进行心理调控。其五，具有较强的服从和奉献意识。即明确自己的社会角色和职责，服从命令、听从指挥，服从大局、关心整体，具备牺牲和服务精神。其六，具有完整统一的"人格"。即人格的各构成要素诸如气质、能力、性格、理想和人生观等方面的平衡发展。

3. 心理障碍矫正

警察行动中常见的心理障碍主要存在于以下几个方面：（1）认知障碍，如知觉的错误、记忆障碍、先入为主的思维定式、常见不疑的思维定式；（2）

情绪障碍，如过度敌意、冷漠麻木；（3）不良人格，如封闭人格、急功近利、投机取巧、关系阻碍；（4）效应障碍，如社会认知的效应、首因效应、晕轮效应、齐加尼克效应、井绳效应等。

相应的矫正内容包括以下三个方面：

（1）增强警察的法制意识，改变认知。警察行动中的心理障碍，多数是正常人的认知障碍，他们或对法律政策缺乏正确认识，或在头脑中存有某种世俗落后思想与偏见，不能正确地认识到对犯罪嫌疑人采取必要的打击处置措施是有益于社会、有利于公众的好事，是自己的社会职责和应尽的义务，反而在行动中表现出缩头缩尾、顾虑重重、态度暧昧。解决这种心理障碍首先要提高思想认识，具体措施有：进行法制教育，向其讲明法律规定，并结合奖惩实例向其加以教育，以改变其软弱行为；提高对犯罪危害性的认识。有些人认识水平低，认为犯罪与己无关，或认为这是一种社会现象，不可避免。因此，不仅恨不起来，反而包庇，甚至于敬佩。对此，应讲明犯罪的社会危害以及与犯罪行为做斗争的社会意义，鼓励其积极地、主动地、自觉地、勇敢地与犯罪行为做斗争，树立以捍卫国家、社会、人民的利益和法律的尊严为己任的崇高职业感。

（2）建立警察高尚的情感，加强警察的道德感、爱憎感和理智感。警察不能有效行动，其中很大程度在于缺乏深厚的道德感、鲜明的爱憎感和健全的理智感。道德感是一种高尚的社会情感，它是人们在评价自己、他人等道德行为时，评判其行为是否符合道德标准而产生的内心体验。道德感是调节自己或他人行为的内部"调节力量"，如果缺乏深厚的道德感，对社会生活中人们的行为诸如好与坏、是与非，都不能引起感情上的变化。如果好的不爱、坏的不恨，这样，他们在行动中就缺乏一种内部的对正确道德行为的支持力量，也缺少对不好的道德行为进行惩治的推动力量。因此，由于对犯罪不够恨，甚至恨不起来，就很难存在高效有力的行动。爱憎感是道德感的一种表现形式，是对恶劣行为憎恶、对高尚行为加以肯定的情感。它是推动警察打击犯罪及其行为，捍卫受害人权益和利益的最鲜明、最直接的一种情感。爱憎感的培养对纠正警察在行动中的不良行为和心理障碍有非常重要的意义。理智感是在追求真理捍卫真理和一切智力活动过程中表现出来的高级社会情感。理智感在矫正心理障碍中也有非常重要的意义。警察如果具备了强烈的捍卫真理的意识，并保持客观求实的态度，那么，警察指挥员在行动策划时，就会进行理性的思考，避免莽撞行事。

（3）消除人格上的心理障碍。人格上的心理障碍的表现是多方面的，如轻微的偏执人格、过分抑郁、狂躁、怯于行动、潜在的反社会人格、玩世不恭人格等。个别警察在行动中，或固执己见，或走向极端，或故步自封，或盲目冒进，或口不择言，或不负责任等。对于这样的警察，要从思想教育入手，提高思想觉悟，增进法律意识，辨明是非，消除其侥幸心理和玩世不恭的人生观、世界观。要考虑是否可以继续让其执行公务或胜任此警种。当然，消除人格上的障碍，并非一朝一夕的事，但通过一定的教育培训，对警察行动带来的好处和帮助是毋庸置疑的。

（二）专项科目

专项科目目标是培养训练警察特有的心理角色意识和技能，基本任务一是强化在各种困难复杂的条件下进行实战任务所需要的注意感觉、知觉、想象、记忆、思维等心理素质，养成随时准备进行实战任务的心理习惯；二是强化勇敢、坚定、积极、顽强的心理素质，增强心理承受力，使之在任何紧张、意外、危急的关头都保持较强的心理稳定性和应变力。

具体科目如下：注意训练，旨在培养和提高警察注意的广度、分配转移及稳定性的保持；感知训练，旨在培养和提高警察保持一定广度和稳定性的感知能力；观察训练，旨在培养和提高警察敏锐准确的感知能力；观察力训练，如自我观察报告、相互观察形式等；思维训练，旨在培养和提高警察科学的逻辑思维能力和丰富的形象思维能力，并训练集多种思维于一体的创造性思维能力；才智思维训练，如心理定式的解除、头脑风暴 GIM 训练法等；情感训练，旨在培养和提高警察爱国、爱民情感和忠于职守、无往不胜的自豪感；情绪情感训练，如耐压训练、忍辱训练、应激训练；意志训练，旨在培养和提高警察坚定、果敢顽强的意志品质；动机和倾向性训练，旨在培养和提高警察憎恶犯罪、尊重生命的理念；信心训练，旨在培养和提高警察相信自己、相信集体、相信"用我必胜"的自信心；自信心训练，如自我鼓励，包括日省法、积极语言暗示法、发音控制训练法等，如众人鼓励，包括追捧法等；适应能力训练，旨在培养和提高警察适应环境和在危急状态下的生存能力；承受能力训练，旨在培养和提高警察对凶残反抗的对象和恶劣环境的承受能力；应变能力训练，旨在培养和提高警察应激能力；沟通协作能力训练，旨在培养和提高警察沟通协作能力，如自我体察与暗示、心心相印、故事接力、信任之旅等。

（三）综合科目

综合科目是在以上两级科目的基础上，力图激发警察个体的潜在能力，最大限度地挖掘警察团队实战战斗力。具体任务是强化积极的心理相容性和集体荣誉感，使之具有崇高的理想、高尚的情操、革命的情感、高昂的斗志、高度的协调性，最终形成一个精干、团结和有战斗力的团队。主要包含三类科目：一是缓压唤醒训练，培养和提高警察能够缓释压力、自我放松和激发潜能的能力，如音乐放松术等；二是团队心理训练，培养和提高警察集体观念和团结协作精神，如压力管理训练、人际沟通训练、团队协作训练和领导能力训练等；三是战时心理训练，培养和提高警察仿真情境下实战战术的默契配合度。

二、民警心理训练的评估

（一）定性评估

定性评估指根据某标准对观察的事物性质做出判断或解释。

1. 民警心理训练总体评估标准

一是优良：心理很健康，调适应变能力强；二是合格：心理健康，调适应变能力较强；三是不合格：心理不健康，自控能力差。

2. 民警心理训练行为评估指标

感官考核：视觉、听觉等，如从脚步声、子弹上膛声等听出有没有带重武器，从伤者哭声、低吟声中分辨案情相关内容。

观察力考核：描述某个体颜面、背影等。

自信心考核：如相互对视，谁后移开视线谁占优势。再如声大而威严代表自信，用最大的声音介绍自己。

心理筛选考核：逻辑推理能力、表达能力、心理健康水平等。

应变力考核：加负或压力减除。如借鉴国外军校的生存训练。

耐受性考核：讯问中的反复，日常警务中的琐事导致单调、枯燥、乏味平淡，没有成就感、效能感，职业倦怠。

适应性考核：第一次开枪手抖否，第一次见血人晕否。

应激水平考核：遇见危急状况反应如何。

直觉水平考核：凭直觉辨认照片中的犯罪嫌疑人。

沉着水平考核：如厚脸皮测试。

羞耻忍辱度考核：乞讨、挨骂、被扔投掷物，又如比较激进且存争议的互打耳光等。

揣摩能力考核：听声音语气分析当事人的心理类别。

沟通能力考核：如聊天，在一定时间内谁获得交谈对象的个人信息多且有价值，可由教官或学员自己预先设计背景。

计算机模拟实战情境考核：借鉴相关战术软件及网络战斗游戏，设计综合整案情境。

（二）定量测量

定量测量，指采用一定方法或技术对观察事物进行测定做出量的描述。

才智测试：如比纳智力量表、瑞文推理测验、注意力类型测验、能力倾向测验、霍兰德职业倾向测验等。

情意测试：如自信心测验、竞争意识测验、意志品质测验等。

人格测试：如 MMPI、YG 性格测验、艾森克个性测验、气质类型测验、人格测验、A 型性格测验等。

心理健康测试：如 SCL-90、心理健康测验、生活压力承受指数测验、压力来源测验、民警工作压力承受程度测验、忧郁症检测等。

第三节　民警团体心理训练

一、民警团体心理训练的理念

民警团体心理训练是一种综合应用行为心理学、认知心理学、社会心理学、团体心理动力学和咨询心理学等学科的基本原理，借助体验式培训以提高参训民警心理品质和心理健康水平的训练方法，其核心理念是"体验激发情绪、行为改变认知、习惯积淀品质、性格决定人生"。

（一）传统警察教育模式

我国警察传统教育培训的模式主要有三类：第一类是以学历教育为主要形式的课堂教学模式。这类教育模式的优点是可以在固定时间内对大的群体进行同质化的理论教学，是针对一般要求而进行大量合格人才培养的主要模式。第二类是以专项培训为主要形式的讲练结合的训练模式。这类教育模式的优点是在较短期内对特定群体进行主题明确、专业性强、实用性高的理论与技能相结合的训练，是针对特定要求而进行的专业人才的培养模式。第三类是以师傅带徒弟式的工作搭档为主要形式的实践适应模式。这类教育模式的优点是可以在相当长的时间内以一对一或一对多的方式进行经验传承或施以潜移默化的影响，是基层实战部门以老带新常用的培养模式。

上述三种教育模式都存在不足。第一类课堂教学模式，以理论知识灌输为主，重视知识的积累与理论思维的训练，以纸笔作答为主要的考核方式，往往使学员重视陈述性知识的掌握而忽略了知识的具体应用，这就造成了学历教育之后的合格学员在刚工作的时候总是上手慢、动手能力差、很难适应事务性工作。第二类专项训练模式，通常是一种有组织的继续教育的方式，但是组织过程复杂，费时、费力、费钱，训练效果往往倚重培训教官的能力和组织实施的水平，总的来说成本较高。第三类实践适应模式，不需要专门组织，没有硬性规定，效果通常以工作绩效表现出来，但往往受到人际关系、教与学的意愿、人事变动等因素的影响而稳定性差。总体来说，此三类教育模式都使受教育者在学习过程中陷入比较被动的地位，缺少自我学习的体验。

（二）警察团体心理训练

针对传统警察教育模式存在的问题，新的教育理念与模式不断被提出并尝试。警察学历教育中模拟训练和实践训练的比重越来越大，对学员初任技能的重视成为新的培养方案的显著特点之一，使学历教育模式和专项训练模式得以有效结合。各地纷纷兴起的警务实战教官选拔与培训，以基层业务骨干为核心的学习型警队建设，使专项培训模式与实践适应模式得以优势互补。然而，在这些尝试中，仍然存在理论与实践脱节，陈述性知识与程序性操作分离的问题，常常出现精通理论者不会组织与实施训练，而实践操作者又难以将经验理论化、系统化的新问题。

警察团体心理训练强调参训民警在精心设置的情境中亲身体验与自我成长，以特定的团体任务为导向，以学员在特定的人际情境中完成某项任务中的典型言行为指标，以这些言行的心理学意义为理论基础，重视学员的感受、分享、总结与训练后的实践应用等环节。警察团体心理训练不以理论的灌输为目的，也不以参训民警对完成任务的操作技能的机械模仿为目标，而是力图使学员在模拟训练中针对自己的个性特征，摸索出既符合一般规律，又适合自身及所属团队的有效行为方式与人际技能，为学员提供自我发现、自我学习、自我提升的平台。这一理念突破了学员在传统教育培训模式下的被动地位，真正突出了学员的主体地位，是一种学员自我负责式的新型教育理念。

二、警察团体心理训练实施

警察团体心理训练，即根据所需培养的心理品质设置一定的情境和训练内容，让参训民警在特定的情境训练中去感知，体验情绪、认知、人际互动等心理上的变化；在训练过程中，对参训民警进行相应认知调适，并在结束时做总结性点评，使行为训练上升到认知改变的层面；经过反复训练、持续强化和巩固训练效果，使参训民警养成良好的行为应对模式和认知模式，最终积淀成为警察必需的基础心理品质，令学员不仅在训练与工作中获益，更在自我成长与性格完善的过程中获得更加积极、主动、灵活地面对人生的自信与能量。这就有别于我们传统的教学模式，不仅对任课教师教学手段提出了更高的要求，同时也由于其创新性、实践性、互动性等新的特性，激发了培训教官与参训民警的积极性，真正达到教学相长的目的。具体而言，培训教官需要组织与实施的三个主要环节分别为：情境设置、引导与观察、组织分享。

（一）情境设置

情境设置是开展警察团体心理训练的基础与起点。整个训练能否获得真正的效果很大程度上取决于情境设置的仿真性、类真性以及情境中学员是否充分自由地去尝试、摸索、互动并体验成长。情境设置的仿真性是目前许多模拟训练非常重视的指标，甚至有人认为只有情境完全仿真才能使参训民警学会在该情境中的正确行为。一般来说，模拟情境越接近真实工作情境，学员在模拟情境中获得的技能性知识与行为在相同情境中的迁移效果会越好。但如果片面要求情境绝对仿真也是有害的：一是因为模拟真实情境需要花费大量人力、财力、物力，而且即使如此也未必能完全模仿千变万化的真实情境；二是过分追求情境的完全仿真容易导致一种认知与实践上的偏差，即此种情境设置完全是为了"教"会参训民警在该情境中的正确行为，从而忽视甚至忘记了情境设置的原旨是让学员能在具体情境中通过自我的亲历、体验、摸索、尝试与努力锻炼应对问题的能力及获得相应的心理成长。类真性的情境设置在某种意义上比仿真性情境设置更困难。原因在于类真性情境设置过程中要求不只是盲目照搬某种真实情境中人与物的关系，而是要总结与归纳出此类工作情境中人与物的普遍规律，不是着眼于情境训练的起点，而是更重视情境训练的目的，即学员在此类情境中获得的心理行为上的成长是否可以更广泛地应用于该类工作情境中去，并且学员在训练过程中习得的自我成长的态度与方式是否可以帮助他们更灵活地应对真实情境的各种变化。

情境设置的另一个误区是仅将场地、器械、设备视为情境设置的主要内容，而忽略了这些物的设置只有与人组合在一起并发生内在逻辑联系才成为情境的有机组成部分；其另外一重危害在于忽略了真实工作中主要以人与人互动为主的情境。之所以出现这样的认识错误，主要是因为情境的设置者没有真正明白人与物质及他人之间不是简单直接的"刺激反应"模式，而是会根据自己内心赋予外界刺激的"意义"来决定行为。从这个意义上说，参训民警是否领略了情境设置者的意图，在训练中有意识地赋予外在刺激更积极的意义，进而形成积极的认知与体验，并产生积极有效的行为，这将是衡量情境设置有效与否的真正标准。人不仅有模仿的本性，更有好奇与探索的本性。情境的设置就是要打破并切断学员"学而不思"的学习惯性，消除学员片面接受而逃避主动求索的惰性，让参训民警以极大的兴趣与自我挑战的意志努力全力投入训练，变要我学为我要学，变学会具体的知识技能为掌握获得相应知识技能的能力，变单纯地认知活动为融合认知、情绪情感、意志训练及个性成长为一体的全面心理行为训练。

（二）引导与观察

情境设置通过培训教官的布课过程展现在参训民警面前，此后学员的行为将主导训练的过程，能否获得更完满的训练效果主要取决于学员是否全力投入、积极训练、认真体验与总结、大胆分享与自我确认。换句话说，学员融入情境并超越情境的程度越高，训练效果越好。而在这一过程中，培训教官的主要任务就是根据项目设计的步骤与规则引导学员的行为并认真观察与记录。

（三）组织分享

分享是警察团体心理训练过程中培训教官需要组织的最后一个环节，但同时也是最重要的环节。

1. 确保健康安全的交流氛围

无论采用何种分享形式，也无论分享主题为何，培训教官最重要的是在分享过程开始时设定相应的规则，以保证分享过程中健康安全的交流氛围。健康安全的交流氛围，主要指任何参训民警都应当学会作为一个安静的聆听者，没有轮到自己发言就保持倾听状态，不以任何言语、表情和动作否定他人，在其他参训民警分享完毕后，给予礼貌的掌声。之所以要通过设定规则的方式来保证这一交流氛围，是因为日常工作生活中的言语环境里充斥着大量的打断、否定、不屑等不安全的因素，以至于大多数人都对犯下此类错误麻木不觉，而这些否定因素往往造成发言者的心理伤害，阻碍有效沟通的进行，故而被视为分享过程的头号大敌，必须以规则来加以限定。

2. 主题分享和典型分享

根据分享内容分为主题分享和典型分享。主题分享是根据训练所需达到的目的设计出相关主题，由参训民警围绕若干具有内部逻辑性的主题展开分享，从而形成与主题有关的体验与认知；并在分享过程中潜移默化地掌握各主题间的内在逻辑，增加思维的深度与广度的过程。主题分享一般适用于结构化分享和半结构化分享，对于把握分享方向、达到训练目的具有重要作用。典型分享又叫指标性分享，它是以训练主题下训练中最可能发生的典型行为或体验为指标，由培训教官根据在训练过程中观察到的指标性行为或了解到的参训民警的指标性体验，引导参训民警进行分享的过程。典型分享一般适用于主题分享过程中对参训民警的引导和启发，也可独立于主题分享，以引起参训民警的共鸣，拓宽分享内容，获得更多信息。

3. 结构化分享、非结构化分享和半结构化分享

根据分享形式分为结构化分享、非结构化分享和半结构化分享。

结构化分享也叫封闭式分享，它是根据训练前所制定的训练指标，运用特定的问题和相对固定的引导方法，严格遵循特定顺序，引导参训民警进行分享的标准化过程。一般而言，对于已经非常成熟的训练项目，训练主旨明确，训练指标设定合理，可以采用这样的分享形式。结构化分享在分享过程中针对性强，有利于特定训练目标的快速实现，同时分享具有固定的操作步骤，比较适合初任培训教官学习掌握。

非结构化分享，也叫开放式分享，是培训教官不提供任何分享主题或指标，由参训民警根据训练中实际体验与观察分析，较为自由地参与分享的过程。非结构化分享的优点在于参训民警可以更为自由地分享自己的观点，分享过程中可能出现多个主题。但同时不同主题相互交错，也会使训练效果缺乏针对性，因此一般适用于训练项目的研发，或在最初训练项目中使用以便培训教官了解参训民警的特点及需求。

半结构化分享也叫半封闭式分享，它是在预先设计好的训练主题的基础上，由培训教官在结构化分享过程中根据需要，随机提出更加细致的分享主题或指标，或根据分享过程中的相对热点问题，引导参训民警进行更为深入的分享的过程。半结构化分享是介于结构化分享和非结构化分享之间的一种形式，它结合了两者的优点，有效避免了单一方法上的不足。这种分享形式的主要优势在于，培训教官在把握分享方向的同时，与参训民警具有双向沟通性，可以获得比结构化分享中更为丰富和深入的信息，又不至于使分享内容发生偏移。当然，同时对培训教官的要求也更高，需要培训教官有敏锐而严密的逻辑思维能力以及较好的掌控团队氛围的能力。

三、团体心理训练的有限强化

就参训民警而言，警察团体心理训练可以分为五个环节：亲历、感受、

分享、总结、应用，其中"总结"与"应用"环节主要由参训民警在当日训练完成之后乃至培训结束之后，根据训练理念与训练过程中的体验与分享，结合自己的工作实际自行完成。

在实际训练中，部分参训民警反映训练中热情高、感悟深，但训练效果的时效性短、迁移性差，这是因为学员没有真正掌握培训理念，没有在工作实践中根据具体情况坚持不懈地进行自我训练与强化。行为训练的基本要求为反复强化，而光靠训练过程中的有限强化是根本满足不了训练要求的。因此，培训教官一定要在训练过程中反复强调，警察团体心理训练过程只是教会大家自我训练与成长的方法，真正的自我提升与成长存在于日常的工作、生活与人际互动中。总之，如能深刻掌握心理行为训练的精神实质，则无时不训练，无处不训练，使自我训练与提高成为日常工作与生活的有机组成部分。

第二章 民警心理咨询

第一节 心理咨询发展史

心理咨询作为一门科学、一项技术，其诞生和发展是与社会的发展和人类对自身认识的不断深化紧密联系在一起的。国外关于心理咨询的研究比较早，现已形成比较系统和完善的学科领域。国内关于心理咨询的研究起步较晚，但近年来发展较快。警察心理咨询作为心理咨询的一个分支，国内外对其均有研究。我国公安机关开展警察心理咨询的时间并不长，但发展却很快。目前各级公安机关均已建立心理咨询机构，其在缓解警察心理压力、提高警察心理素质方面发挥了重要作用。

一、国外心理咨询发展

19 世纪中后期的工业革命给人们带来了深刻影响，心理咨询作为一种专门的职业，其专业功能、服务对象和范围、所运用的原理和方法等都是在发展过程中逐渐明确和丰富起来的。20 世纪初美国职业指导运动、心理卫生运动和心理测量技术的兴起被认为是现代心理咨询产生的三个直接根源。

（一）职业指导运动

美国"职业指导之父"帕森斯（F. Parsons）于 1908 年率先开展专业的咨询服务。他在美国波士顿组织成立了"就业辅导局"，并于次年出版《职业选择》一书，对人们在择业方面经常遇到的问题，提供了若干有价值的建议。此书为心理咨询的诞生奠定了基石。这本书在心理咨询方面的价值在于提出了帮助个人择业的方法学。帕森斯认为，一个人的职业必须与其本人的兴趣、能力和个性相结合。为了得到理想的职业，不仅要对环境进行正确的评估，例如成功的条件、工作的性质等，更要对自我的能力有正确的认识。

（二）心理卫生运动

美国耶鲁大学学生比尔斯（C. M. Beers）曾因其兄因遗传而患癫痫，唯恐这种病也遗传给自己，在紧张、恐惧、焦虑的状态下，精神失常而住进精神病院。在三年的住院生活中，他经受了种种粗暴残酷的对待，目睹了精神病院的恶劣环境及其他住院病人所受到的种种非人待遇。出院后，他立志将自己的余生贡献给改善精神病来访者待遇的事业。他四处奔走，呼吁改善精神病院的医疗条件，改革对心理疾病患者的治疗方法和手段，并从事预防精神病的活动。1908 年，他以生动的文笔写了《一颗发现自我的心灵》（*A Mind That Found Itself*）一书。该书出版后受到了社会各界的高度评价。比尔斯得到社会各方面的鼓励和赞助后，于 1908 年 5 月成立了"康涅狄格州心理卫生协会"，这是世界上第一个心理卫生组织。此协会工作的目标有五个：保持心理健康；防治心理疾病；提高精神病患者的待遇；普及对于心理疾病的正确认识；与心理卫生的有关机构合作。经过比尔斯和同行们的努力，于 1909 年 2 月成立了"全美心理卫生委员会"。比尔斯的贡献在于使精神病学家、心理学家乃至全社会在观念上发生了深刻变化，发起了美国乃至全世界心理卫生运动。

（三）心理测量技术

从 1930 年开始，以人格为对象的全方位咨询得到了迅猛发展，包括工作、学校生活、家庭、情感、人格、身体健康等方面的问题咨询越来越多。在美国很多学校都成立了专门的心理咨询机构。当时最有影响力的事件是威廉森（E. G. Williamson）创立了"以咨询师为中心"的心理咨询模式，它主要是以心理测量为基础的指导性谈话的临床咨询模式。20 世纪 30 年代末和 40 年代初，个性与学习理论以及心理治疗理论促进了心理咨询的发展。第二次世界大战的爆发以及 30 年代经济萧条局面的缓和影响着人们，这种影响远远超出了教育或职业的问题，人们开始在个人适应的各种问题上，尤其是情绪或人际关系问题方面寻求帮助，于是出现了所谓的"心理治疗年代"。美国心理学家卡尔·兰塞姆·罗杰斯（Carl Ransom Rogers）的《咨询和心理治疗》一书是这个年代的代表性著作。在此书中，罗杰斯对威廉森的"以咨询师为中心"咨询模式和弗洛伊德的精神分析疗法中的主要观点提出质疑，反对传统的以咨询师为中心、以直接提问为基础的指导性咨询，提出了"以来访者为中心"的咨询模式和非指导性的咨询原则。他强调相对独立于社会的个人情绪问题，要求咨询师与来访者之间建立起良好的关系，为来访者主动、自由地倾吐内心的秘密创造适宜的气氛。他认为，个人具有成长、健康与适应的内在动机，应充分发挥来访者的主观能动性，并避免指导式咨询的影响。罗杰斯创立的以来访者为中心的治疗理论和方法第一次使非医学的和非心理分析的心理治疗成为现实。而在此之前，由于弗洛伊德及其学术的强大影响，心理治疗是只有医生才可以从事的职业。罗杰斯的工作不仅打破了心理治疗领域精神分析一枝独秀的局面，同时第一次将心理治疗与心理咨询联系在一起。

（四）咨询心理学分会

20 世纪 40 年代以后，心理咨询这门学科迅猛发展。从心理学的许多分支如学习、动机、情绪、测量、人格和社会心理学等以及教育学、社会学、心理卫生学、语言学等领域汲取了养料。20 世纪 50 年代，美国心理学会第十七分会"咨询心理学分会"（DCP）和美国人事与指导协会（APGA）成立，这对心理咨询作为一种职业的成长和发展发挥了重要作用。与此同时，大量新的咨询理论和方法纷纷涌现且逐步成熟，如行为主义咨询理论、认知理论以及人本主义咨询理论等。这使心理咨询师的眼界大开，服务能力也得到了空前提高。随着对心理咨询师专业角色的明确定位，美国建立了一系列州级职业证书制度和国家级的职业道德规范、培训标准、权力范围、职业资格证书，心理咨询逐渐成为一种正式的职业。

二、国内心理咨询发展

钱铭怡将中华人民共和国成立后的心理咨询发展划分为四个阶段：启动阶段、空白阶段、准备阶段、初步发展阶段。

（一）启动阶段

启动阶段主要指 1949—1965 年。此阶段影响最大的工作为 20 世纪 50 年代末、60 年代初对神经衰弱的快速综合治疗。中国科学院心理研究所医学心理组、北京医学院精神病学教研组和北京大学卫生院及心理学系合作，首先在北京大学对患神经衰弱的学生进行了快速综合治疗，而后治疗对象扩展到工人、军队干部和门诊病人。这种疗法综合了医学治疗、体育锻炼、专题讲座和小组讨论等形式，以巴甫洛夫学说来解释神经衰弱的病因，以解释、鼓励、要求和支持等方式对病人进行治疗。从所发表的许多文章和研究报告看，治疗取得了较好的疗效。后来又将这一疗法应用于精神分裂症、高血压及慢性病中，同样取得了较好的疗效。一些作者还撰文探讨了心理治疗及人的认识活动在"快速综合治疗"中的作用。80 年代末 90 年代初,李心天对"快速综合疗法"做了总结和提炼,称之为"悟践疗法"。此疗法曾产生过很大的影响。只是由于受到苏联的学术影响,对神经衰弱的病因及治疗原理的解释是以巴甫洛夫的高级神经系统类型的分析学说、条件反射学说等为主进行的。其中的心理治疗只是作为综合疗法的一部分内容出现,且治疗内容未能超出鼓励、要求、保证的范围,这是其最大的缺憾所在。但由于他对神经衰弱等慢性疾病的治疗取得了较好疗效,引起了人们对心理因素及心理治疗的重视。

（二）空白阶段

在 1966—1977 年,几乎没有一篇心理学文章或一本心理学著作发表,故称之为空白阶段。此阶段,值得一提的是钟友彬等人从 20 世纪 70 年代中期开始,利用业余时间秘密尝试采用心理分析疗法对某些神经症患者进行治疗,为后来钟友彬创立的认识领悟心理疗法奠定了一定的基础。

（三）准备阶段

1978—1986 年为准备阶段。这一时期有关心理咨询和心理治疗的文章开始在专业杂志上出现,还有一批西方著名心理治疗家的著作被出版,如弗洛伊德、荣格、弗洛姆、霍妮等人的著作。1979 年成立了中国心理学会医学专业委员会。这一专业委员会成立后,积极组织医学心理学学术会议,在每次学术会议上都有心理咨询和心理治疗方面的临床报告、经验交流和研究探讨,这对心理咨询和心理治疗在全国范围内的推广起了积极的作用。在这一阶段,各种不同形式的心理咨询和心理治疗讲习班、培训班开始在全国一些城市和地区陆续出现。传授内容大多属于启蒙性质,多为某些治疗的基础理论及基本技巧,且时间较短,但它们为我国心理咨询和心理治疗事业培养了初级的人才,为他们日后进一步学习与实践打下了基础。

从 20 世纪 80 年代初开始,一些精神病院和综合性医院精神科开始设立心理咨询门诊,开展临床心理咨询与治疗工作,三级甲等医院的评定条件之一是设置临床心理科。上海、北京的一些高校相继开展了大学生心理咨询工作。从整体看,心理咨询和心理治疗工作的开展还不够普及,所采用的咨询和治疗方法较少,多为支持性疗法和行为疗法,且咨询和治疗的水平也有限,但仍在心理学界、精神病学界产生了一定的影响,为国内心理咨询进一步发展打下了良好的基础。个别有识之士如钟友彬、鲁龙光等已开始进行所谓心理治疗中国化的努力,他们不断探索与中国国情相结合的心理分析、疏导的治疗方法。

（四）初步发展阶段

1987 年以后，我国心理咨询和心理治疗事业进入初步发展阶段。其主要标志是：公开发表的有关心理咨询和治疗的论著在数量和质量上较以前都有了较大幅度的提高，反映了我国心理咨询与心理治疗专业研究工作的深化。20 世纪 90 年代以后，开始出现对心理治疗中影响疗效和治疗改变的因素等讨论的论文。此类文章的出现表明我国心理咨询和治疗者的工作日趋深入与成熟。1987 年以后，不断有国外心理治疗名著被翻译出版，由我国专家著述及编著的心理咨询与治疗著作也陆续问世。其中比较有名的有钟友彬所著的《中国心理分析：认识领悟心理疗法》、鲁龙光所著的《疏导心理疗法》和许又新所著的《神经症》等。1991 年一项调查表明，我国心理咨询与心理治疗工作者在其临床实践中的理论主要有行为疗法、折中主义治疗、心理分析、认知行为疗法和患者中心疗法。其中，钟友彬的认识领悟疗法和鲁龙光的疏导疗法占有重要位置。这些结果显示，我国的心理咨询与心理治疗工作者已开始掌握当今世界心理治疗的几种主要理论与方法，并对这一事业的发展方向有了基本的了解与认识。

目前在我国应用的绝大多数心理咨询和心理治疗理论及其方法来源于西方。文化影响着人的心理与行为，人所遭遇的挫折与困难、人的应付与适应方式也影响着心理治疗的理论、模式和具体方法。所以，我国的心理咨询和心理治疗工作者在应用西方心理咨询和心理治疗理论与方法的同时，还面临着如何使之适合中国国情的任务。多年来，我国的许多心理咨询和心理治疗工作者一直在坚持不懈地进行着这方面的努力。比较具有代表性的是钟友彬创立的认识领悟疗法，该疗法要求病人领悟到他们的症状是以儿童的思维逻辑和方法解决成年人所遇到的问题，从而以成熟的行为模式代替幼稚的行为模式。这种解释反映了中国传统的自然观——顺应自然而发展的要求，因而是病人能够接受而且易于领悟的。迄今为止，此疗法已成为我国专业人员常用的几种疗法之一。

三、国内外警察心理咨询发展简况

随着社会发展，警察心理咨询将成为警察心理学的一个重要的不可或缺的应用领域。警察是一个特殊职业群体，警务工作对其心理素质的要求是非常高的。由于警务工作的复杂性和危险性，往往会使警察较一般人更易产生这样或那样的心理问题。警察的个人心理压力严重地影响了警察个人的身体、个性、家庭关系和工作开展的情况。美国心理学起步很早，但是心理学在美国警务系统中应用的历史却并不长，警方专职的心理学家也并不多，早期有些心理学家利用业余时间为警务部门做咨询、顾问工作。现在绝大多数城市的警察局都有了专职的心理学家，不过，与众多利用业余时间为警务部门提供服务的心理学家相比，他们的数目仍然显得很少。目前，国际上一些国家和地区都配备了不同级别的临床心理学家，负责对警察的心理咨询和治疗工作。

国内对警察心理的研究起步较晚，目前能够查阅到的关于警察心理研究的最早文献见于20世纪90年代初期。而作为警察心理研究组成部分的警察心理咨询的研究，相对来说出现得更晚些。自1990年以来，我国一些学者对警察的性格、气质、能力、情绪情感、A型行为以及价值观等心理素质进行了测查，积累了一定的资料，为公安机关广泛开展警察心理健康教育以及开展心理咨询提供客观依据。20世纪90年代开始，我国很多公安院校和公安机关也相继设置了相应的心理咨询机构，以提高警察的心理健康和心理卫生水平。深圳市公安局成立全国首家公安系统的心理咨询服务中心，开创了警察心理咨询的先河。目前，各省市公安机关非常重视警察心理辅导和心理训练工作，定期聘请有关专家进行科普宣传，并在"三个必训"中加入了心理辅导和心理训练课程，提高了警察的心理健康水平和实际作战能力。

第二节　民警心理咨询概述

一、民警心理咨询的含义

民警心理咨询是心理咨询师运用心理学的理论与方法，通过特殊的人际关系，帮助来访警察解决心理问题，增进身心健康，提高适应能力，促进其个性发展与潜能发挥的过程。第一，警察心理咨询是心理咨询师对来访警察进行帮助的过程，这一过程是建立在双方良好人际关系的基础上的。咨询师运用专业技能及所创造的良好咨询气氛来帮助来访警察以更为有效的方式对待自己和周围环境，促进其人格的成长与发展。咨询关系建立得好与坏直接影响到咨询效果。在这种关系中，咨询人员提供一定的心理氛围和条件，使咨询对象发生变化，做出选择，解决自己的问题，并且形成一个有责任感的独立的个体，从而成为一个更好的人和更好的社会成员。第二，警察心理咨询是一系列的心理活动过程。警察心理咨询是一种以语言、文字或其他信息为沟通形式，对来访警察予以启发、支持和再教育的心理疏导方式。从咨询师的角度看，帮助来访警察更好地理解自己，更有效地生活，其中包含着一系列的心理活动。从来访警察的角度看，在咨询过程中需要接受新的信息，学习新的行为，学会调整情绪和解决问题的技能，做出某种决定，也涉及一系列的心理活动。第三，警察心理咨询是心理专业人员从事的一项特殊服务。咨询师必须是受过严格专业训练、拥有这项服务所必需的人格品质和知识技能、得到权威机构认可的专业人员。这个心理咨询的对象不是有精神病、明显人格障碍、智力低下或脑器质性病变的病人，而是在心理适应和心理发展上需要得到帮助的警察。咨询心理学应始终遵循着教育的模式，而不是临床的、治疗的或医学的模式。咨询对象应是在应付日常生活中的压力和任务方面需要帮助的正常人。咨询心理学家的任务就是教会来访者模仿某些策略和新的行为，从而能够最大限度地发挥其已经具有的能力，或者提高更为适当的应变能力。

二、民警心理咨询的原则

各种心理咨询理论和方法虽然有很大不同，但都共同遵循一些根本性要求，这便是所谓的心理咨询的原则。较之咨询过程中各项具体工作的要求，它更概括、更具有指导性。警察心理咨询应遵循以下原则：

（一）主动原则

在心理咨询中，来访警察应是具有强烈的求助愿望而主动求助。来求助的警察必须出于完全自愿，这是确立咨询关系的先决条件。没有咨询愿望和要求的人，咨询师不应主动去找警察并为其进行心理咨询，只有自己感到心理不适，为此愿意找咨询师诉说烦恼以寻求咨询师心理援助的警察才是真正的来访警察。

（二）匹配原则

心理咨询师在进行初诊接待后，要对所获得来访警察的各种资料进行分析综合，确定来访警察的问题是否属于心理咨询的范围，判断能否对来访警察提供心理学方面的帮助。若不适合则需要及时转介。

（三）避免双重关系原则

所谓避免双重关系，是指咨询双方不建立咨询以外的任何关系。具体来说，已有某种关系的就不宜再建立咨询关系。例如，上下级之间尽量不建立咨询关系；如果确有需要，咨询员可以酌情建立，不适合的可以转介。此外，在咨询室之外尽量不建立其他关系，以免引起不必要的麻烦。咨询师和来访警察心理沟通和接近是咨询工作顺利进行的关键，但这种接近是有限度的。彼此的沟通必须限制在咨询工作范围内，其感情因素必须严加控制，咨询师对来访警察的关心只能限制在来访者的心理问题或心理障碍方面，除此之外，不能有意或无意地涉及其他问题。来访者个人提出的任何额外要求（如请客吃饭之类的要求），即便是好意，咨询师也应该婉言谢绝。因为个人间过密接触不仅容易使来访警察形成依赖，也容易使咨询师丧失中立的立场，从而失去客观公正判断事物的能力。

（四）双方平等原则

咨询师和来访警察在人格上是平等的。在咨询过程中，咨询师与来访警察之间的关系也是平等的关系，双方都有各自的权利、责任和义务；咨询师不能对来访警察提出过分的要求，来访警察也应保持对咨询师的尊重。

（五）价值中立原则

咨询师在心理咨询过程中应始终保持不偏不倚的立场。确保心理咨询的客观与公正，不得把自己私人的情感、利益掺杂进去，保持冷静、清醒的头脑；在咨询过程中，不轻易批评、责怪来访警察，不把自己的价值观强加到来访警察身上。

（六）保护性原则

公安机关心理服务机构在做心理咨询时必须遵循保护性原则。保护性原则是双方面的：一方面，心理咨询师在帮助求助警察解决某一具体心理问题时的方法必须科学，不能以伤害来访警察的身心健康为代价，不能让其以退缩的方式获得心理平衡，而是要鼓励其采取积极的应对方式；另一方面，心理咨询师自身的身心健康也需要最大限度地得到保护。在咨询的过程中咨询师将面对形形色色的来访警察，并且来访警察的情况将是很难预测的。因此，在咨询过程中，咨询师要学会自我保护，不轻易将自己的家庭电话和住址告诉来访警察，必要时可以留下咨询室的电话。在咨询时，咨询室的门要关闭，但不要上锁，以便于咨询师的自我保护。

（七）保密原则

心理咨询是人与人之间的心灵沟通，也是一门人际沟通的艺术。当来访警察将自己埋藏心底的困惑与苦恼讲述给咨询师时，他是希望咨询师理解他的心境、分担他的痛苦，还希望对方不要将自己的隐私和心事告诉他人。因此，保守秘密既是职业道德的要求，也是咨询能否有效进行的最起码、最基本的要求。这是心理咨询与一般朋友交往之间的重要差别，也是专业心理咨询与非专业心理咨询的分水岭。咨询师及其他相关工作人员必须对来访警察的相关情况严格保密，包括来访者姓名、单位、事件等内容。对于来访警察的家庭成员甚至配偶、父母、子女都要保密，除非咨询需要或者经过来访警察本人同意，否则不能向外透露。咨询师应向来访警察说明心理咨询工作者的保密原则以及应用这一原则的限度。第一，咨询师不应将个案记录档案带离服务机构；在工作场所也要小心保管，避免放错地方、遗失或置于他人可翻阅的地方。心理咨询工作中的有关资料，包括个案记录、测验资料、信件、录音、录像和其他资料，均属专业信息，应在严格保密的情况下进行保存，不得列入其他资料之中。第二，咨询师所做的记录不能视为公开的记录而随便任人查阅。如果需要记录或者录音，一定要征得来访者的同意，否则不能进行记录和录音或者录像。在因专业需要进行案例讨论，或采用案例进行教学、科研、写作等工作时，应隐去个人的有关信息。第三，咨询师不能将来访警察的资料当作社会闲谈的话题，应避免有意无意间将个案用于举例来炫耀自己的能力和经验，除非征得来访警察的同意。更不能向来访警察的单位领导及同事、同学、父母、配偶等谈及他的隐私；也不允许任何人包括心理咨询师的单位和来访警察的单位查阅心理咨询档案。第四，保密例外情况。在心理咨询工作中，一旦发现来访警察有危害自身、他人或国家的情况，如发现自杀、他杀等或危及国家安全的苗头，咨询师必须采取保护措施以防止意外事件发生，应通知有关部门或家属，但此时应将有关保密信息的暴露程度限制在最低范围之内。如果来访警察涉及法律案件，则咨询师应遵循国家法律，即当心理咨询师接受司法或公安机关询问时，不得做虚假的陈述或报告。

三、个体咨询和团体咨询

按咨询的规模可将警察心理咨询划分为个体咨询和团体咨询。个体咨询是咨询师与来访警察建立一对一的咨询关系。咨询活动与来访警察所处的社会、集体及家庭无直接关系，只帮助来访警察解决个人的心理问题。个体咨询的优点是针对性强、保密性好、咨询效果明显，但需要双方投入更多的时间和精力。团体咨询也称集体咨询或小组咨询，它是在团体情境中咨询师向警察提供心理帮助和指导。通过团体内人际交互作用促使个体在交往中观察、学习、体验，探讨自我、接纳自我，调整和改善与他人的交往，学习新的态度与行为模式，促进个人的良好发展和生活适应，提高个人生活和工作的质量。团体咨询是通过团体来指导个人，即通过团体活动协助参加者发展个人潜能，学习解决问题及克服情绪、行为上的困难。这类咨询主要是通过团体成员相互作用所产生的影响力而使成员调整自己的思想、情感和行为，借助团体内心理相互作用的力量对个体产生建设性影响。国外流行的各种咨询小组大多属于这一类，如交友小组、"心理剧"疗法、格式塔疗法、敏感训练小组等。

团体咨询和个别咨询是心理咨询的两大支柱，两者各具独特的功能，为不同需要的人、在不同情况和层面上提供帮助。了解团体咨询与个别咨询的联系和区别，可以帮助我们更好地学习和掌握不同的助人技巧，整合自己已有的经验，扩大服务的领域。

（一）团体咨询与个别咨询的相似处

团体咨询与个别咨询尽管形式不同，但并非互相排斥，而是相辅相成，其根本目的是一致的，都是为了帮助个人自我发现、自我指导和适应社会。也就是说，无论哪种形式都是为了个人成长、发展和适应。团体咨询与个别咨询的相似处可以概括为以下五点：第一，目标相似。两者目标均为助人自助。积极方面，都在帮助个人自我了解、自我接纳，增强自信以达到自我统整和自我实现；消极方面，都在帮助个人减除困扰、缓解症状。第二，原则相似。两者都强调提供温暖的、自由宽容的气氛，以接纳和坦诚去除当事人的自我防卫，使个人由于受到尊重而能自由表现自己的感情和经验，自在地检视自我，产生自信，增强自我选择的责任，并能对自己的决定负责。第三，技术相似。两者都需要咨询师熟练掌握接纳、同感、回馈、澄清、复述、场面构成、感情反射等咨询技术，从而使求询者能够观察自己、了解自己、自我觉察和领悟。第四，对象相似。两者的对象都以发展中的个体为主，而以有适应困难者为优先。即以有正常发展问题的个人为服务对象，两者都针对个人的要求、兴趣与经验，有针对性地提供帮助。第五，伦理相同。两者皆强调在咨询过程中要严守保密原则，尊重当事人的隐私权。两者都有益于探索个人情绪与生活的变化，可以增进个人控制自己情绪的信心。

（二）团体咨询与个别咨询的区别

团体咨询与个别咨询两者各有其特征、各有其有效范围。团体咨询与个别咨询的区别具体为：第一，互动程度。个别咨询的情境中，人际互动为一对一的形式，非常单纯，深度够而广度不足；团体情境可以提供尝试各种方式与他人交往的机会，体验亲密的感受，可满足成员社会性的需求，得到多方面的回馈，使求询者获得他人对于行为交互作用的反应与启示。第二，助人氛围。个别咨询情境中较欠缺这种合作、互助、分享的关系和气氛；团体咨询的条件下，我助人人，人人助我，求询者不仅可以得到接纳、援助，并且也给予别人以援助，团体越有凝聚力，成员之间就越能互相扶持。这种合作的、参与的关系有利于成员增进亲近感。成员的相互作用可以促进互相教育、互相启发，从而影响成员行为改变。第三，问题类型。个别咨询比较适合处理个人深度情绪困扰问题；团体咨询在处理人际关系问题时，通常更优于个别咨询。第四，咨询技术。团体咨询情境中，人际互动多样且多变，领导者面临的问题非常复杂，领导者必须了解求询者的感情，帮助他认识自己的感情，而且要观察咨询的内容对其他成员带来什么影响，引导各个成员参与讨论。所以，他不仅要了解讨论的内容，同时还要关心成员的相互作用及关系，仅有个别咨询技巧是不够的，他必须敏锐觉察团体的特质和动态，使用各种"催化"技巧，以发挥团体的潜力，达成团体的目标。第五，工作场所。个别咨询仅需较小空间，有两把椅子或沙发，可以使咨询师和求询者舒服地坐着，可以交谈即可，通常无须特别布置；而团体咨询需要较大的活动空间，并且视活动内容需要特别布置和安排。

第三节　民警心理咨询技术

咨询过程及运用的具体方法要根据来访警察的具体情况和咨询师的理论倾向来确定。在应用和选择咨询方法时应注意以下几点：咨询师在选择咨询方法时要因人、因事、因时、因地而异，不同的对象、问题及阶段要选择不同的方法。在选择咨询方法时，咨询者除了考虑来访警察问题的性质与程度外，还要充分顾及来访警察的其他特征：个性、智力水平、咨询动机、文化背景、信仰与价值观、自我效能感等。在咨询实践中，咨询师对咨询方法的选择常常是根据自己的人生观、价值观、知识结构、生活经历、特长和个性特点，选择适合自己的主要方法，而不完全是考虑来访警察的问题和咨询目标。

一、确定心理咨询的目标

心理咨询目标是心理咨询所追求的结果与所要达到的目的,也是心理咨询的灵魂。咨询目标的确立在咨询过程中具有重要的意义和作用。它不仅使咨询双方都清楚地意识到努力的方向,而且有助于咨询双方的积极合作。有了明确的目标,来访警察就看到了希望,增强了咨询信心与动力,强化了他们改变自己的意识和责任。由于方向明确,来访警察成为咨询过程的主动参与者,使咨询双方能积极合作、协调一致。此外,咨询目标的确立使咨询效果的评估成为可能。通过咨询目标,来访警察可以清楚地看到自己的变化,从而认识到心理咨询在自我成长中所发挥的作用。咨询双方也可以借此评价咨询方案的适用性及确定心理咨询的进展程度,检验咨询的过程。心理咨询目标的确立必须根据心理问题或心理障碍的性质、咨询的复杂程度、咨询师个人的实际能力来决定,它不是任意的。

二、制定咨询方案

制定咨询方案可以使咨询双方明确行动方向和目标,便于操作检查、发现问题、总结经验和教训。一般来说,制定实施方案应该咨询双方共同商定。方案包括:通过咨询期望达到的目标或结果;双方各自的特定责任、权利与义务;咨询的次数与时间安排;咨询的具体方法、过程和原理;咨询的效果及评价手段;咨询的费用;其他问题及有关说明。在具体咨询过程中,咨询师对咨询各部分要根据实际情况灵活掌握、适当调整,不宜过于拘泥。咨询各部分之间既相互衔接又相互交叉,每个部分的工作都为达到一个共同咨询目标:缓解和消除来访警察的心理困扰,促进其心理健康发展,使其潜能得到充分发挥,人格得到丰富和完善,更好地适应工作和生活。

三、咨询方法与技术

(一)建立良好咨询关系

在咨询过程中,咨询师与来访警察建立良好的咨询关系非常重要,这也是咨询取得预期效果的关键因素。一名真正有丰富经验的心理咨询师理应具有健全的心理特征,能够以来访警察为中心,并且掌握丰富的人类行为知识和一套熟练的帮助他人的技巧。在与咨询师的面谈交流中，来访警察可以直抒胸臆而不必顾虑破坏性的后果，他们的冒险或失败都不必付出任何代价。在咨询中，他们可以做出过激的或冷淡的情绪反应；而咨询师则应用积极的态度去回应，促进来访警察做出新的建设性的积极反应。

1. 尊重

尊重来访警察的价值观、人生观和权益，予以接纳、关注、爱护，是建立良好咨询关系的重要条件，是有效助人的基础。第一，尊重意味着完整地接纳一个人。第二，尊重意味着彼此平等，咨询师与来访警察在人格上是平等的，应以平等商量的口吻和来访警察交谈。第三，尊重意味着以礼待人，来访警察都是客人。第四，尊重意味着信任对方，有时来访警察的言语可能会出现矛盾，咨询师不可简单地认为是来访警察故意不诚实。第五，尊重意味着保护隐私，至于与咨询无关或关系不大的秘密、隐私，咨询师不得随便干预、探问。第六，尊重应以真诚为基础。第七，尊重来访警察并非说没有不同意见，适度地表达对求助者言行的看法，反过来会起积极促进作用。第八，若咨询师发现自己实在难以接纳来访警察，可以考虑把求助者转介给其他适合的咨询师，这也是对求助者的尊重和负责。

2. 温暖

尊重是以礼待人、平等交流，它富有理性的色彩。而热情则充满了浓厚的感情色彩。两者相结合，才能情理交融。第一，温暖热情应充满整个咨询过程，咨询师的热情友好往往能有效地消除或减弱求助者的不安心理，使其感到自己被接纳、被欢迎。第二，温暖体现在咨询时的耐心、认真。第三，在对来访警察做指导、解释、训练时，咨询人员的温暖不仅体现为不厌其烦，同时要多听来访警察的反馈。第四，咨询结束时，咨询人员应送别来访警察，这样会使来访警察感受到一种温暖。温暖、热情是一个优秀咨询师的必备素质。

3. 真诚

真诚是指咨询过程中，咨询人员应该以"真正的我"出现，没有防御式的伪装，表里一致、真实可信地以自我投身于与来访警察的关系中。一方面，咨询人员的真诚可信和尊重可以为来访警察提供一个安全自由的氛围；另一方面，咨询师本身的真诚坦白为来访警察提供了一个良好的榜样，来访警察可以因此而受到鼓励。值得注意的是：第一，真诚不等于说出所有实话，而是所说的话应该是真实的。真诚不仅表现在言语中，非语言行为尤其是咨询中的实际表现更是表达真诚的最好方法。第二，真诚不是自我发泄。第三，真诚应实事求是，不可以过分表现自己甚至装腔作势，以致失去了很多的真诚。第四，真诚应适度，尤其是在咨询初期，对人的热情要适度。

4. 通情达理

心理咨询中通情达理通常包括三个方面的含义：一是咨询师借助于来访警察的诉说内容和言谈举止，深入对方内心去体验他的情感、思维；二是咨询师借助于知识和经验，把握来访警察的体验与他的经历和人格间的联系，以更好地理解问题的实质；三是咨询师运用咨询技巧，把自己的关切和理解传达给对方，以影响对方并取得反馈。

5. 结构化技术

结构化技术是指咨询师就咨询过程的各个方面向来访警察做出恰当说明的一种技术。它是在警察心理咨询开始之前，咨询师与那些没有咨询经验的来访警察之间建立一个双方共同遵守的基本规范，即建立咨询的基本架构。初次咨询的来访警察经常对心理咨询抱有过高的期望或者有错误的认识和理解，咨询师需要在咨询之前对此进行客观的说明、解释。这种技术在实施咨询的过程中是必需的。

咨询师就咨询的相关内容向来访警察进行说明时需要注意以下几个方面的内容：第一，心理咨询的性质。心理咨询是通过咨询双方的人际互动，共同探讨咨询的问题，促进来访者的自我探索，以协助来访者解决各类心理问题的过程，实现心理咨询的助人与自助。有些来访警察以为接受心理咨询就如医生给病人治病一样，能够做到药到病除——其实这是一种不正确的观念，是他们对咨询性质了解不够而形成的偏见。第二，心理咨询的保密原则。保密原则是心理咨询中的重要原则，它既是职业道德的要求，也是心理咨询本身的性质所决定的。在咨询开始时，说明心理咨询的保密内容和保密例外情况有利于来访警察调整对咨询的预期，并且有利于建立良好的咨询关系。第三，咨询师的角色和限制。咨询师应让求助者了解不担当解决问题的责任，且咨询师不强迫来访警察做符合咨询师预期的事，更不能代替来访警察做决定。在咨询过程中，咨询师通过与来访警察保持人际互动，用自己的热情、专业知识和咨询技巧来协助来访警察去面对问题和解决问题。咨询师不能以朋友、师生、知己等身份与来访警察进行会谈。若咨询会谈中出现上述关系或发生一些意外时，双方应以真诚的态度加以探讨。第四，来访警察的角色和限制。来访警察有义务如实向心理咨询师说明情况，提供与自己心理问题有关的真实信息，并与咨询师合作达成咨询的目标，并非被动地等待咨询师的建议；必须准时依约前来，若有变故，须提前告知；每次会谈时间有一定限制。另外，来访警察不要试图与心理咨询师建立咨询以外的任何关系。

（二）全面把握来访警察的基本情况

1. 明确来访警察想要解决的问题

有些来访警察会主动明确地与咨询师交流自己需要解决的问题，需要什么样的帮助。咨询师需要分清哪些是可以通过心理咨询解决的，哪些不属于心理咨询的工作范畴。例如，有些来访警察对自己的经济收入不满意，希望咨询师能给他出挣大钱的主意；有些来访警察希望咨询师劝说配偶不要与自己离婚等，这些都不属于心理咨询的工作范畴。有些来访警察对自己的问题避而不谈，或常常沉默不语，这时咨询师需要引导和启发来访警察："你希望我在哪方面帮你的忙？""你能告诉我，你想解决什么问题吗？"来访警察之所以有这种表现可能是因为他的心理问题涉及个人隐私，或是内心千头万绪不知从何说起，或是由于会谈过程中咨询师的失误导致来访警察产生了阻抗。咨询师此时表现出来的温暖、尊重、关注会直接对来访警察表达问题和求助愿望产生影响。咨询师需要根据实际情况处理好咨询过程中出现的沉默。有些来访警察讲话缺乏主题，东拉西扯，或是把问题说得含糊不清，咨询师就要澄清来访警察的真实想法，可以询问："在你提到的这些问题中，最想解决的问题是什么？""能把刚才提到的事情用几句话归纳一下吗？"或是通过反馈来证实咨询师的理解是否与来访警察表达的内容一致："你刚才的意思……"通过进一步询问澄清来访警察的真实意图，指出来访警察心理问题的关键和现在最矛盾的心理。

2. 了解来访者有关资料的主要方面

有关来访警察的信息采集主要包括以下几个方面：关于身份的信息；总体外观形象和行为；与现在问题有关的往事；以往的精神病史或心理咨询史；教育和工作背景；健康和医疗史；社会或成长史包括宗教和文化背景、隶属系统、主要的价值观、过去问题的描述、主要成长事件社会和休闲活动、目前社会状况；家庭、婚姻、性历史；对求助者沟通模式的评估；精神或大脑状况；诊断结果总结。同时应了解来访警察的兴趣爱好、能力等，了解来访警察通常对自己、对别人和对现实生活所持的态度，以及与之相应的那些习惯化了的做法，因为这些因素有可能成为来访者心理问题的内在影响因素。

3. 了解来访警察问题产生的原因

咨询师对来访警察心理问题产生的原因、背景、发展过程及影响因素的了解，有助于有针对性地制定咨询方案。例如，"你能说说你怕出警的原因吗？""原来晚上值班时你不太紧张，一个月前你就渐渐紧张，以至于现在没法安心值夜班，你能说说这中间发生了什么事情吗？"等。由于心理问题的产生是生理、心理、社会诸因素交互作用的结果，咨询师需要透过现象看本质，分析心理问题的原因层，找到主要原因、深层原因。只有找到了根本原因，才能制定出有针对性的方案，使来访警察的问题得到彻底解决。人的心理活动是知情意行的统一体，其中一方面出问题，其他方面也会受到影响，或迟或早会表现出症状。咨询师只有善于分析、合理判断，寻找最合适的突破口，才能使咨询取得良好效果。因为每个来访警察都是具有独特个性的个体，其心理问题产生的原因和表现也会有较大的差异。咨询师要具体问题具体分析，避免主观臆断。

4. 选择最先解决的问题

要澄清来访警察的心理问题，就必须与之探讨最急于解决的问题是什么。一种方法是先确定主要矛盾或主要问题，先解决主要问题，再解决次要问题。当来访警察在解决了主要问题以后，就可能会把这个解决问题的方式迁移到次要问题的解决过程中。但由于主要问题的解决可能难度较大，如果进展缓慢或没有实质性进展，从而影响来访警察的信心。另一种方法是先解决容易的、次要的问题，这样做的好处是咨询见效快，有助于提高来访警察的信心和积极性。当来访警察和咨询师期望解决的心理问题有差距时，需要双方共同协商，达成一致意见。在整个咨询方案的制定过程中，都需要来访警察与咨询师共同商讨，咨询目标的确定有时会随着咨询的不断深入有所调整。

（三）咨询技术运用

1. 参与性咨询技术

假定来访警察独立解决个人问题的能力受到了不同程度的限制，若要打破限制并顺利地度过这一艰难时期，来访警察需要得到专业咨询师的帮助，以便能够将自己与问题有关的需求看得更清楚，对将要采取的行动及可能导致的后果也更加明确。

（1）探询技术。咨询师与来访警察初次见面或者在咨询过程中难免对一些问题产生疑惑，此时可以使用探询技术来对问题做进一步的了解。探询是以讨论为基础，用以启发咨询双方能够积极交流的思维过程。探询技术，是指咨询师主动对来访者的心理困扰或当前处境提出一些问题，以协助来访者对自身心理反应做详尽的说明、明确的叙述，进而使来访者对问题有进一步的澄清和了解。当咨询师通过倾听大致了解清楚来访者的情况之后，在需要进一步对来访者的冲突或问题进行讨论时，可以使用探询技术，但该技术需要以良好的咨询关系为基础。在警察心理咨询中使用探询技术时，咨询师可以通过提问来表达自己的不同意见，不一定非得采取被动、消极的态度。来访警察通过这样的讨论，也可以开阔自身视野、增强自信，并不断发展自我。探询技术可以帮助咨询师收集与来访警察心理问题有关的信息，提醒来访警察注意遗漏或不想面对的部分。咨询师在运用探询技术时，应对来访警察提出的问题或阐述的困扰多讨论、少评论和暗示。咨询会谈初期，咨询师应多采用开放式提问的方式进行探问，而少用封闭式的探问。咨询师应避免仅仅为了满足自己的好奇心而使用探询技术。

（2）具体化技术。具体化指咨询师协助来访者清楚、准确地表述他们的观点、所用的概念、所体验到的情感以及所经历的事件。来访警察可能出现以下问题，针对这些问题咨询师可采取相应的"具体化"对策。首先是"问题模糊"。有些来访者谈到自己的问题时往往用一些含糊的、很宽泛的、很普通的字眼，比如"我烦死了""我感到绝望"等。咨询师对此的任务就是要设法使这种模糊的情绪、思想逐渐清晰起来。其次是过分概括化。引起来访者心理困扰的另一个原因是过分概括化，即以偏概全、以一概十的思维方式。比如，把对个别事件的意见上升为一般性的结论，把对事的看法发展到对某人，把"有时"演变为"经常"，把过去扩大到现在和未来，这就需要澄清。第三，概念不清。同样一句话、一个概念、一个词，其含义其程度会因人而异，有时甚至相距甚远。因为这种概念上的混乱会引起观念上的混乱和行为的偏差。因此，咨询师要促进来访警察准确地讲述其所面临的情境及对情境的反应，这可以借用开放式提问而实现，如"你的意思……""你能说得更具体点吗？""你是怎么知道的？"等。

（3）内容反应技术。内容反应，也称释义或说明，是指咨询师把来访者的主要言谈、思想，加以综合整理后，再反馈给来访者。内容反应使得来访者有机会再次来剖析自己的困扰，重新组合那些零散的事件和关系，深化谈话内容。内容反应是使来访者所述内容更明了的方法。内容反应技术适用于心理咨询的初期。咨询师在使用内容反应技术时应注意以下几点：咨询师应抓住来访警察思想或谈话内容的实质进行简述，避免加入咨询师本身的意思或想法。应注意使用代名词"你"或直接使用来访警察的姓名。使用来访警察讲述的最重要的语句。咨询师不要长时间地只用内容反应技术，以防止让来访警察觉得咨询师只是在鹦鹉学舌，咨询并没有进展。

（4）情感反应技术。情感反应与上述的内容反应很接近，如果说有所区别的话，内容反应着重于来访者言谈内容的反馈，而情感反应则着重于来访者的情绪反馈。情绪往往是思想的外露，经由对来访者情绪的了解可进而推测出来访者的思想、态度等。一般来说，咨询师对来访警察的情感与思想的反应是同时的。情感反应的最有效方式是针对来访者现在的情感而不是过去的。情感反应最有力的功用就是捕捉来访者瞬间的情绪，但有时这种针对此刻的情感反应可能会对来访者刺激、冲击太大，反而不如以过去的经验作为情感反应的对象为宜。

2. 影响性咨询技术

假定来访者独立解决问题的能力很弱，受到高度的限制，他需要强大外援的支持和帮助。这就需要心理咨询师动用影响力较大的手段，如解释、自我开放、面质和突破阻抗技术等，小心翼翼地清除来访者前进道路上的种种障碍。只有这样，前来咨询的来访者才能变得更为自信和更有能力去面对和解决他的人生困境。与参与性技术不同的是，影响性技术要求心理咨询师采用有效心理咨询手段来干预来访者。

（1）解释技术。解释技术是用心理学的方法通俗易懂地解释心理现象、心理过程、心理问题和心理原理等，阐述来访者的知情意行和事件之间的联系，尤其是其中的因果关系。咨询师如果适当运用解释技术，提供自己对来访者问题的看法，有助于拓展来访者的视野，使其从一个新的参考系来看自己的问题，从而获得新的领悟。在警察心理咨询过程中，解释技术一般有两种情况：一种是根据咨询师个人的经验及对来访警察问题的了解与分析得出的；另一种是根据不同的心理咨询与治疗的理论，对来访警察的问题做出的解释。不管哪一种解释，其目的都是帮助来访警察从另一个视角对自己所遇到的问题有一个新的认识。所以，对同一个问题，不同的心理咨询师可能会从不同的角度进行解释。因此，咨询师必须掌握有关理论，具有一定的工作实践经验，才能对问题做出恰当的解释。要针对不同来访警察的具体问题具体分析，灵活而富有创造性地进行思考和表达，而不是生搬硬套、牵强附会地解释一通。

（2）即时化技术。即时化技术也称立即性技术，它是指咨询师对咨询过程中影响咨询关系的言语、行为、情感、不平常的心理状态及时做出反应，而不因为无关紧要或者感到不便开口等原因而忽略过去。来访警察往往会把工作、家庭中的关系带到咨询室里来，反映在他与咨询师的关系中。如果他在现实生活中能积极面对问题，在咨询过程中也会积极面对咨询师，反之则会出现退缩；同样，他如果具有攻击性也会在咨询互动中表现出来。

即时化反应本身不是目的，而是一种使得咨询师和来访警察更好地配合的手段。立即性主要处理那些如果不加以解决会妨碍咨询关系的问题，分为关系的立即性和此时此刻的立即性两种。关系的立即性，是指咨询师对双方关系和涉及关系的反应上的感受、看法和评论，着重指咨询关系中负面的因素。这些负面因素影响咨询工作的顺利进行，不可以视而不见。负面因素可能表现为：①双方关系中出现不信任或紧张。②来访警察有依赖现象。③来访警察在谈话中出现不当行为。④双方吸引现象产生。⑤会谈缺乏重点和方向，感觉被"困"住了。此时此刻的立即性，只涉及咨询师和来访警察在此时此刻发生的状况，不涉及双方关系的发展状况。例如，一名初次进行心理咨询的警察，刚进入咨询室时，坐立不安，此时咨询师反映"你有点坐立不安，似乎在这里很不自在"。咨询师敏锐地捕捉和坦率地交流会对来访警察产生更大的影响。立即性技术会引起咨询师对来访警察的观察与感受的公开讨论，可以加强双方的工作联盟，也可以帮助来访警察进一步洞察自己与他人的关系。

（3）面质技术。面质又称质疑、对立、对质、对峙、对抗正视现实等，是指咨询师指出来访者身上存在的矛盾。这种矛盾可归纳如下：其一，言行不一致。来访者咨询时的言语和咨询外的行为不一致，或来访者在咨询时言行不一致。其二，理想与现实不一致。来访者希望成为的自己与现实的自己不一致，或来访者希望达到的目标与现实能力有差异。其三，前后言语不致。来访者前后叙述的事实有出入或来访者前后表达的情感有矛盾。其四，咨访意见不一致。咨询师对来访者的评价与来访者的自我评价不一致；咨询师咨访关系的看法与来访者有差异。面质的目的：在于协助来访警察促进对自己的感受、信念、行为及所处境况的深入了解；在于激励来访警察放下自己有意无意的防卫心理、掩饰心理来面对自己、面对现实，并由此产生富有建设性的活动；在于促进来访警察实现言语与行动的统一，理想自我与现实自我的一致；在于使来访警察明了自己所具有而又被自己掩盖的能力、优势，即自己的资源，并善加利用；在于通过咨询师的面质给来访警察树立学习、模仿面质的榜样，以便将来自己有能力去对他人或者自己做面质，而这一点是健康人生所需学习的课题。

（4）情感表达技术。咨询师告知自己的情绪、情感活动状况，让来访者明了，即为情感表达。情感表达与情感反应有所不同。前者是咨询师表达自己的喜怒哀乐，而后者则是咨询师反映来访者叙述中的情感内容。咨询师所作的情感表达，其目的是为来访警察服务的，而不是为做反应而反应，或者单单为了自己的表达、宣泄。因此，其所表达的内容、方式应有助于咨询进行。

（5）自我开放技术。自我开放在面谈中十分重要，能使来访者感到有人分担了他的困扰，感受到咨询师是一个普通的人，能借助于咨询师的自我开放来实现来访者更多的自我开放。自我开放一般有两种形式：一种是咨询师把自己对来访者的体验感受告诉来访者。一般来说，正信息能使来访者得到正强化，能使来访者愉悦和受到鼓励，但咨询师传达的正信息须是实际的、适度的、真诚的，不然会适得其反；若表达的是消极的、反面的、批评性的信息，则为负信息。第二种形式的自我开放是咨询师暴露与来访者所谈内容有关的个人经验。借自我开放来表明自己理解并愿意分担来访警察的情绪，促进来访警察更多地自我开放。为此，咨询师的自我开放不是目的而是手段，应始终把重点放在来访警察身上。

（6）突破阻抗技术。阻抗，是指在心理咨询过程中来自来访者或咨询关系中妨碍心理咨询进行的某种力量或因素，通常表现为压抑、忧虑和回避，或对于某种行为改变、认知改变的拒绝等。突破阻抗，是指在心理咨询中，咨询师对来访者无意识的抵制与阻碍现象进行识别、修正和转化。心理咨询的实践证明，来访者或多或少存在阻抗现象。虽然来访者最初都是主动来寻求帮助的，但在随后的咨询和治疗中，却不同程度地以公开或隐蔽的方式否定咨询师的分析，抵制咨询师的治疗。阻抗是影响来访者咨询或治疗的重要因素。阻抗的本质是来访者对心理咨询过程中自我暴露和自我变化的抵抗。出现阻抗的表现有：要求咨询师教给他们对付症状的具体办法，对咨询师关于心理问题的分析不感兴趣，用不停地叙述症状来阻抗咨询师的解释；一面要求消除症状，另一面却为症状的合理性辩护，宁愿保留症状，也不坚持治疗到底。造成阻抗的原因有：不想面对成长中的痛苦；难以改变机能性的失调行为；出现了对抗咨询的动机。咨询实践中，阻抗的表现可能是对咨询师敌对的态度，也可能是会谈中的少言或赘言。咨询师要对出现阻抗的表现和原因进行仔细识别。突破阻抗技术的关键是要调整和修正咨询关系、寻找突破口和"对症下药"。要有耐心地探查和分析阻抗背后的真正原因，处理好移情或反移情，慎重对待不同的来访者，特别是容易受伤害的来访者。

（四）心理咨询的匹配与转介

对于某一特定的咨询师来说，并非所有适合咨询的来访警察都适合于自己。对某位咨询师而言，有些来访警察是特别适宜的，双方匹配性好；也有些来访警察虽然是适合做心理咨询的，但对于某一特定的咨询师则是不适合的。对于这样的来访警察，最好的办法就是做好转介工作。需要转介的分成如下五种情况：一是咨询内容与咨询师不匹配。例如，有些来访警察的问题已经达到重性心理疾病的程度，而咨询师没有能力予以解决，此时应迅速转介到医院的精神科医师那里。例如，一位未婚男性咨询师接待一位中年女性对性问题的咨询就不太适合，同样，让一个未婚的女性咨询师去接待因性生活不协调而导致夫妻矛盾的男性来访警察也不恰当。在实际咨询工作中，一旦遇到这种情况，恰当的做法是把来访警察转介给其他适宜的咨询师。二是价值观念与咨询师不相容。例如，咨询师在性的问题上很保守，而来访警察在性的问题上过分开放。遇到这样类似的情况，若条件允许的话，咨询师最好将来访警察转介给合适的咨询师。三是个性与咨询师不相容。有些咨询师与来访警察在个性等方面存在某种不协调，如有的咨询师不能容忍来访警察的盛气凌人，有的咨询师不喜欢过于内向、退缩的来访警察，有的咨询师害怕异性来访警察等。四是来访警察与咨询师有私人关系。例如，来访警察是咨询师的亲戚、朋友、熟人等。五是来访警察有特殊背景。有些来访警察是上级领导或是其家属，常常使咨询师考虑来访警察的背景，而无法以平常、自然的方式进行咨询和辅导。遇到这种情况，倘若咨询师不能以通常的方式进行咨询，难以做到客观与中立，则应做出转介。

当咨询师发现来访警察的问题不适合在此继续做心理咨询时要及时进行转介。及时转介同样是咨询师对来访警察的负责态度和良好职业道德的体现。在实施转介时，咨询师应首先与来访警察开诚布公地谈一次，将转介事宜清楚地告诉来访警察，并用委婉的言辞说明这样做的理由，特别应强调转介完全是为了来访警察能获得更好的咨询服务，以免使来访警察产生误解。另外，还可适当介绍将要为来访警察咨询的咨询师的长处和特点，让来访警察心理上有所准备。如果有可能的话，原咨询师要向将要接手的咨询师详细介绍情况，提供自己的分析，但不要轻易介绍该来访警察在原来咨询中提供的一些隐私性较强的资料。

（五）咨询效果评估

评估咨询效果的目的是使咨询师明白何时可以结束咨询，何时需要修补咨询方案。同时，咨询效果评估也是咨询的总结和提高阶段。咨询效果的评估可以是阶段性的，也可以是终结性的。通过对咨询过程的回顾总结和评估，使来访警察把学到的东西运用于今后的生活和工作之中，从而提高自身的心理健康水平。咨询效果的评估并不一定等到咨询结束时采取，而应该在咨询的过程中不断地总结效果，及时调整咨询方案，但是咨询结束前的评定是对整个咨询过程成效的评价，显得更为全面、更为重要。来访警察心理与行为的改进可表现在诸多方面，因此，咨询效果的评估也必须采用多种指标进行综合评定，才能做出比较全面和准确的评价。评定咨询效果的指标很多：一是来访警察对咨询效果的自我评估。通过来访警察自身的切身感受和体验来评价咨询的效果是非常重要的一种方式。经过咨询双方的共同努力，来访警察可以感受到心理问题是否有了缓解，症状和体征是否有了转变，特别是来访警察内心状态的改变，来访警察自己的体验才是最真实的，这种评价是最有说服力的。也可以通过填写信息反馈表进行评估。需要注意的是，来访警察自身的评价主观性比较大，有时缺乏客观性。二是咨询师对咨询效果的评估。一般来说，咨询师对咨询效果的评定要比来访警察自身的评定更为客观。一方面，咨询师对来访警察的各种情况都比较了解，也清楚咨询的目标和程序的进展情况，对来访警察各种临床资料掌握得也比较全面；另一方面，咨询师都受过专业的心理咨询训练，能运用多种有效的工具对来访警察的心理问题、症状表现以及社会功能的恢复情况等进行恰当的评价。当然，咨询师在评估过程中，要努力降低自己主观因素所造成的评价偏差，以增强评估的客观性。三是通过来访警察社会功能的改善和恢复情况评估咨询效果。通过了解来访警察能否运用获得的经验适应环境，就可以了解整个咨询过程是否成功。经过一定时间和次数的咨询，咨询师通常会发现来访警察在工作和社会生活状况方面有了一定程度的恢复和改善。例如，一位新警原来不敢与犯罪嫌疑人打交道或者与犯罪嫌疑人交往时心理紧张。经过咨询之后，这种状况得到明显的改善，能够比较顺利地完成相应的工作，这说明咨询有了明显效果。四是通过来访警察周围人对其改善状态的评价来评估咨询效果。向了解来访警察工作、生活等情况的人，如该人的父母、同事、关系密切的朋友等了解来访警察现在的适应状况。这种做法一般比较客观。如果能将这种方式所获得的信息与其他方式反馈的信息综合起来考察，得出的结论将更全面、真实。运用这种方法时，必须注意维护来访警察的利益，保护其自尊和隐私，注意保密原则，因此，有时需要以间接、委婉的方式进行。五是通过来访警察咨询前后心理测验结果的比较来评估咨询效果。对咨询效果最为标准化的评价是根据事先设计好的、有明确评定方法和计量标准的心理测验进行评定的。这些量表通常是由心理测验专家所制定的。目前，适用于心理咨询和治疗效果评定的量表非常多，包括心理测验量表及症状评定量表等。对于不同的来访警察，咨询师会根据需要采用不同的量表。量表必须能反映来访警察的不适或症状，并能为来访警察所接受。评价的内容要紧紧围绕咨询目标来进行，只有目标内容的改善，才是咨询的直接效果。

第四节　民警团体心理咨询

团体心理咨询，是指在团体情境中提供心理帮助与指导的一种心理咨询与治疗形式。它是通过有目的的团体活动，促进个体在人与人的交互作用中观察、学习和体验，帮助个体不断认识和接纳自我，调整和改善与他人之间的关系，学习积极的态度与行为方式，以发展良好社会适应的助人过程。团体心理咨询一般由 1 至 2 位领导者主持；领导者通常根据参加者问题的相似性，组建不同类型的团体。团体规模因参加者问题性质的差异而不同，少则三五人，多则十几人，甚至几十人。团体领导者通过情境设置及有组织的行为训练、分享交流和科学引导，解决成员共同具有的个人发展和社会适应等方面的问题。

一、团体心理咨询的特点

团体心理咨询、团体心理治疗以及团体心理训练其实没有本质区别，组织和实施过程也有许多相似之处。它们之间的最大区别在于适用人群和工作目标不同。团体心理咨询最独特的一面是将个体置于特定的人际关系之中，在有目的的共同活动和人与人的相互作用中，鼓励成员不断探索和发现自我，观察和尝试新的行为方式，学习和掌握人际交往的技巧，最终解决自身适应和发展中遇到的问题，即借团体互动形式，助个人成长发展。在团体心理咨询中，每个成员对自身问题的认识及解决都是通过团体内成员之间的相互交流、相互作用及相互影响来实现的，这是团体心理咨询的独特魅力所在。团体心理咨询的优势主要表现在以下三个方面：一是团体心理咨询的效率高。在团体心理咨询中，团体规模少则三五人，多则几十人，也就是说，一位领导者可以同时面对多名成员，可以通过有组织的活动对团体中的每位成员施加影响力。与个别咨询中一对一的工作模式相比，这种方式无疑效率最高，可以节省大量时间和精力。团体心理咨询的高效还体现在其强大的教育功能，团体领导者可以通过咨询方案的设计和实施，帮助成员正确认识工作和生活中可能遇到和存在的问题，如职业适应和职业倦怠方面的问题，以防患于未然，减少和避免同类问题的发生，储备应对同类问题的策略和方法，这是从根本上解决个体成长和适应问题的最经济而有效的方法。二是团体心理咨询的感染力强。在团体咨询中所形成的特殊心理氛围，会使成员之间的沟通更加顺畅，成员之间相互作用和影响的力量会增强，每个成员都在接受身边其他成员的影响力，每个成员自己也会成为施加影响力的重要力量。人与人之间的相互作用会产生一些特殊的社会心理现象，如暗示、模仿等，从而使成员的认知调整、态度转变，甚至行为改变都可能在不知不觉中发生。在团体咨询过程中，成员间相互支持、相互鼓励，共同探讨解决问题的方法，这是成员独立应对和解决问题的开端。团体心理咨询目标的达成，借助的是成员间的感染力和影响力，这是咨询者个人力量难以达成的。三是团体心理咨询的效果持久。在团体心理咨询过程中，领导者努力创设贴近社会现实生活的仿真环境，为成员提供模拟社会生活和人际交往活动的机会，使成员在团体中的言行成为他们日常生活行为的复制品。在充满信任的心理氛围中，领导者引导成员重新审视自己的观点和行为，帮助他们发现和识别问题，带领他们观察和模仿良好交往行为中的技巧和方式。由于团体成员是在情景模拟中思考和学习，是在真实的人际交往中实践和锻炼，因此他们的收获和改变更容易保持，也更容易迁移到现实生活中去。

团体心理咨询也有其局限性。一是对团体领导者的要求非常高。在团体心理咨询过程中，领导者不仅应该融入团体，成为团体中的一员，更应该保持独立，这是一名训练有素的专业人员的基本要求。领导者特殊的地位，必然对其人格特征、专业训练、方法技术和伦理道德提出非常高的要求。成功的领导者是团体走向成熟、成员收获成长的引导者。二是个别成员无法融入团体情境。团体心理咨询并不是适合所有的人，有些成员会因为依赖性太强，过于焦虑，或太过于以自我为中心，在团体中难以有所收获，个别成员态度冷淡，行为疏离，甚至可能妨碍团体的健康发展。实践表明，严重的社交障碍者，或过于内向、害羞、自我封闭的人格特征，都可能成为成员在团体心理咨询有所获益的障碍。三是个别问题难以全面深度解决。团体领导者要面对所有的成员，要从总体上把握团体的发展趋势，兼顾并照顾每位成员在团体中的感受和心理变化，这就势必要相对减少与成员间的个别沟通和交流。对于成员的特殊要求、特殊问题以及团体活动中心理和行为的微妙变化难以像个别咨询那样予以关注和有针对性的解决。四是个别成员可能在无意中受到伤害。在团体情境中，有些成员可能在没有做好充分思想准备的情况下，在团体的感染和压力下自我暴露，这会给他们带来焦虑和不安，甚至让他们感觉受到了伤害。在团体活动中，成员的隐私也可能不经意间暴露，让当事人自己觉得羞愧，或无法面对。

二、团体心理咨询的类型

团体心理咨询可依据不同标准加以分类，根据团体咨询应用氛围和领域的差异，以及咨询目标和任务的不同，可将团体心理咨询划分为：成长型团体咨询、训练型团体咨询和治疗型团体咨询。

第一，成长型团体咨询是应用最为广泛的团体咨询，其主要目的是通过成员的主动参与，积极展示和自我表达，促进团体成员的自我成长和自我完善。成长型团体咨询适用于在工作和生活中遇到困难，内心产生痛苦和纠结，或寻求自我价值实现，面临成长烦恼，并存在心理适应和发展问题的正常人。成长型团体咨询基于以下认识：在人生成长的过程中，每个人都会遇到困难和挫折，克服和战胜了困难和挫折，个体便能够获得心智的成长。在成长型团体咨询中，一切活动都将有助于个人的成长，特别是通过成员互动，促进他们的互相学习和借鉴，取长补短，不断成长和完善。概括地说，成长型团体咨询主要有以下特点：让成员有情感宣泄的机会；给成员心理上的支持；帮助成员重新认识自己；帮助成员改善适应状况，促进个人成长。

第二，训练型团体咨询的重点是人际交往技能的学习和训练，以及良好人格品质的培养。咨询者通过精心设计的情境，让团体成员在活动中相互作用，在活动中产生相应的情感体验，在活动中学习良好的认知和行为方式。通过对情感体验的内省和分享，帮助成员了解自己，理解他人，掌握有效处理人际关系的基本技能。咨询中领导者会为成员精心设置训练情境，提供训练场地，帮助成员学习新的人际关系行为，改变不适宜的交往观念和行为，并通过练习使之得以巩固。训练型团体咨询有显著的特点：重视此时此刻，不涉及和挖掘成员过去的经历和行为；重视模拟情境的设计，强调成员情感体验的激发；重视行为方式的学习，强调内省和分享的作用。

第三，治疗型团体咨询是专门为存在特殊心理问题的人准备的，通过团体氛围中特有的治疗性因素，如团体成员的相互支持、有效的宣泄渠道等，增强成员改变异常行为的信心，尝试新的、良好的行为方式，最终实现症状缓解、改变行为、提高人格修养的目的。治疗型团体一般时间较长，处理的问题也比较严重。治疗性团体咨询具有以下显著特点：团队成员通常由心理和行为方面存在相似问题的人员构成；咨询中必然涉及成员的过去经历和深层次影响因素；治疗型团体对领导者的要求非常高，须经过严格的专业训练和经验积累。

三、团体心理咨询的领导者

团体心理咨询能否获得成功，有四个方面的决定性因素：一是要有明确的咨询目标；二是要有设计科学的活动方案；三是要有称职的团体领导者；四是要有团体成员的积极参与。四个要素中核心要素是称职的领导者，这直接影响着团体咨询的成败。

（一）团体咨询领导者的基本职责

在团体咨询中，领导者要扮演多种角色，他们是专家、教师、领导、朋友，有时也是一名普通的团队成员。领导者不仅要完成各种角色赋予他们的基本职责，还要平衡好各种角色相互冲突可能带来的问题和局限性。一是调动成员参与活动的积极性。在团体活动中，领导者应始终全面关注每一位成员，仔细观察他们在活动中的投入状况和心态变化，鼓励他们开放自己，大胆表达自己的主张。采取有效方式增强成员对团体活动的兴趣，促进成员间的互动和交流。对于不善于主动表达自己的成员应予以鼓励，对于过分活跃的成员要适当制止。领导者应始终是团体的掌舵手，不断调整团体发展的方向，促进团体健康发展。二是适度参与并有效引导。团体领导者要根据团体发展的实际情况，把握和处理好自己的角色，以最大限度地发挥各种角色的职责作用。在团体形成初期，成员间互不相识，团体凝聚力尚未形成，这时，领导者要以一个团体成员的身份积极参与活动，为其他成员做好示范，树立榜样。当团体成员已经进入角色，各种活动顺利展开，成员积极投入活动，并讨论共同关心的问题时，领导者要转变身份，注意讨论的话题和内容，适时加以引导，促进团体目标的达成。三是提供恰当的解释。在团体咨询中，团体领导者也常常担当教育者的角色，在必要时候，要像教师一样为团体成员讲授心理学理论、研究成果和方法技术。如成员可能关心与领导的关系问题，关心职业发展前景和个人成长空间问题，领导者可适时进行系统地讲授，介绍该领域的相关研究和最新成果。这时领导者的表达方式、内容和技巧都可能直接影响团体咨询目标的达成。四是创造相互接纳的和谐气氛。在团体咨询过程中，领导者要善于营造有利于团体发展的氛围，使成员在相互接纳、相互关心、相互尊重、充满温暖和安全的氛围中，相互了解、大胆地自我探索，并最终获得自我成长。在团体咨询中，成员之间也可能产生矛盾，甚至引发冲突，个别成员不遵守团体规范的现象也时有发生，团体领导者要有能力协调和处理好矛盾与纷争，使团体最终能够在和谐的氛围下不断发展。

（二）团体咨询领导者的职业素养

与个别咨询相比，团体咨询的动力更复杂、更多元化。在团体中领导者要面对来自所有成员的挑战、依赖、移情等复杂状况，有效处理的难度很大。团体中每个成员都有各自的人格特征、处事态度和表达方式，领导者要有能力关注每位成员，对不同意见持开放态度，理解不同成员的感受，协调成员间的矛盾冲突。团体咨询领导者的职业素养包括：一是良好的人格特质。有勇气和自信心，关怀他人，平易近人，热情开朗，不自我防卫，充分的想象力和判断力，有幽默感，真诚、坦率、友善。具备建立良好人际关系的能力。对团体成员信任、理解，创设尊重和自由的团体气氛，接纳每一个人。二是对团体咨询理论有充分的理解。了解各种理论、学派的观点以及独特之处，并能择取精华，融会贯通成为自己的东西。并尝试建构自己的团体心理咨询理论。三是掌握基本的领导才能与专业技巧。接受过专业训练，善于运用支持、指导、鼓励、同理、关怀、接纳、尊重等技巧，参与和影响团体发展。并能妥善处理团体中发生的各种问题，带领团体顺利发展。四是丰富的团体咨询经验。不仅要有个别心理咨询的经验，也要有带领团体心理咨询的经验。熟知团体发展的各个阶段及领导者的角色与职责。有过作为团体成员参加团体的体验。五是遵守职业道德。团体领导者要以成员的利益为重，保守秘密，尊重成员的隐私权，遵守团体领导者应该做到的道德规范。

四、团体心理咨询的组织实施

（一）团体初始阶段

团体初创阶段，成员间互不相识，他们一方面期待尽快融入团队，期待团体带给他们新鲜的体验和收获，但另一方面他们担心自己不为其他成员所接受，担心自己在团体中的言行和表现是否得当。初始阶段的目标就是协助成员尽快相互熟悉，增进彼此之间的了解来相互接纳，帮助他们明确团体的目标，努力在领导者和成员以及成员和成员之间建立起安全和信任的相互关系，为下一阶段奠定基础。本阶段团体咨询成员可能存在的问题：有的成员会比较被动，有观望心理；有的成员会有不信任、恐惧等情绪；有的成员会发生抗拒，从而增加了与团体有意义互动的难度；有的成员会陷入"解决问题"的思维方式，将自己的意见强加于其他成员。因此，团体领导者的工作重点是与成员共同订立团体契约，建立与强化团体规范，重申保密原则，鼓励成员全身心投入、积极互动，有效处理观望、试探等心理，及时讨论和处理团建中出现的问题等。

团体初始阶段领导者的职责：讲授团体咨询的基本原理，指导成员了解团体的基本特点和一般过程，与成员一起制定参与团体的一些基本规则；帮助成员表达情绪，促进信任感的建立，示范积极的行为；对团体成员坦诚相待，从心理上给予支持和鼓励；帮助成员建立个人在团体中将要实现的目标。

（二）团体过渡阶段

团体过渡阶段成员期待团体的真正接纳和归属感，但内心又充满焦虑和矛盾，成员的自我防御心理很强，团体中会产生不同形式的阻抗情绪，有的成员甚至公开挑战领导者，试探领导者的可信赖程度。领导者必须冷静沉着地面对这样的情境，主动、真诚地关心每一位成员，努力创造一个有利于建立信任感的环境，有效处理成员的焦虑与期待，帮助成员更深入地表达自己，引导成员直接而有效地表达其对团体的情感反应，团体咨询成员可能存在的问题：可能会将自己或他人归为某种"问题类型"，用标签来限制自己；可能不愿表达消极的情绪和反应，产生彼此间不信任的团体气氛；面质处理不当，会使成员的自我防御更强，无法及时发现问题；团体中可能形成小团体，表达各种消极情绪或导致小团体间的冲突；成员可能在团体中找一个替罪羊来发泄情绪。对于以上问题，团体咨询领导者的主要职责为：让成员认识到及时表达他们在团体活动中的焦虑、阻抗等情绪反应的重要性；帮助成员认识其自我防御行为的表现形式，营造一种能使成员在团体中公开处理阻抗和冲突的氛围；坦率而真诚地处理成员任何针对领导者个人和专业角色所提出的挑战，为团体成员树立榜样；鼓励成员始终思考一个问题，即他们想从团体中获得什么及如何获得；领导者必须不断监督自己对那些表现出问题行为的成员的反应，通过督导或个人治疗对自己潜在的反移情进行探究。

（三）团体工作阶段

这是团体咨询的关键阶段。团体成员心理稳定，彼此互动，相互尊重和接纳，成员内心产生满足感和归属感。成员接受团体咨询的基本理念，认为个人行为的主动权掌握在自己手里，只有肩负起自己的责任，主动改变自己的行为，才能最终改变自己的生活。这一阶段团体领导者的主要任务是协助团团体成员解决问题，领导者不仅要亲身示范，而且要善于利用团体的资源，鼓励成员之间的互动，引发成员内部的讨论，通过团体合作，寻找解决问题的对策。鼓励成员在充满信任、理解和真诚的团体氛围中探索自己，并尝试新的行为。

这一阶段团体成员应主动提出希望讨论的问题；开放地接受反馈并给他人以回馈；参与到团体中并分享自己的体验和在生活中应用团体中学到的技巧；不断评估自己对团体的满意度，采取措施调整自己的参与度。团体成员可能存在的问题：成员间可能由于担心他人的强烈反应而产生退缩行为；可能意识到自身存在的问题，但不能在日常生活中付诸行动。团体领导者的主要职责为：对于促进团体凝聚力和创造性发挥的行为给予系统的强化；发现成员中共同存在的问题，发动讨论，正向的引导示范，特别是示范如何进行关怀式面质，如何表达自身当前的体验。

（四）团体咨询结束阶段

当团体咨询进入到最后的阶段时，团体领导者的一个非常重要的工作就是帮助成员把他们在团体中的收获应用到实际生活中。这项工作在团体咨询的每个阶段都要做，但在团体活动即将结束的时候，这种对学习效果的巩固具有特别重要的意义，这是一个归纳、整合和转化的过程。这阶段成员会表现出对即将分离的伤感和焦虑，由于分离焦虑，成员可能会疏远他人；成员预感到团体咨询即将结束，不像先前那样积极热情地参与团体活动，希望拖延团体活动的结束；成员的自我探索可能随着团体活动的结束而结束，没有把团体看作是自我不断成长的一种支持手段。团体成员要妥善处理自己面临分离和结束时的情感和思想，处理好未完成的事宜，无论是成员自身没有解决的问题，还是团体中存在的问题，思考和计划如何将团体中所学推广运用到日常生活中去；巩固所学，继续自我改变和成长，探索各种方法，以积极应对团体活动结束后可能的退步。团体领导者的主要职责为：对成员的改变给予鼓励，让他们感受到团体对他们成长的支持力量；支持成员将团体中学到的东西应用到日常生活中去，必要时可以帮助他们制订具体的实施计划；协助成员发展一个概念化的框架，以帮助成员系统地理解、整合、巩固和记住他们在团体所学到的东西。

第三章　民警心理危机

第一节　民警心理危机概述

一、什么是警察心理危机

心理危机是指个体或群体面临突然的或重大的生活挫折或公共安全事件时，既无法回避，通常的应对方法又失效时的严重心理失衡状态。如果说应激反应是一种保护性反应的话，心理危机则是一般应激反应不足以应对的状况，这种反应如果得不到及时处理，可能会导致急性、亚急性或慢性精神障碍的发生。心理危机一般要经历四个过程：第一个过程是冲击期，发生在危机事件发生后不久或当时，当事人感到震惊、恐慌、不知所措，脉搏、血压、呼吸和肌肉活动增加。第二个过程是防御期，当事人表现为想恢复心理上的平衡，控制焦虑和情绪紊乱，恢复受到损害的认知功能。第三个过程是反复侵入期，当事人会出现噩梦、易激怒、侵入性想象以及惊跳反应。这些延迟的应激反应可以使当事人陷入一种难以自拔的病理困境中，不得不求助。第四个过程是解决期，采取各种积极方法接受现实，寻求各种资源设法解决问题，焦虑减轻，自信增加，社会功能恢复。警察心理危机，是指警察在生活或工作中遭遇到突然或重特大负性事件时，既不能回避，通常的应对方法又失效时所产生的心理严重失衡状态，是一种应激障碍。警察尽管在维护社会稳定中表现出了超出常人的意志品质，但警察也是普通的人，在处理突发性事件、重特大案件和出入凶杀现场后，在发生暴力袭警事件或目睹战友受伤、牺牲后，在经历各种抢险和灾害救援的惨烈场面后，他们也会感到恐惧和无助，特别是一些从警时间短、身体状况不佳或是心理素质较弱的警察极易出现心理问题，若超出其心理承受能力，就会产生心理危机。

（一）警察心理危机的类型

对警察心理危机进行分类，有助于我们从不同的角度认识心理危机的性质及其带来的不同后果。根据警察心理应激源的不同，可以将警察心理危机大致划分为生活事件导致的心理危机和工作事件导致的心理危机。根据警察心理危机的临床表现和病程长短，大致可以分为以下四个类型。

1. 急性应激反应

急性应激反应是指遭受强烈的严重的创伤性事件后的急性应激障碍。急性应激障碍又可以理解为遇到极端事件时正常的应激状态。所遇事件对警察而言是极端的应激和创伤性事件，极易对警察造成心理创伤。一般在应激性事件发生后数分钟至数小时内突然起病。病程大多历时短暂，在应激源消除后，可在几天内消失，快则几小时便恢复，预后良好，缓解完全。急性应激障碍发生与否及严重程度取决于个体的易感性和应对方式，可分为三种临场表现类型：（1）反应性朦胧状态。例如，警察开枪后意识清晰度下降，茫然，对周围环境不能清楚感知，定向困难，注意范围变得狭窄。警察在回忆开枪情景时，表现为紧张、害怕，难以进行交谈，有自发言语，缺乏条理，语句凌乱或不连贯，动作杂乱，无目的性，偶有冲动的行为。有些警察出现"断片"性大脑空白，数小时后恢复意识，事后可有部分或全部遗忘。（2）反应性木僵状态。临床表现以精神运动性抑制为主，例如，警察开枪后表现为目光呆滞，表情茫然，情感迟钝，不言不语，对外界刺激毫无反应，呈木僵状态或亚木僵状态。（3）反应性兴奋状态。表现以有强烈恐惧体验的精神运动性兴奋为主。例如，警察开枪后伴有强烈的情感反应，情绪激越，情感爆发，活动过多，时有冲动伤人、毁物行为。急性应激障碍的症状内容与精神刺激因素明显相关。病程短暂，一般不超过 1 个月。

2. 延迟性心因性反应

延迟性心因性反应亦称创伤后应激障碍（PTSD），是指在经历异乎寻常的心理创伤性危机事件的一段潜伏期，几周到几个月后，延迟出现和长期持续的精神障碍。表现为：（1）闯入性的反复重现的创伤性体验。自己控制不住地反复回想当时的经历，或者反复出现创伤性内容的梦境或做噩梦。这种反复发生、强制出现的与应激和创伤性事件有关的体验令警察痛苦难言，也伴随有错觉、心悸、出汗、面色改变等一系列身心反应。（2）持续性的警觉状态，惊跳反应增大。主要表现为当事警察难以入睡或易惊醒。难以入睡可能是由于警察预期会发生与该事件有关的梦境而不愿入睡，或由于该事件的噩梦内容使警察从睡眠中惊醒。有研究表明，在创伤性事件发生后的一个月内，高度警觉性症状可能是最常见和最严重的表现。（3）持续的回避。当事警察回避所遇事件的处境，竭力不愿意回想当时的经历和在场的相关人员，回避会引起痛苦回忆的场所和活动，回避相关的想法、感受和交谈话题。甚至对应激和创伤性事件的某些重要情节不能回忆，也称其为选择性遗忘。

3. 持久性心因性反应

持久性心因性反应是指由于应激源长期存在或警察长时间处于不良的环境中而诱发的精神障碍。主要表现为有一定现实色彩的妄想，或伤感、沮丧、易哭泣的情感障碍，或生活习惯改变的行为障碍等。症状至少持续 3 个月以上，有时可长达几年。

4. 适应性障碍

适应性障碍是指因长期存在应激源或生活环境改变，警察个体表现出焦虑、烦恼、害怕等情绪方面的症状，或躯体性不适，或行为退缩等适应不良行为，但一般不出现精神病性症状。适应不良中有短期、中期或长期的抑郁反应。短期抑郁反应：以轻度抑郁为主要特征，持续时间不超过 1 个月；中期抑郁反应：抑郁症状持续 1 个月以上，但不超过 6 个月；长期抑郁反应：病程在 6 个月以上，但不超过两年。除此之外，当事警察感到不能应对当前生活或无从计划将来生活，并表现为行为障碍和生理功能障碍，如生活不规律、不上班、不愿意与人交往等退缩行为，出现了失眠、胸闷、心慌等与应激情景相关的躯体症状。社会功能受到了损害，甚至偶尔可见爆发性的暴力行为。抑郁开始于社会心理刺激之后的一个月，症状持续 1 个月到 2 年不等。

根据多个学者的观点和经验，由应激、危机事件、创伤事件等社会心理刺激诱发的相关精神障碍还可能涉及：惊恐障碍、社交恐惧症、感应性精神病、癔症、精神分裂症、情感性精神障碍、酒精滥用或药物依赖、反社会性人格障碍、回避性人格障碍、边缘性人格障碍、依赖性人格障碍、强迫性人格障碍、偏执性人格障碍、分离性身份障碍、表演性人格障碍、重度抑郁障碍、强迫障碍、人格解体障碍、心境恶劣障碍、双相情感障碍、环性心境障碍、大便失禁、遗尿症等。

（二）警察心理危机干预原则

为了更好地发挥心理危机干预工作的作用，实现心理危机干预的目标，规范心理危机干预工作的标准尤为重要。理论研究和实践证明，警察心理危机干预必须坚持心理危机干预工作的团队性、专业性、认同性和保密性等原则。

一是心理危机干预工作的团队性原则。心理危机干预工作的实施是一个系统工程，绝不是一两个人能够完成的，它需要人力、物力、环境等各方面的保障和支持。组织保障应该包括以下内容：第一，确立心理危机干预的领导小组。由专业人员和行政人员共同构成执行团队。在团队内部分工合作，领导和行政人员只起配合和保障作用，不参与危机干预的具体环节。第二，迅速获取信息。通过多种渠道在最短的时间内，获取警察在受到重大事件影响后的相关信息，并做出快速反应，心理危机干预的时间介入要求及时，通常在危机事件发生后的 48 小时之内进行，特殊情况除外。一般由基层心理服务工作人员或基层政治思想工作者把所收集到的信息在第一时间内向上级领导报告，行政领导与专业人员协商确定心理干预的具体工作。第三，心理危机干预是在特定条件下进行的，对场地和环境都有具体的要求，比如，如果是团体的干预则需要足够的空间和安静的环境，如果是个体的辅导则更要强调个体化的要求。例如，是否是医疗场所，是否有必要他人在场，是否适合在工作单位等，由于发生的危机事件不同、个体不同，要保障心理危机干预在相对单纯的环境下进行专业性的操作，组织保障是不可缺少的。

二是心理危机干预的专业性原则。心理危机干预工作是一项非常专业性的工作，专业人员需要经过专业的培训以及足够的实际工作经验方可胜任这项工作。心理危机干预的基本要求是及时、专业、有效。其中专业是核心、是灵魂。专业体现在必须严格遵守心理学的理论与方法，违背心理学的理论与方法是不负责任的行为，是应该受谴责的。同时，心理危机干预工作的专业性还体现在专业工作者制定和实施干预方案的过程中，包括对现场访谈信息汇总、危机对象的初步判断、评估诊断、高危人员筛选、危机干预目标及方法的确定、制定具体干预路线等环节。专业性还体现在实际操作过程中，包括操作时如何建立干预与被干预警察之间的关系，获取信任。例如，如何自我介绍、如何破冰、如何表达共情、如何承诺干预的目标，等等。任何一个专业的心理干预工作者都应该认识到，自己的言行和举动都会对干预的目标产生重要影响。

三是心理危机干预工作的认同性原则。心理危机干预工作不同于心理咨询工作，其方式上主要体现在主动出击、主动服务，而不同于心理咨询是被动的服务方式。当然无论哪种方式，其服务工作的有效性均建立在当事警察有愿望改变现状的基础上。心理危机干预工作若要达到真正的目标，还需要单位的领导和当事警察对心理危机干预工作有一个初步的认同，这种认同就是不排斥、不拒绝危机干预工作。当然采取积极的支持和配合的态度是理想的状态。如果当事警察拒绝接受或不配合，是难以达到实际效果的。要事先了解当事警察的个性特点、当前的心理状况。通过其家庭成员、领导、同事等了解评估当事人的整体状态，从而确定适宜的干预方式和时间。总之，心理危机干预工作是一个非常具有个性化的工作，需要灵活把握，不可千篇一律。

四是心理危机干预工作的保密原则。遵守保密原则是专业心理工作者的职业道德。当然保密是有限度的，如涉及自杀、犯罪等危害性行为不在此列。在警察心理危机干预中，保密的限度要更加细化。由于心理危机干预是在有组织的行政范围内的工作，为了不断加强警察对此项工作的认可和接受，真正让警察体验到心理危机干预工作的纯粹性，加强当事警察信息的保密工作十分重要。需要注意的是，在目前的警察心理危机干预中，由于警察对心理干预的认识不足和误解，以及警察职业所导致地对他人的低信任度的认知习惯和固定思维模式，他们往往表现出对心理干预工作的热情不高、行为不主动，担心信息被公开，这些顾虑会让警察对心理危机干预工作产生戒备和行为阻抗。为此，在危机干预的实践中要使坚守保密原则成为一条工作纪律。这种纪律要让执行团队中的领导和行政人员理解保密原则对干预效果的实际影响，涉及对警察心理危机工作的相关信息，对行政领导也不能完全公开，也要采取保密。同时，让警察了解保密原则是心理干预工作者的职业道德和工作纪律，消除警察一切担忧和疑虑。至于解密的时间和解密的内容必须征得警察当事人的同意才可进行。在执行保密原则时，要记住它首先是以保护当事警察的利益和组织的利益为前提的，平衡其中的利害关系尤为重要。

第二节　民警心理危机干预技术

处于心理危机中的警察不仅自身非常痛苦，也对公民的合法权益构成了潜在的威胁。如果心理危机得不到及时干预，就会影响危机警察自身的身心健康，甚至形成长期的、永久性的心理创伤，随时可能诱发记忆中的创伤经历，若逐步蔓延，还会导致创伤后应激障碍的发生。关于心理危机干预，不同的心理学理论有不同的干预取向和相关的技术。下面介绍几种常见的心理危机干预技术。

一、集体晤谈技术

集体晤谈是一种最基本的心理危机干预技术，最早应用于缓解参与危机事件急救的消防队员、警察、急诊医务工作者和其他处于危机事件中的人员的应激反应。事实上，除了遭受危机事件的人有严重的应激反应外，参与救助的人员也会间接地经历应激，高强度的令人精疲力竭的救助行为本身就构成了一种特殊的应激源。后来集体晤谈技术也被推广应用于直接暴露于创伤事件中的各种一线受害者。集体晤谈通常在应激和创伤性事件发生后的 2 ~ 10 天进行，一次持续 3 ~ 4 小时。关于集体晤谈时限，一般认为，事件发生后 24 ~ 48 小时是理想的干预时间，太早不好，太晚也不好，6 周后效果甚微。正规的集体晤谈，通常由具有资历和经验的精神卫生专业人员主持实施，辅导者必须对应激反应综合征和团体辅导工作有相当的了解。

正规的集体晤谈过程一般分为六个步骤，在一些特殊场合进行操作时可以把第二、第三、第四步骤合并进行。一是介绍期。辅导者进行自我介绍，向受辅者介绍晤谈的目的和规则，晤谈的程序、方法及保密问题，成员自我介绍，与受辅者建立相互信任关系。回答可能的相关问题，强调晤谈不是正式的心理治疗，而是一种减轻创伤事件所致的应激反应的服务。二是事实叙述。辅导者请每位参加者从自己的观察角度出发，描述事件发生时的所见所闻和所为的具体事实，目的是帮助当事人先从自身的角度来描述事件，而每个人都有机会补充事件的细节，最终使整个事件得以重视，有助于让每个人全面了解事情发生的真相。辅导者要打消参加者的顾虑，参加者如果觉得在小组内讲话不舒服，可以保持沉默。选择沉默也适用于其他阶段。三是体验感受。鼓励每个参加者依次描述其对事件的认知反应，揭示自己对于有关事件的最初和最痛苦的想法，让情绪宣泄和表露出来。辅导者可以询问每个参加者当时的感受以及在交谈时的感受，挖掘当事人在危机事件中最痛苦的一部分经历，鼓励他们承认并表达各自的情感。询问这些感受对当事人的社会功能及人际关系有什么影响，当事人是否觉得自己做得不够好，或认为做错了什么，对不利的后果要负什么责任等。四是症状描述。辅导者要求受辅成员从心理、生理、认知、行为各方面，依时间顺序回顾性描述和确定自己在事件中的痛苦症状和体验，如果有，识别是否由创伤事件导致，但要避免将个体的反应病理化，避免"障碍""症状"用语导致的医学标签化效应。目的是帮助当事人识别和分享自己的应激反应，开始将情感领域引导转向认知领域，以便对事件产生更深刻的认识。五是辅导与干预。向受辅者介绍正常的应激反应模式，强调人的适应潜能，讨论积极的适应与应付方式。辅导者要帮助受辅者认识到，其经历的应激反应是面对非正常情况的正常的和可理解的行为，本质上不是医疗问题，也不意味着有精神病理学的意义，从而减轻其心理压力。鼓励当事人坚强起来，并努力调动当事人利用现有的社会资源和自己康复的潜能参与心理重建，同时应提供和教授必要的应激管理技巧和积极应对技巧，以及促进整体健康的知识和技能，提醒注意预防可能的并存问题。六是资源动员与恢复促进。晤谈即将结束前，辅导者应总结晤谈中涵盖的主要内容和会谈过程，回答相关问题，讨论应对策略和行动计划；强调小组成员的相互支持，鼓励使用先前紧急状态下曾使用过的成功解决问题的策略，以适宜的方式释放痛苦情感，避免由各种情绪混杂而产生的强迫性思考，告知使用否认、退缩、回避、冲动行为、找替罪羊、过分依赖、过度想象和幻想等消极的防御机制和应对方式所造成的长期负面影响；评估哪些人需要随访或转介到专业性机构做进一步治疗。

并不是每一个对象都适合参加集体的紧急晤谈，因此要注意甄别。例如，正处于剧烈哀伤情绪中的丧亲者，如果此时参加晤谈，可能会诱发激烈的情绪反应和失控行为，这将给其他成员带来新的创伤；对那些处于抑郁状态的人或以消极方式看待晤谈的人，亦可能会给其他参加者带来负面影响，辅导者要注意加以引导和控制。考虑到危机事件或危机后 24 小时内，经历危机的当事人大多处于一种应激的麻木状态，故此时不适宜安排集体晤谈。对于在晤谈过程中因感受到同伴压力不愿意暴露个人信息或有耻辱感，或有意无意回避和阻抗某种回忆的受难者，辅导者切记不要强迫其叙述经历危机事件的细节，以免诱发更严重的反应。集体晤谈作为一种基本的干预技术，组织规模每次以 7～8 人为宜；应与心理危机干预的其他方法加以整合，才能更好地为创伤事件的受害者提供较为完整的帮助。

二、心理稳定化技术

稳定化技术，就是通过引导想象练习帮助当事人在内心世界中构建一个安全的地方，适当远离令人痛苦的情景，并且寻找内心的积极资源，激发内在的生命力，重新激发面对和解决当前困难的能力，促进对未来生活的希望。危机事件会摧毁当事人的力量感与自控感，轻则在相当长的时间里感觉失落、无助，重则会导致人格解体与崩溃。因此，我们需要及早地、有针对性地使当事人与相关回忆和感受保持适当距离，重新恢复对日常生活的掌控，从而有能量和信心去面对巨大的创伤记忆和体验。因此，该技术主要用于危机干预的初始阶段，以帮助当事人将情绪和认知水平恢复为常态，从而接受下一步的治疗措施。

稳定化技术是借助想象练习来完成的，因此有些技术在使用之前要先进行放松训练。

具体的引导词可参考如下：请尽量放松，聚精会神，和我们一起开始练习。请选择最舒服的姿势。你可以躺着，也可以坐着，试试看，直到你找到最舒服的姿势为止……练习里会有很多画面，请最好闭上眼睛，如果你愿意睁着，我建议你在房间里找一个点，一直盯在那里……

请认真考虑，想不想打开内心的知觉……如果想，就请跟随我的声音；如果不想，就让我的声音飘散……现在，请你按你觉得舒服的方式放松自己的身体……把你的注意力放松呼吸上来，它平静、均匀，一呼一吸，身体也随之慢慢在动……注意你的胸腔，它缓缓地，一升一降……肚皮也在一伸一缩……仔细体会，你会发现空气顺着鼻腔的内壁，缓缓流过，摩擦着鼻腔，仔细体会，鼻腔对这种微小的运动有什么感觉……鼻腔的温度有什么变化……想象每次呼气，都是把身体里的压力和紧张释放出来……每次吸气，都是把外界的能量和养料吸入体内……慢慢地，内心变得舒适和安宁……

进行放松训练时，对于情绪不稳定的当事人，放松时间要短些，有时甚至可以睁开眼来做。

根据心理学家雷德曼（Luise Reddemann）对许多观点的总结与梳理，稳定化技术主要有四种，分别是保险箱、内在智者、遥控器和安全岛技术。

1. 保险箱技术

保险箱技术可以看成是想象练习的"第一堂课"，因为第一次接触它就很容易学会，有助于当事人学会掌控自己的创伤性经历，或有意识地对之进行排挤，从而使自己至少是短时间地从压抑的念头中解放出来。能够把创伤性材料"打包封存"是当事人至少能保留工作能力的前提条件。在保险箱技术中，我们会要求当事人将创伤性材料锁进一个保险箱，而钥匙由他自己掌管，并且他可以自己决定，是否愿意以及何时想打开保险箱的门来探讨相关的内容。具体的引导词可如下：请想象在你面前有一个保险箱，或者某个类似的东西，现在请你仔细地看着这个保险箱，箱门好不好打开？开关箱门的时候，有没有声音？你会怎么关上它的门？钥匙是什么样的？现在请打开你的保险箱，把所有给你带来压力的东西，统统装进去……

有些当事人一点都不费事，有些则需要帮助，因为他们不知道如何把感觉、可怕的画面等装进保险箱。此时，我们应该帮助当事人把心理负担"物质化"，并把它们不费多大力气地放进保险箱。例如对死亡的恐惧感觉以及躯体不适（比如疼痛）：给这种感觉、躯体不适设定一个外形，比如巨人、章鱼、乌云、火球等，尽量使之可以变小，然后把它们放进一个小盒子或类似的容器里，再锁进保险箱里。从心理卫生的角度讲，最好不要把钥匙或者其他锁具藏在治疗室，也不要把它扔掉或弄丢了，这样，当事人就没有了寻找创伤性材料的途径了。引导词是：请把保险箱放在你认为合适的地方。这地方不应该太近，而应该在你力所能及的范围里尽可能的远一些，并且在你以后想去看这些东西的时候就可以去。原则上，所有的地方都是可以的，比如，可以把保险箱沉入海底，或发射到某个陌生的星球等。但有一点要事先考虑清楚，就是如何能再次找到这个保险箱，比如，使用特殊的工具或某种魔力等，保险箱同样也不适合放在治疗室中，也不要放在别人能找到的地方，比如某位自己讨厌的同事的院子里……如果完成了，就请你集中自己的注意力，回到这间房子里来。

2. 内在智者技术

内在智者技术可以帮助遭受创伤的人在内心构建出一个积极、有力量的帮助者，我们称之为"内在智者"，它可以在你感觉不错的时候陪伴你，也可以在你有问题的时候帮助你。具体的引导词可参考如下：请把注意力从外部转向你的内部，仔细观察一下自己丰富的内心世界……内在智者只有当你的注意力非常集中的时候，才会察觉到。它能客观地观察和评论此时此刻正在发生的事情。如果暂时想不到，你可以回想一下，是否曾经在做完某件事情之后，就会懊悔地想"天呐，我刚才都做了些什么？"这些都是内在智者发出的声音。内在智者可以是人，也可以是物，它永远都在你的心里，当你需要的时候，它会全力帮助……如果有不舒服的东西出现，请告诉它，它们不受欢迎，然后把它们送走；你现在只想遇见有用的东西，对于其他的东西，只有在你想跟它们打交道的时候，它们才可以出现……请你想一想，你有哪些重要的问题要问它，或者想请它提供哪些帮助或支持……请把你的问题或要求提得更加明确清楚一些，请你对每一种回答敞开心怀，不要对它做太多的评价……如果你已经得到一些答案，请你对这种友好的帮助表示感谢……你也可以设想，经常请这位内在智者来到自己身边；你也可以请求他，经常陪伴在你身边。现在，请你集中自己的注意力，回到这间房子里来。

3. 遥控器技术

遥控器技术是通过在内心构建一个遥控器，从而对危机事件后可能经常闪回的"图像"有着最佳的掌控能力，常和保险箱技术一起使用，以增加当事人的可控感。使用前不需要进行放松训练。具体的引导词可参考如下：你用的电视、新型照相机一定可以对许多图片和照片进行技术处理，比如，画面闪现和消失的方式，焦距的拉长和缩短等。请你设想一下，现在你的手上拿着一个遥控器，并可以通过它来调整静止的或动态的画面成图像。想一想遥控器的样子，你也可以自己设计一个新的款式。它是什么样的？是用什么材料做的？什么颜色？那些按钮是什么颜色的？上面的按钮多还是少？按下按钮时的感觉是什么？请你截取一幕对你来说不太舒服的画面，如果0~10评分代表主观不适感，0代表没有不适，10代表非常不适，建议此处画面带来的不适感至少应该为4。请你用手上的遥控器对它做一点调整，使得画面不那么流畅清晰，从而也就不那么使你感到难受，比如，快进、降低对比度、使之模糊、静音等。请把让你不太舒服的那一幕再倒回到开始的地方，取出录像带，把它放进保险箱或其他不太妨碍你但你又能拿到的地方。如果是一个保险箱，就锁好箱门，使之不会弄丢，直到什么时候你想和我一起来看它们的时候为止。检查一下你的锁具是否完好，好好考虑你把钥匙藏在哪里，或者密码记好了没有。请你再截取一段最美的画面，仔细观察一下这张画，直到你能再次清晰地体验到这幅画所带来的积极情绪为止……请你把这种良好的情绪保留一会儿，然后，再把注意力集中到这个房间里来……

4. 安全岛技术

人在遭遇了危机事件后，情绪上会有剧烈的波动起伏，通过想象安全岛，可以重建内心的安全感，并调节改善情绪。因此，想象的画面并不重要，想象中的体验才是最重要的。安全岛最重要的工作就是强化这种体验。具体的引导词可参考如下：现在，请你在内心世界里找一找，有没有一个安全的地方，可以让你感受到绝对的安全和舒适。它可能存在于你的想象世界里，也可能就在你的附近，无论它在这个世界或者这个宇宙的什么地方……你可以给这个地方设置一个界限，这里只属于你一个人，没有你的允许，谁也不能进来，如果你觉得孤单，可以带上友善的、可爱的东西来陪伴你、帮助你，例如，有用的、友好的物件或小动物。但是，真实的人不能被带到这里来……亲人朋友也不可以，因为只要涉及人与人之间的关系，就有可能产生压力感，而安全岛上是不应该有任何压力存在的，这里只有好的、保护性的、充满爱意的东西。或许你看见某个画面，或许你感觉到了什么，或许你首先只是在想着这么一个地……让它出现，无论出现的是什么，就是它啦……如果在你寻找安全岛的过程中，出现了不舒服的画面或者感受，别太在意这些，而是告诉自己，现在你只是想发现好的、愉快的画面，处理不舒服的感受可以等到下次再说。现在，你只是想找一个只有美好的、使你感到舒服的、有利于你恢复心情的地方……你只需要花一点时间、有一点耐心，你肯定有一个这样地方……有时候，要找一个这样的安全岛还有些困难，因为还缺少一些有用的东西。但你要知道，为找到和装备你内心的安全岛，你可以动用一切你想得到的器具，比如交通工具、日用工具、各种材料，当然还有魔力、一切有用的东西……

三、眼动脱敏技术

眼动脱敏（EMDR）是最近十几年来新兴的一种心理治疗法，主要用于治疗创伤后应激障碍等，是由美国加州的帕罗·阿托（Palo Alto）精神卫生研究所的著名学者、心理学家弗朗辛·夏皮罗（Francine Shapiro）博士于1987年发展起来的技术。1987年，弗朗辛·夏皮罗在一个偶然的机会发现，她自己随意的眼球运动能使自己负性的、使人心烦意乱的思想强烈程度减轻。这一发现启发弗朗辛·夏皮罗创建了EMDR心理疗法。研究发现，EMDR治疗办法在减轻创伤后，应激障碍创伤事件经历者的噩梦、创伤性闪回、闯入性负性思维和回避行为的表现程度方面显示出比较好的疗效。EMDR认为消极生活事件或创伤因使大脑皮层某区域过度兴奋而阻滞了正常的信息处理过程，表现在影响大脑物理信息加工系统的生化平衡，并引起神经病理改变。这种平衡的扰动使得信息加工无法达到适应性的解决，结果从经验中得到的知觉、情绪、信念和意义被"困"在了神经系统内。被阻断的信息可能被事件的不同方面触发，受阻的信息加工可能由于大脑两半球相对应脑区之间的阶段性不一致，EMDR有节奏地干预使得大脑两半球的沟通得到改善，被阻断的信息材料得到了加工；EMDR可能促进神经生理功能中一种定向反射的改变，直接带来了脱敏化的结果，从而EMDR通过双侧刺激眼动来激活存在于大脑内的适应性信息加工系统，也可选交替击双手、交替的滴答声等刺激，使创伤事件经历者在过去的创伤中形成的非适应性的或功能障碍的信息的表象、情绪、认知、躯体不适等各个方面转化为适应性的解决方式，形成健康的应激反应模式，接受并适应随之而来的丧失，重新建立同环境的社会和情感联系。

眼动脱敏操作中，心理干预者必须做到：使过去的创伤事件意识化，帮助创伤事件经历者形成目前关于那件事的认知与情感框架；发现目前的扳机点，激化非适应性的症状，使创伤事件经历者脱敏；植入对创伤事件合理有效的认知、情感和行为反应，增加创伤事件经历者的控制感。EMDR必须由经过专门培训的干预者来实行，且要接受足够的督导。心理干预者能为创伤事件经历者建立一定的支持平台，使其感到安全，能够迅速发现、准确确认并同创伤事件经历者协定加工信息的扳机点；保持敏锐的洞察力、判断力，明智地及时采取行之有效的技术在信息加工中为创伤事件经历者提供支持；每次治疗时间以90分钟到2个小时为宜。

弗朗辛·夏皮罗把EMDR的过程总结为八个阶段，认为每一个干预阶段都是产生有效干预效果所必不可少的过程，在干预过程中，应始终关注正在发生的情感和生理上的变化。

一是心理诊断访谈阶段。此阶段主要是与创伤事件经历者建立真诚和互相信任的治疗关系。收集和了解创伤事件经历者个人信息和心理痛苦资料，以及创伤性事件带给创伤事件经历者的痛苦。评估创伤事件经历者对 EMDR 的合适性有多大，向创伤事件经历者介绍 EMDR 治疗的性质和过程，并在访谈过程中使创伤事件经历者理解创伤事件及创伤的意义是什么，即当事人在创伤发生时所亲自体验和感受到的情景、声音、味道、思想、感觉、情感等并没有被"适应性处理"，而是被"凝结"和"阻滞"在当事人"内在的神经信息处理系统"中，致使在事件发生后，这些情景和感觉也会不断地干扰和破坏当事人的心理状态，并产生痛苦。干预者可以和创伤事件经历者做 2 ~ 3 次准备性谈话。

二是干预前的准备阶段。确定心理干预者与创伤事件经历者的位置和示范眼动过程。一般心理干预者坐在创伤事件经历者右方，椅子呈 45 度角。要求创伤事件经历者双目平视，治疗者用并拢的食指和中指在创伤事件经历者视线内做有规律的左右、上下、斜上斜下或画圈运动，间距约 60 厘米，频率约每秒运动一次，要求创伤事件经历者始终注视着治疗者的手指，眼球跟随手指左右转动。可对治疗者与创伤事件经历者间的距离、手指晃动间距及频率做相应调整，以创伤事件经历者不感到不适为宜。

三是评估阶段。这一阶段创伤事件经历者要选择他想处理的一个特定记忆，并且选定与事件有关的、最使创伤事件经历者感觉痛苦的视觉图像。治疗者与创伤事件经历者一起讨论和评估主观不适感觉的水平和他们认知准确性的程度。前者是指那些与事件有关的闯入性的表象、印象、思绪、情绪、观念想法、声音、感觉、闪回、对周围事物的麻木、反应迟钝等所引起创伤事件经历者心理痛苦的程度，分为 0 ~ 11 级。后者是指事件的发生使创伤事件经历者产生了哪些负性的信念和价值，或使创伤事件经历者过去的哪些信念、价值发生了负性改变和怎样的改变程度，分为 1 ~ 7 级。

四是眼动脱敏阶段。这一阶段主要是针对诱发创伤事件经历者创伤性痛苦的"扳机信息"状态，一般是诱发闯入性或再体验的负性信息，让创伤事件经历者集中注意于视觉映象和甄别出的负性信念、情绪以及伴随的躯体感觉，同时在治疗者的手指带动下做眼球运动 10 ~ 20 次。此后完全放松，让创伤事件经历者闭目休息，排除头脑中的各种杂念。休息 2 ~ 3 分钟后提示创伤事件经历者体验和评价躯体有何不适感，如头涨、胸闷、肩痛等，并对不适感觉重新进行评估。如果分值较高或痛苦感觉较严重，包括躯体和情绪方面，则带着"目前状态"重复做上述眼球运动。这种负性状态会在眼动过程中逐渐淡化或消失。眼球运动做几次需要根据痛苦缓解的程度来定。如果不适感觉降到 1～2 级，则可进行"积极认知及情绪导入"。在治疗者的引导下使创伤事件经历者进入积极认知及情绪"状态"，然后进行眼球运动、体验与重新评价过程，评估指标为认知准确程度。

五是经验意义和认知的重建阶段。与创伤事件经历者就主要痛苦体验和诱发痛苦体验的"扳机信息"等问题一起进行讨论和协商，以便促使创伤事件经历者对事件、创伤、创伤性反应的表现和意义，以及创伤所带来的负性的信念和价值、适应性应对方式进行领悟，促使创伤事件经历者对消极信念的重新建构，以期发展出适应的应对方式。积极或正性认知重建的效果可以用认知准确程度来评估。

六是躯体感觉检查阶段。治疗者要求创伤事件经历者在想象视觉印象和正性认知的同时，让创伤事件经历者闭目"检查"全身各部位的感受，注意是否还有其他身体紧张或不适的感觉。因为情绪的痛苦往往会以躯体不适的形式表现出来，所以只有当创伤性记忆出现在创伤事件经历者意识中，且创伤事件经历者并不出现情绪和躯体上的紧张的时候，治疗才被认为已完成。如果创伤事件经历者报告有身体不适，可以针对这些不适继续进行眼动处理，直到不适感减轻或消失为止。

七是疗效的再体验和评估阶段。治疗者和创伤事件经历者一起就双方在整个治疗过程的内容、体验、收获和遗留的问题进行协商和讨论。可以使用躯体感觉自我报告评估，重点在于强化干预对象在本次治疗所获得的效果和影响。

八是治疗结束。告诉创伤事件经历者治疗将结束，解答创伤事件经历者的疑问，并要求创伤事件经历者做治疗后记录。然后共同制订下一步的目标和治疗计划并结束本次治疗。

第三节　民警心理危机干预程序

民警心理危机干预也称警察应激处理，它是利用心理咨询、心理治疗和心理测量等方法把握警察的心理状况，通过分析原因、确定目标、确定对策、采取措施来减轻和消除心理危机症状、恢复警察心理平衡的过程。

一、警察心理危机干预的目标和模式

警察心理危机干预工作在国外警察队伍中相当普遍。在美国、德国、英国和我国香港地区，在警察出入凶杀现场前后、开枪行为发生之后，都会对需要心理调整的警察开展及时的心理危机干预工作。我国对警察心理危机干预的研究尚处于初级阶段，在警察队伍中开展和实施危机干预还比较少。警察心理危机干预的目标主要有两个：一是避免自伤或伤及他人；二是恢复心理平衡与动力。这两个目标又可以分为近期、中期和远期三个层次：近期目标是缓解当事警察的心理压力、稳定其情绪、降低创伤所产生的风险和严重后果，使其打消抑郁、苦痛甚至自杀的念头。中期目标是帮助当事警察恢复以往的社会适应能力，采取积极的、有建设性的对策，使其克服危机，走出困境，恢复心理平衡，并能够重新面对生活和工作。远期目标是帮助当事警察把危机转化为一次成长的机会，提高当事警察的应对能力，形成积极的行为模式。

目前，国际上警察心理危机干预的方法主要有三种模式：平衡模式、认知模式和心理社会转化模式。平衡模式认为，危机状态下的警察，通常处于情绪失衡状态，他们原有的应对机制和解决问题的方法不能满足当前的需要。这种干预模式的重点放在稳定警察情绪上，使他们的情绪重新获得危机前的平衡状态，适用于处理早期危机。认知模式认为，不是事件本身或与事件有关的事实直接导致警察出现心理危机，而是当事警察对危机事件和围绕事件的境遇进行了错误的思维，才使警察产生了心理危机。该模式要求心理学工作者帮助当事警察认识到存在于自己认知中非理性和自我否定的成分，重新获得思维中的理性和自我肯定的成分，从而使当事警察能够实现对心理危机的控制。认知模式适用于那些危机状态基本稳定下来、逐渐接近危机前心理平衡状态的警察。心理社会转化模式认为，分析当事警察的危机状态，应该从内外两个方面着手，除了考虑当事警察个人的心理资源和应对能力外，还要了解当事警察的朋友、同事、家庭、信仰和社区等。危机干预的目的在于将警察自身的应对方式与社会支持和环境资源充分地结合起来，从而使警察有更多的方式来解决当前遇到的问题。

二、警察心理危机干预的程序

针对我国警察的实际情况，公安机关警察心理危机干预的一般程序为：

在保证当事警察安全的前提下，稳定情绪，迅速确定干预对象，紧急处理当事警察当前的心理问题，及时给予当事警察提供心理支持，缓解心理危机，使警察尽快恢复平衡状态。依次可分为六个步骤：确定干预对象；确定当事警察危机的性质和心理受损程度；制定危机干预方案；实施心理干预；对干预结果进行评估和归档；巩固干预的效果。

（一）确定和筛查干预对象

一个人情绪紊乱不一定是处于危机状态。在进行心理危机干预之前，危机干预人员必须依据干预对象具体的生理、心理和行为功能的改变，结合其认知、情感和行为的测量以及干预对象解决问题的能力和既往应付应激的历史等综合因素，对其是否处于危机状态做出准确的判断。如果判断错误，不仅可能干预失败，还可能对被干预者造成第二次伤害，甚至对其终身产生破坏性影响。因此，迅速恰当地判断警察的心理危机状况是危机干预工作的首要任务。由于危机事件非常紧迫，要在短时间内了解当事警察陷入危机状态的具体问题、影响警察解决问题的因素以及警察的相关背景资料是比较困难的，而现实又要求专业人员必须在十分紧急和资料有限的条件下迅速完成警察心理伤害程度的诊断和评估，并迅速做出当事警察是否需要危机干预的决定，因此，专业人员的专业知识和实践经验显得很重要。对于其中一些受伤害比较严重的警察要送到专业医院进行临床的诊断和鉴定。

（二）警察心理危机性质及严重程度的评估

应激和创伤性事件发生后，当事警察所在单位或当事警察个人及时与心理服务中心联系，心理服务中心的专业人员及时对当事警察的身心受损情况进行评估和判断，确定当事警察是否需要进行危机干预。从危机发生到危机缓解或解决的全部过程中，对警察的心理危机状况进行评估是心理干预工作的重中之重。危机干预者在采取任何行动去改变警察现状之前，都要与警察一起对他此时的心理状态加以明确的定位。危机干预者要直接发现并诊断出当事警察陷入危机状态的事件是什么、影响当事警察解决问题的因素是什么。这个诊断和评估的结果将直接决定危机干预措施的制定。

常用的评估和判断的方法有三种：

一是与当事警察面对面交流。警察遭遇危机事件以后，公安机关的领导一定要指派心理服务中心的专业人员与当事警察进行封闭式的一对一面谈，让当事警察回答一些开放式的问题。根据问题回答的情况，大致判断出警察所遭遇危机的性质及严重程度。这种方法的特点是简便易行、可靠性高。心理学专业人员通过了解当事警察谈话的前后逻辑联系、当事警察在整个表述过程中的情绪和行为反应以及他在谈到印象最深的地方所出现的生理反应，如是否出现高度紧张、口渴和出汗等，来判断当事警察是否受到伤害以及所受伤害的程度。通常来说，出现心理危机后，当事警察就会在生理和心理方面表现出下列明显的特点。

生理方面：容易产生疲劳感，头昏头疼，腰酸背痛，腹部不适，食欲不振，血压增高，失眠，常做噩梦，警觉性增高，惊跳反应增强，有时会出现不自觉的颤抖等。针对这些情况，有条件的话，最好去医院进行躯体检查，排除躯体疾患或进行医学治疗。

心理方面：当事警察通常表现出情感反应与行为不一致，注意力不集中，注意力范围缩小，记忆受损，遗忘或对环境的意识降低，想发怒或易被激怒；反复出现侵入性的与犯罪或暴力行为有关的创伤性记忆画面，体验"闪回"症状，脑海中一遍遍回放经历过的负性事件，但在现实生活中又表现出明显地回避唤起创伤事件的刺激，出现分离症状；体验到强烈的害怕、无助或惊恐情绪，体验到丧失感、空虚感、非真实感或自卑感。在评价当事警察的情绪功能时，很重要的一点就是判断当事警察遭遇的是急性危机还是慢性危机。遭遇急性危机的警察往往需要直接的干预来帮助其克服某事件或境遇所导致的创伤。随着当事警察逐步恢复到以前的平衡状态，他们通常能够应用正常的应对机制或利用能够帮助他们的人员，走出困境，并能够独立地处理问题。而遭遇慢性危机的当事警察往往需要较长一段时间的咨询，特别要借助于专业人员的帮助，找出适当的应对机制，对以前的应对策略进行重新审视，并建立新的应对策略，从他人那里获得信心和鼓励。

二是访谈周围人。访问当事警察的同事、朋友和家人等，了解当事警察行为和社会功能等方面的受损情况。处于危机状态的警察行为和社会功能通常表现出如下一些特点：不能专心工作，在工作岗位上心不在焉，行为缓慢或运动性不安，自诉不适，感到痛苦；在交往方面，回避与他人接触，不愿参加社交、娱乐或单位组织的其他活动，通常以特殊的方式让自己不孤单，抵制沟通或过分使用黑色幽默；拒绝他人的帮助，认为接受帮助是软弱无能的表现；在行为方面，出现过去没有过的非典型行为，如黏着他人而令周围人生厌或者是酒精和药物的使用过多，还可能发生对自己、周围人或其他物品的破坏性行为等。

三是问卷（量表）调查法。危机干预人员通常要详细了解警察遇到的具体问题，直接找到并发现当事警察陷入危机状态的事件、影响警察解决问题的因素，尽可能地了解当事警察的相关背景资料，对制定干预措施是非常有帮助的。但在多数情况下，由于危机事件非常紧迫，要做到这些是不太可能的，这就要求危机干预人员必须在十分紧急和资料有限的条件下迅速完成警察心理伤害严重程度的评估。由于危机诊断的复杂性，危机干预者可利用一种方便快捷的工具，有效地测量出当事警察现在的情况。根据不同的危机干预模型和评估目的，有不同的评估工具和测评内容。常用的评估工具有生活事件应激量表、应对方式问卷和社会支持评定量表等。经过评估和仔细甄别，如果当事警察心理没有受到太大的影响，社会功能基本没有明显变化，危机干预工作者可以根据当事警察的个人意愿做适度调整；如果发现当事警察心理有了明显变化，社会功能受到了一定影响，就需要进行及时的危机干预了。

（三）制定干预方案

制定切实可行的心理危机干预方案是做好危机干预工作的重要保证。危机干预者在采取行动去改变警察现状之前，要与警察一起对他此时的状态加以明确的定位。考虑到当事警察的实际身心状况，在制定危机干预方案时，干预者要与当事警察一起共同协商，制定切实可行的行动方案，矫正其心理失衡状态。干预者要帮助这些警察分析使其陷入危机状态的主要原因，帮助他们了解更多解决问题的方式和途径，鼓励他们充分利用环境资源，找出能够为当事警察提供即时支持的社会支持系统，包括周围人、组织团体和有关部门。为确保当事警察能够准确理解和把握干预方案，制定方案时一定要与当事警察共同协商，因为方案最终要通过当事警察本人来起效，任何不适合当事警察的方案都是无效的。如果一个方案不适合，双方则需要寻找其他方案。由于有些方案在短时间内显现出的效果是微小的，往往不能取得立竿见影的效果；特别是干预慢性心理危机时，它可能是长时间积累而成的，所以在制定方案的初期不要过早地下结论。干预者可将几种可尝试的方案详细地提供给当事警察，与其共同商讨，最后做出决定。这些方案可以帮助警察理解危机，寻找到放松和宣泄的方法，发现新的有效应对机制，学会利用他人获得支持，其最终目的是为警察制定出切合实际的解决问题的方案。一个好的危机干预方案并不是一成不变的；在具体实施过程中，经干预者和当事警察互相协商是可以改变的。无论方案如何变化，最终目的都是将当事警察从危机状态中解救出来，重新焕发警察的光彩，重新认识自我和社会，为公安工作做出更大的贡献。

（四）实施心理干预

实施心理干预是对当事警察实施的具体帮助行为，直接决定心理危机干预的效果。实施心理干预有两个过程。

一是建立良好的沟通关系。在心理干预过程中干预者和当事警察建立起良好的沟通关系是成功干预的基础。干预者可通过以下干预技术来与当事警察建立良好的沟通关系。首先是同感。同感是一种引发当事警察内心更深层的倾诉和干预者设身处地为当事警察着想的引导技术。在干预过程中，干预者要把当事警察当作一个可以接纳的人，不论当事警察表现出怎样的感情或态度都予以接纳，接受对方，容忍对方有不同的观点、短处等，否则就会导致当事警察不服气，甚至对干预者产生反感、敌意。其次是真诚。干预者的真诚不仅给当事警察一种安全感，也为当事警察提供了一个榜样，面对干预者的真诚开放，当事警察也会慢慢放下自身的"面具"，诚实地开放自己、表达自我，有助于当事警察正确地认识自我。

二是心理危机干预实施。心理危机干预分三个阶段实施进行。第一阶段是保证安全。危机干预人员要提高警惕，保持与当事警察的密切接触，保证当事警察的生命安全，因为自杀行为容易被多种形式掩盖。针对警察表现为麻木、否认或不相信、不知所措的情况，干预人员要表示理解，要以同情的方式获得当事警察的信任，并采用切实可行的方式来帮助警察表达内心感受，支持其恢复能动性，帮助其承受最初的打击。对于一组警察遭遇了危机事件，如各种刑事侦查小组等，采取应激晤谈技术是非常有价值的，它可以为当事警察提供相互交流、相互理解的机会。大家分享彼此的感受，减少过度恐惧和紧张心理，避免误解，对缓解警察的应激反应、促进创伤的恢复是很有帮助的。第二阶段是稳定情绪。针对当事警察的情绪紧张和不稳定情况，干预人员可以征得当事警察的同意，教会其心理放松的方法，在众多的放松方法中找到适合自己的方法。能够让其在比较短的时间内迅速放松身心，使心理尽快放松下来，为进一步解决危机奠定基础。调动社会支持资源给予当事警察关心和帮助，社会支持资源是指在危机状态下，来自社会各方面的精神和物质上的援助。社会支持可以帮助当事警察挖掘广泛而多样的潜力。社会支持包括情感支持、情感期待、各种新的信息交流、娱乐和陪伴以及产生归属感等。解决警察的心理危机问题不是任何单方面就能完成的，需要动员其亲属、朋友、单位组织等各种社会资源，实施社会心理支持。消除其孤独无助感，使其产生对家庭、亲友和生活的留恋，增强生存的信心。同时，在可能的条件下，帮助当事警察解决面临的实际困难也是很重要的，它可以消除引发过激行为的导火线。对于警察的心理需求干预者要给以高度重视，帮助其实现合理部分，对不合理需要，给予规劝和正确的疏导。第三阶段是改变认知，消除危机。在解决了当事警察由于危机的冲击所致的强烈情绪反应后，重点要矫正警察的不合理认知。因为个体对危机事件的认知不仅会影响他的情绪，还会影响他对危机事件的处理方式。要弄清这件事对他来说意味着什么，他对这件事是怎样看的，他是切合实际地理解，还是扭曲了这件事，都应该让当事警察认识到。尽可能地使当事警察接受当前不利的处境，帮助当事警察客观地、现实地分析和判断危机事件的性质和后果，纠正错误、不合理的认知。干预者要让警察懂得他的情绪状态不是由所遭遇的事件本身引起的，而是由他对事件信念的认知造成的。一个成功的干预者应准确指出当事警察存在的非理性信念，帮助当事警察分析危机出现的原因，使之认识到存在于自己认知中非理性和自我否定的成分，重新获得思维中的理性和自我肯定的成分，从而使当事警察能够实现对心理危机的控制。积极探索和确定他的问题，尽快处理他的丧失感、无奈感和绝望感，最终帮助警察恢复危机前的平衡状态。在危机干预中不评价警察行为和处境，以无条件的接纳、真诚和尊重的态度让当事警察感受到支持和帮助。强调迅速满足当事警察当前的需要，以减轻应激后果，使他本人认识到自己应该怎样做。干预人员要帮助他从不同角度和途径来思考和解决遇到的问题，选择改变以往应对压力的行为方式和思维模式，并寻找新的解决问题的方式方法，真正使警察在危机中获得成长。

（五）干预效果评估和归档

效果评估可以使危机干预人员及时总结经验教训，为进一步做好未来的危机干预工作奠定基础。在急性干预后，危机干预者要及时评估心理危机干预的有效性和某些措施的不足，进行经验总结。评估要做到客观，尽量避免偏颇或片面，要对警察的机体是否恢复到原来的正常水平、心理是否达到了更好的平衡状态、行为和社会功能是否恢复正常水平等做出全面的评价。可以从当事警察的自我感受、周围人对当事警察言行的信息反馈、危机干预工作者的观察以及心理测验的结果等几个方面来评估危机干预的成效。在危机干预结束后要做好危机干预的归档工作。

（六）干预效果跟踪服务

心理危机干预是一种短期帮助行为，一般而言不存在跟踪服务。但在公安机关则有所不同，在急性干预结束后的一段时间内干预者要对当事警察的状况进行进一步评估和观察，警惕危机的复发，巩固干预的效果。在干预结束的最初一段时间内，应该建议单位领导在为当事警察安排工作时，尽量考虑避开与当事警察所遭遇的应激和创伤性事件相类似的情境，将情境中容易引发负性体验的刺激降到最低，原则上尽量避免负性刺激因素。建议当事警察将注意力尽量转移到其他喜欢做的事情上去，在急性危机干预后还要让当事警察不断强化自我管理的技能，不断提升自我效能感。危机归根结底要靠当事警察自己去摆脱，干预只起辅助作用。自我干预的实质是自我的心理调节，而他人干预是专业人员运用专业技能协助警察进行心理调节。另外，当发生病理性反应时，还要转介到医疗卫生部门进行医学治疗。

第四节　民警常见心理危机及干预

警察心理危机干预的时间一般选择在危机发生后的 48 小时内完成，若能在警察出现危机事件时及时进行干预，当事警察是容易接受帮助并能够努力做出改变的。相反，如果危机出现后若缺乏危机干预的介入，则较多的警察可能继续走向极端，难以逆转。及时有效的干预，不仅可以防止当事警察精神崩溃，还可以为当事警察提供一个成长的转机。警察遭受的应激和创伤性事件的类型不同，所使用的方法侧重点也各异。

一、救援警察心理危机及干预

随着社会经济的快速发展和自然灾害的增多，警察的救援抢险任务也不断增加。长期面对残酷和支离破碎的救援现场，其视觉、听觉、嗅觉、触觉和心理上难免会受到冲击。在现场营救、伤员转送和尸体搬运的过程中，救援警察会目睹大量惨烈场景，产生不同程度的心理创伤，主要表现为在离开现场后不由自主地回忆起当时的情景或反复出现与救援场景有关的噩梦。对刺激画面的反复体验往往还伴随着强烈的情感痛苦和相应的躯体反应，影响救援警察的情绪、睡眠及饮食。这种情况如果得不到及时控制，很可能会延续数周、数月或数年，甚至会演变成创伤后应激障碍（PISD），严重影响警察的身心健康和工作质量。因此，对救援警察进行心理危机干预非常必要。

（一）评估刺激和反应强度

要想提高警察心理危机干预的有效性，确定具体心理刺激类型、评估刺激和反应强度是非常重要的，它直接决定着心理危机干预方法的选择。根据各种刺激反应所经过的感官通道，确定心理刺激的类型。例如，警察在警务工作中由于看到了残肢断臂、血肉模糊、脑浆外溢等场景，听到了痛苦的呻吟或叫喊声，接触了冰冷的尸体，闻到了刺鼻的尸臭味等，在离开现场后产生了与之相应的各种强烈反应，出现了画面的不断"闪回"或噩梦等症状，就可以将心理刺激的类型分别确定为视觉型、听觉型、触觉型或嗅觉型等。依据警察各类反应的强弱确定反应的强度。例如，和执行任务之前相比，警察是否出现了情绪上的变化，如焦虑、抑郁、烦躁、面无表情和闷闷不乐等，变化的程度有多大，是否出现认知和行为上的变化，如反应速度、注意力、记忆力和方向感等方面是否出现不同程度的问题，是否回避与人交往；是否出现躯体上的变化，如心率加速、嘴唇或手脚发抖、失眠、食欲不振、恶心、腹泻等。

（二）消除心理阻抗

由于多种原因，部分经历惨烈场面的警察在危机干预的初期可能对心理干预存有某些误解，表现出不相信、不配合，甚至说风凉话等阻抗现象。这种阻抗现象的出现既源于警察的职业特点，也源于警察自身心理学知识的欠缺。警察的职业要求警察要具备英勇、果敢、无畏、坚强等品质，带给警察的往往是英雄感和荣誉感。如果他们接受心理干预，仿佛意味着承认自己有心理弱点，有悖于警察的职业要求，潜意识里可能会产生羞耻感。这是他们产生心理阻抗的一个重要的职业性原因。另外，一些警察对心理帮助存有误区，认为有严重心理疾病的人才需要心理帮助；也有一些警察对心理学将信将疑，不相信心理学能帮助其缓解心理危机。常用消除心理阻抗的方法：一是进行心理反应的正常化教育，危机干预者要告诉当事警察，面对异乎寻常的刺激现场，正常人通常都会出现哪些心理反应。在这种特殊情况下，无论出现什么样的心理反应，都属于在异常情况下出现的正常心理反应，并不羞耻，人人都会如此，只是程度不同而已。如果有人在这种异常状态下没有出现任何心理反应反而是不正常的。减轻或消除救援警察已有的心理恐慌。二是心理危机干预知识的讲解。要向经历惨烈场面的警察介绍心理危机干预能够提供哪些具体帮助以及这些帮助的科学原理，打消警察对心理干预的误解，从而激发救援警察的求助愿望，促使警察产生专业认同，增加相互信任感，消除各种心理阻抗。

（三）宣泄负性情绪

通常采取负性情绪表达与宣泄的方法，主要是让当事警察宣泄内心积蓄的与所执行的任务有关的各种负性情绪体验，同时筛查出需要进一步干预的重点对象。时间最好安排在白天，尽量不安排在晚上。如果是团体，通常以每组10人左右进行，当事警察最好围坐在一起，尽量坐得紧密些，以互相能够触碰到为宜。干预人员要向警察介绍干预工作的目的、要求以及工作的具体程序。要求当事警察随机自愿表达自己的感受，不排序、不强制。一个人在表达时，其他人要认真听，并对表达内容对外保密。干预者在鼓励警察表达时，让警察结合自己的创伤经历，重点描述那些刺激强烈、出现频率比较高、对自己影响比较大的场景或画面以及由此而带来的各种情绪体验，描述时尽量做到具体、清晰。为了不对警察造成第二次伤害，干预者要强调警察在表达时一定要将经历的具体场景和当时的具体感受捆绑在一起进行表达和宣泄，不拘于形式，更不能只讲场景不讲感受，要求警察表达负性情绪要准确、充分。只有这样，才能使警察的痛苦体验外化，负性情绪才能得到有效释放。在此过程中，干预者可以对每位警察的创伤症状进行评估，并筛选出反应严重、需要进一步干预的对象。

（四）传授心理放松技术

干预者可以通过传授心理放松技术来缓解警察的紧张和不适感。在传授放松方法时首先要向警察介绍心理放松的原理，以便警察更好地理解放松的重要性，也有助于警察对放松效果的体会。实践证明，放松方法简便易学，在放松大脑神经、稳定情绪等方面效果显著。这种方法除了能够缓解警察在暴露创伤体验时出现的紧张情绪外，在平时应对紧张焦虑等不良情绪时同样有效。干预者要鼓励警察尽量通过自身的放松来缓解遇到的各种紧张心理。

（五）正性资源分享

心理危机干预更重要的是通过负性情绪的处理引导当事警察学会调动自身潜能，挖掘自身资源来恢复心理平衡。正性资源分享就是鼓励警察在倾诉负性情绪之后找到在执行任务过程中能够让自己感动、带给自己温暖和正向力量的画面或场景以及与之相联系的积极情感，并尽情表达出来与大家分享。此外，鼓励当事警察自愿将自己曾经经历过的类似事件以及应对的成功经验当众讲出来。这样做一方面使警察自身对创伤刺激的认识和体验更加积极，更加相信自己的能力，完成正性资源对负性情感的部分替代，以达到负性情感和正性情感之间的平衡。

（六）处理严重闪回体验

依据警察的求助意愿，对于那些反应强烈、现场画面闪回严重的警察，可以用快速眼动脱敏技术（EMDR）帮助警察处理那些挥之不去的反复出现的闯入性的刺激画面，消除与之相联系的负性情绪和失眠、食欲不振等躯体反应。在进行眼动脱敏治疗之前干预者要向警察讲明不断反复出现的闯入性画面产生的过程及快速眼动脱敏技术的原理。

（七）干预效果评估与跟踪

干预者要将干预后警察的身心变化情况与干预之前的情绪和躯体反应进

行对照，从而确定干预产生的效果，并及时总结经验和教训。干预结束后，干预者和被干预警察之间要互留联系方式，以便被干预警察随时求助。干预者也需要定期对被干预警察进行跟踪回访，发现相关问题及时提供支持和帮助。

二、遇袭警察的心理危机干预

近年来，因遭遇暴力袭击而导致的人员伤亡数量居高不下；暴力袭警事件已经成为不容回避的事实。遇袭警察在躯体受到严重伤害的同时，心理往往也会遭受创伤，出现紧张、恐惧、焦虑、抑郁等负性情绪，导致心理失衡，不及时进行心理干预有可能导致遇袭警察事后出现创伤后应激障碍和各种适应障碍，给其生活、社会交往和日常工作带来严重的负性影响。因此，及时对遇袭警察进行心理干预非常必要。

（一）遇袭警察常见身心反应

袭警行为是指采用拳脚、棍棒、刀具、枪支甚至爆炸物等手段，以严重辱骂、围攻、殴打、拘禁等方式阻碍警察依法履行职责，伤害警察身心健康的行为，也表现为毁坏警察正在使用的警械及其他警用装备。在警务实践中，警察在现场执法、调解纠纷、查缉抓捕、协助执法等活动中，甚至在办公场所均有可能遭遇袭击事件。警察遇袭后，往往会出现一系列的生理、心理和行为反应。生理方面：身体进入高度应激状态，供氧增加，机体处于逃避或应对挑战的临界状态。高度应激反应的直接后果是导致机体的疲劳。被袭警察往往会感到身体僵硬、四肢乏力，身体极度疲倦。对于大部分警察来说，只要经过短暂休养，上述症状都会减轻或消失，很快恢复常态。也有少部分警察可能会长时间处于应激状态，导致出现睡眠不深、失眠、梦中惊醒、头疼、腰背痛、没有食欲、便秘等一系列躯体反应。心理变化：盲目进行自我否定，以偏概全，或觉得自己无能丢了面子，与警察的英勇顽强品质不相称。在他们的脑海中，袭警的场面、喧嚣的声音、痛苦的表情等创伤性记忆，会像放电影一样不由自主地闪现，自我效能感下降，担心会在执法活动中再次遭袭，记忆力减退，不愿回忆或回避遇袭的细节。产生强烈的羞辱感和恐惧感，情绪的稳定性差，过分敏感或警觉，一点声响就会使其情绪慌乱、紧张不安。行为和社会功能变化：回避性行为增强，主动性下降。他们会在生活、交往和工作的各个方面表现出明显的回避行为，遭遇袭击后变得沉默不语，很少与家人交流。常常回避自己认为困难的事情，在社交中表现为退缩、逃避与疏离。不轻易信任他人，表现出暂时性的自我孤立和封闭。

（二）遇袭警察的心理干预方法

对遇袭警察实施心理干预要根据实际情况，遵循快速简捷和高效的原则，一般在遇袭后 24～48 小时进行干预。如果遇袭警察是单个人，干预者可以直接与遇袭警察接触，了解具体情况，并采取相应的干预措施。如果遇袭警察是多人，干预者要在了解警察身心受损程度的同时，筛查出需要重点干预的人员，在表达共情、倾听和建立安全关系的基础上实施心理干预。

1. 干预前的准备工作

遇袭警察如果是单个人，最好选择在心理咨询室、办公室等安静场所。如果是在办公室进行，需要拔掉电话线，以免打搅干预工作，并准备好干预工作必需的物品。遇袭警察如果是一个群体，干预工作的场所要选择在空间比较大的室内进行，如心理行为训练室或会议室等。干预者和被干预警察围坐在一起，彼此的间距不要太大，以大家能够有轻微接触为宜。在干预者进行自我介绍后，要对遇袭警察进行心理反应正常化教育，并讲解干预的程序及注意事项，强调保密原则。这样做的目的是在干预者和被干预警察之间建立起良好的干预关系，同时打消被干预警察的心理顾虑，消除其心理阻抗，使他们主动参与到干预活动中来，为马上要进行的危机干预工作奠定基础。

2. 描述症状，宣泄负性情绪

干预者在介绍完干预的相关知识之后，鼓励每位遇袭警察尽量详细地描述事件发生时自己所处的位置、所见、所闻、所嗅、所为、所感以及目前的身心反应状况，如睡眠状况、饮食状况、脑海中是否出现闪回现象、注意力是否集中、记忆力是否下降、学习生活是否受到影响等。干预者要强调每个人在讲述事件时一定要结合自己当时的感受，把事件和感受捆绑在一起进行描述，越深刻越好。此阶段的目的是让遇袭警察在一个相对安全的支持环境中表达自己所经历的负性事件，倾诉自己的不良情绪及症状表现，从而释放心理压力，坦然面对和承认自己的内心感受，不刻意强迫自己抵制或否认因被袭击而产生的焦虑、担忧、惊慌和无助等心理体验。由于有干预者和其他成员的共同参与和支持，警察个人不仅可以改变因遭袭而产生的羞愧感，还可以有效减轻遇袭后的各种负性情绪感受。经过大家的宣泄和描述使警察能够不断修复认知、情感和行为之间的联系，修复内在心理结构与外界环境之间的联系，使之逐渐适应现实。

3. 分享经验，疏导教育

干预者要鼓励每位警察回想自己在经历本次遇袭事件前后，那些令他感动、带给他温暖的场景或画面，如群众的帮助、领导和同事的关心、家人的支持理解等，并要求警察讲出来与大家共同分享。这样做有助于矫正遇袭警察的认知偏差，强化他们对遇袭事件的客观认识，有助于他们形成积极的应对方式。在情感宣泄和经验分享之后，干预者要对整个人员的描述情况进行总结，并向被干预者传授正确的心理知识及应对方法。利用合理情绪理论引导警察找到造成其身心不良反应的不合理信念，并通过各种认知技术来纠正这些不合理的信念。信念变了，情绪和行为自然也会随之改变。对那些受袭警事件影响轻微者，通过情绪的宣泄和应对知识技能的传授，身心即可得到调整，可以结束干预。对于那些受事件影响较重者，干预者要向被干预警察进一步传授处理创伤反应的策略和方法，帮助警察分析挖掘周围可以利用的各种资源，并进行适当的心理康复训练，可向其单位领导建议让该警察休假调整。

4. 重点人员的干预

干预者通过心理危机干预的各环节可以发现那些受袭击事件影响严重、身心反应非常剧烈的警察，这些人也是心理危机干预的重点对象。身心症状严重者往往在袭击事件中身体受到某种伤害，心理蒙受了巨大的冲击，表现出部分急性应激反应和创伤后应激障碍（PISD）的症状，主要表现：（1）反应性兴奋。表现为强烈的情绪激越或情感爆发，活动过多，并伴有冲动性的伤人、毁物等行为。（2）反应性木僵。表现为目光呆滞，表情茫然，反应迟钝，不言不语，呼之不应，呈木僵或亚木僵状态。（3）反复体验"闪回"症状，警觉性增高。表现为不由自主地反复回想遭受袭击的经历，或反复出现与袭击有关的噩梦，或难以入睡，或易惊醒，对周围动静非常敏感。（4）持续性回避，表现为回避遇袭地点或不愿意回想遇袭经历和相关人员、相关想法及相关感受。

对这些警察进行心理干预通常包括以下几个步骤：一是建立良好干预关系和收集被干预者的个体资料。在整个心理危机干预过程中，干预者对被干预警察必须要做到尊重、热情、真诚、共情和积极关注。通过摄入性会谈，详细了解被干预警察的基本资料，包括生物学资料、心理学资料和社会学资料。在收集心理资料时，如果警察身体遭受重大残疾，以致无法工作，甚至连日常的生活都需要家人照料，对这类人员干预者要提高警惕。他们很容易产生担心未来和悲观厌世这两种情绪，甚至有可能演变为自杀。干预者必须悉心观察，发现端倪，及时上报组织并采取相应措施。二是制定干预方案并实施。干预者在确定和证实了警察的各种反应之后，要结合所收集到的个人资料，同警察个人一起协商制定个体危机干预方案。把改善或消除警察的激越情绪放在干预的重要位置。可采用系统脱敏疗法或眼动脱敏技术干预被袭警察的"闪回"症状。干预方案要简单，便于操作，容易使干预和被干预者获得成功感，可以增强干预和被干预者的信心。

5. 结束和随访

经过一系列干预，绝大多数遇袭警察会顺利渡过危机，身心症状得到缓解。此时干预者要及时中断干预，以免警察产生对干预者的依赖性，要鼓励警察运用所学知识，积极改变认知方式，并使之内化，构建起应对危机的有效方式。干预者对被干预警察要定期回访，继续关注被干预警察的情绪表现及生活和社会功能的恢复情况，及时地评估干预效果、总结干预得失。

三、开枪警察的心理危机干预

警察作为维护社会安定和国家安全的特殊群体，尤其是一线警察时刻面临着危机事件的影响。我国正处于转型期，各类犯罪行为不断发生。在执行紧急任务时，面对行凶拒捕、暴力袭警的犯罪分子，警察不得不采取开枪射击的措施。相关法律明确规定了警察可使用武器的情形，在保障警察依法执行警务工作的同时，也规范了警察开枪行为。从警察自身来说，对犯罪嫌疑人实施开枪行为，无论是将犯罪嫌疑人击伤或击毙，都会对警察的心理造成不同程度的影响。这种影响如果不能得到及时的处理和疏导，就会导致其在认知、情感和行为上出现功能失调，从而严重地影响警察正常的生活和工作。

（一）警察开枪前后的心理反应

警察开枪绝不仅仅是一个简单的扣动扳机的机械行为，它还包含着一个极为复杂的心理活动过程。由于导致警察开枪的情况各不相同，警察的心理表现也不同。一般而言，警察开枪后的心理通常表现如下。

1. 开枪前的犹豫心理

警察开枪前受对有关开枪规定的法律解读模糊、实战射击训练的缺乏、警察自身心理素质不强等多种因素的影响，导致警察开枪前的犹豫心理的产生。我国警察使用武器相关的法律规定对警察可以开枪的情景没有细致的说明，影响了警察对于这些规定的解读。此外，造成警察开枪前心理犹豫的原因还可能有：开枪警察对使用枪支可能造成的后果不能准确预判、缺乏识别危险和快速判明情况的能力、对枪支弹药性能缺乏深入了解、使用技能有待进步提高等。

2. 开枪结束瞬间的惊恐心理

开枪结束瞬间，警察的心理表现主要是惊恐发作。开枪事件发生后，警察可能体验到持续几分钟的惊恐症状，这是极度焦虑状态的突然呈现，同时伴有许多急性发作的躯体症状，如面部潮红或苍白，浑身战栗；突然感到心悸，好像心脏要从喉咙里跳出来；胸闷气短，透不过气来，有窒息感，过度换气；少数警察有头晕、眩晕和刺痛等相关症状。这是在开枪事件结束后，本能地降低临战压力的表现。其次，还伴随有焦虑和恐惧。一般而言，开枪结束瞬间警察普遍体验到惊恐，随之开始担心自己是否依法开枪、害怕发生严重的伤亡后果、担心会受到组织处理等。警察开枪后会有持续性的紧张不安，会产生似乎要发生某种不利情况而又难以应对的痛苦的焦虑体验。开枪结束瞬间警察个体虽然没有真正的人身危险，但他会极力回避犯罪嫌疑人和危险情境，想立刻从开枪的恐怖情境中走出来或回避该恐怖情境。

3. 开枪结束后的焦虑心理

警察对经历枪击事件的心理适应过程通常需要 2～10 周的时间。在这个时间段内，开枪后警察的心理常常表现出焦虑情绪。焦虑的内容往往与开枪的情景相关，甚至夜里会做噩梦。即使当事警察在心理上接受和适应了枪击事件，这样的情况也有可能出现，这是正常现象，尤其是在工作时容易被与情境相似的提醒物所诱发。另外，有些警察自责没有处理得当，会出现焦虑、恐惧和抑郁的情绪体验。他们不断地回忆枪击瞬间和开枪后的场景，存在强烈的不安全感，持续担忧法律及行政处罚问题；担心同事会议论自己，对同事的眼神和言语过于敏感，从而影响日常的工作和生活，自身痛苦不已。

（二）警察开枪后的心理危机干预模式

警察一旦开枪，理论上就应该进行心理干预。当然，由于警察个体的差异比较大，开枪警察的心理干预也要遵循自愿的原则。通常来说，开枪警察的心理干预有以下几个步骤。

1. 警察开枪后心理危机的评估

当一名警察开枪后，他的应激反应可以通过外显的行为表现出来，通过其表现出来的行为举止来判断他所处的状态，可以从以下三个方面来评估。一是生理反应。如失眠、易惊醒、胸闷气短、恶心、食欲下降，常出现头疼、感觉疲劳、偶尔哭泣等其他躯体症状；出现与心理应激反应相关的疾病，如溃疡、高血压等。二是心理方面。开枪后，警察的情绪体验变得异常深刻，有些警察得意于自己成功开枪，表现出带有较强恐惧感的精神运动性兴奋，如兴高采烈、紧张叫喊等；一些警察则与此相反，自责没有处理得当，常有焦虑、恐惧和抑郁体验，伴随着麻木、悲伤、内疚的感受，存在强烈的不安全感。三是开枪后警察的社会功能水平下降。开枪行为发生后，有些警察出现暂时性的自我孤立和封闭，在社会关系中有时表现出退缩，但有时又积极地寻找求助者，退缩和求助交替发生。人际敏感度提升，对他人的反应可能变得过度警觉，个别警察在工作中出现易激怒和情感爆发的状态，其控制自我情绪的能力下降。

2. 制定并实施干预方案

针对警察个体开枪情况的不同和心理体验与反应程度的不同，要制定不同的干预目标。在制定干预目标时一定要根据开枪警察的具体情况，并由干预者和开枪警察共同商定。干预者要帮助这些警察了解更多解决问题的方式和途径，帮助他们充分利用环境资源、采用各种积极应对的方式、使用建设性的思维方式选择、确定能及时合理解决问题的方法。由于有些方案在短时间内可能效果甚微，往往达不到立竿见影的效果，所以在制定解决方案的初期不要过早做出结论。应制定尽可能多的方案，比较这些方案的优缺点，择优实施方案，并周密计划方案出现问题后的应急预案。警察开枪后应由干预小组立即实施预定计划，心理危机干预可以通过面谈、电话和网络等多种方式进行，但警察开枪后的心理危机干预最好是通过面谈来进行，因为面谈方法可以接触到被干预者，能更多地获得非言语信息，例如，当心理工作人员按照方案实施干预过程中发现被干预警察表现出痛苦的表情，这时就可以了解原因，必要时暂停实施，通过一定的放松方法来使其放松，待其缓和后再继续实施干预。这样可以适时地控制方案的有效进行。

（三）警察开枪后心理危机干预方法

此时的干预不是任何部门、组织或单位能单独完成的，需要各个有关部门的通力协作。被干预警察所在的单位领导、同事以及家人都需要做出相应的努力，使其恢复心理健康。单位领导要为开枪警察做好妥善安排，为其提供一个能够迅速放松下来的物理空间，尽快使其撤离开枪情境。应当对开枪警察所承受的压力表示理解，以减少其因为担心受起诉和调查引起的焦虑。要做到不要当着开枪警察的面对开枪事件进行评论，这样会引起当事警察的误解，引起不必要的人际交往冲突，应当更多地表示对其开枪警察工作上的支持和帮助。作为家人，在得知开枪警察情况后要保持理智的头脑，不能过分激动，以免造成不良的后果，积极配合心理干预专业人员，尽量提供该警察开枪后生活中的具体表现。心理专业人员一般进行以下工作。

1. 摄入性会谈收集相关资料

摄入性会谈是一种有目的的交谈。心理专业人员通过和开枪后的警察进行摄入性会谈来了解其所处的状态，这样才能进一步地做出相应的应对措施。

根据开枪后警察的以下几方面来与其进行摄入性的谈话：开枪后警察主动提出的求助内容，心理专业人员在接待中观察到的疑点，根据心理测评结果的初步分析发现的问题。在摄入性会谈中，应使用开放性提问；特殊情况下，也可使用半开放式提问。同时，要全神贯注地、倾心地听，不能随便打断被干预警察的话，不能插入自己对会谈内容的评价。还应注意在倾听时要伴随着思考，要及时而迅速地判断其谈话是否合乎常理，是否合逻辑。另外，在倾听的过程中要及时地把握关键点。干预者要控制好会谈内容的方向。

2. 建立良好的干预关系

建立良好的咨询关系是整个干预工作的核心，是干预进程顺利完成的保证。开枪警察的求助动机、期望程度、自我觉察水平、行为方式以及对心理专业人员的反应等会在一定程度上左右干预关系；干预者的态度对干预关系的建设和发展具有更为重要的影响。在整个干预过程中，干预者要表现出尊重、热情、真诚、共情和积极关注。正确的干预态度是建立双方良好关系的重要基础。

3. 认知和情绪管理

警察开枪后出现的心理问题主要是由于对于开枪事件的不正确的认识产生的。运用合理情绪疗法可以改变警察的不正确认知。减低开枪后警察不良的情绪体验，使他在干预结束后带着较少的焦虑、恐惧和抑郁去生活和工作，进而帮助他拥有一个较为现实、较理性、较宽容的人生哲学。合理情绪疗法实际上就是一种对有情绪障碍比较明显的警察实施再教育的过程。干预者引导开枪警察科学地进行逻辑思维与分析，能够客观、合理地进行思维，并用以替代旧的非理性的思想。为开枪后警察提供应付焦虑的技巧，如放松训练、积极的自我陈述、呼吸训练、生物反馈技术和社会技能训练等，来改善其对焦虑的应付能力，增强应付资源和提高被干预者的自信心，使开枪后警察从被动无助的状态转换到积极的可负责任的状态。

4. 系统脱敏法

系统脱敏法的主要工作程序有：（1）学习放松技巧。让被干预的警察舒服地躺在沙发上，全身各部位处于放松状态，教给他一定的自我放松的技巧。（2）构建焦虑等级。根据引起被干预警察焦虑程度的高低的事件或刺激建构焦虑等级表，并给每个刺激指定一个焦虑分数，最小焦虑是0，最大焦虑是100。理想的焦虑等级建构应当做到各等级之间差要均匀，是一个循序渐进的系列层次，且保证每一级刺激因素引起的焦虑反应能被全身松弛所拮抗的程度。（3）系统脱敏。被干预警察基本掌握放松技巧后，就可以开始脱敏训练。按照设计的焦虑等级表，由小到大依次逐级脱敏。

（四）巩固性干预

在对警察开枪后心理危机干预结束后的一段时间内，还要对其心理健康状况进行有效关注，以防危机的复发和创伤后应激障碍的产生。一方面，为了预防警察心理危机的复发，单位领导应该在一定时期内安排危机警察避开类似高风险的工作情境，将容易引发刺激的特质降到最低；另一方面，在急性干预后，要不断强化其掌握自我管理技能，这能使其在特定的情境中获得自我效能感。另外，被干预警察还应积极学会自我管理，如管理消极的情绪、人际关系冲突以及社会压力等，并采取积极措施，进行自我调整。在干预后要及时评估心理危机干预的有效性和干预措施的不足，进行案例总结以积累经验，并将新的结构、程序制度化，完善未来干预措施。对于结束干预关系要谨慎处理。被干预的警察容易把干预的结束看成一种支持的丧失；干预者要告知其这种感受也是正常的，并鼓励其以独立、自信来面对未来的工作和生活。

四、伤残警察的心理危机干预

任何人在躯体伤残以后，都会产生一种"丧失"体验，也必然伴随一定的情绪改变，较常见者如抑郁、焦虑、易激怒、猜疑和敌意等。创伤初期，伤者常处于情绪休克状态，其持续时间因人而异。部分伤者因伤口剧烈疼痛、身体严重伤残而对各种治疗手段充满恐惧感，常有以结束生命逃避伤痛的冲动；部分伤者可因自身重残躯体与健康人形成的巨大反差而对周围人充满敌意，对医护人员、亲属产生心理抵触，主要表现为与人互动过程中态度蛮横、好争执、攻击性强；部分伤者因对康复缺乏信心，表现出过度依赖或消极行为，对任何事都不感兴趣，整天卧床不起，拒绝一切力所能及的轻微活动等，常伴有退行性行为，如出现一些儿童期行为方式，面对医生、护士或家属撒娇、哭闹、任性固执等。致残事故带来的心理痛苦，随着时间的流逝，从开始的否认与情绪的暴躁期乃至最终心态的平静接受一般来说需要 6 个月到 18 个月的时间。以上反应会出现在伤后不同时段，同一伤者也可表现不同反应。美国康乃尔大学的贾斯汀·克鲁格（Justin Kruger）等将创伤患者伤后的心理状态分为心理休克期、否认期、愤怒期、抑郁反应期、依赖反应期及接受期。

（一）休克期的反应、评估与心理干预

1. 休克期的反应

休克期指的是在伤残刚发生时的一段时间，可持续几小时、数天或更长的时间。由于突发性的意外事故，在毫无预感和准备的前提下遭受打击，面临伤与残、生与死的关头，当事人的心理会产生恐惧感，呈现出面色苍白、全身发抖、痛苦呻吟、哭闹喊叫、不知所措的心理行为反应。此时心理压力特别大，承受能力特别差，判断力和自我控制能力下降，不能了解周围情况，行为缺乏目的性。

2. 休克期的评估

在休克期，不宜进行问卷测量，也不宜进行深入复杂的临床评估访谈。在此阶段评估的重点在于遵照相应诊断标准，筛查当事人的急性应激反应。如果不属于心理危机干预者能够处理的情况，尽快转介精神科医生进行专业的医治与护理；等当事人度过了急性应激状态，再启动相应的心理危机干预。

3. 休克期的心理干预

处于休克期的当事人表现出惊恐、激烈的情绪反应，这种反应是反射性的、本能的。因此，干预的方式也是以原始的方式进行。在此阶段，此时干预者应致力于满足当事人最基本的本能的需要，并给予情感上的支持。当事人在经受了难以承受的打击之后，往往无力主动与人接触，因此可以动员他们周围的亲友提供具体实用的帮助。无论是干预者还是当事人的亲友，在提供帮助时都应做好被拒绝的准备。当事人在此特定状况下往往难以对关心和安慰做出适当的反应或表示感激，干预者万万不可因遭拒绝而放弃。干预者可以给予其简单的真诚的关心，可以给一些简单清晰的建议，以简短清晰的形式表述出来。如果允许，可以触碰当事人的身体，要与他的眼光保持接触，喊他的名字，一遍又一遍，并告诉他现在安全了。提供一些实际的帮助，比如，提供食物、保暖、帮助其上厕所、提供安全的地方、及时与其家人联系、帮助其找回丢失的财产等。

（二）否认期的心理反应与心理干预

处于否认期的当事人表现为对事故产生严重后果的否认。由于突发性的意外事故，在恢复意识后，当事人由于对伤情的了解不够，否认一切由于意外事故产生的后果，寄希望于医护人员，期望得到及时的抢救和治疗，早日回归生活或工作岗位。当事人得知自己的伤势将面临身体的残缺甚至死亡时，会极力否认、拒绝接受事实，他们怀着侥幸的心情四处求医，他们在内心深处仍希望奇迹能够出现，保留着完全康复的想法。在意识中不愿意承认伤残的不可逆性，也不承认"丧失体验"的严重性。这种否认是伤残人员应对痛苦信息的一种较原始的方法，可以起到缓冲器的作用，为个体赢得时间启动更高级的防御系统，以避免不良行为的出现。这个时期可持续几天到两三个月。这段时间的长短因人而异，大部分当事人可持续几天到两三个月，而有些人甚至会持续地否认直至终身。

当事人处于这一阶段时，干预者应以真诚的态度保持与当事人的坦诚沟通。既要维护当事人的知情权，也不要轻易揭穿其防卫机制，使当事人逐步适应。同时，对当事人的伤情，要与家属注意保持口径一致。经常陪伴当事人，使当事人感到被关心，并坦诚、温和地回答当事人的询问，倾听其诉说，维持当事人适当的希望。

（三）愤怒期的心理反应、评估与干预

愤怒期的当事者会表现出了解真实情况的最初反应，当希望破裂、极度的失望后，开始表现为焦躁、愤怒、不知所措。当否认无法再持续下去时，病人常表现为生气与激怒，往往将愤怒的情绪指向医护人员、朋友、家属等接近他的人，或对治疗等方面表示不满，以弥补内心的不平。对于伤残人员，真正的心理干预可以在愤怒期真正开始。作为干预者，我们应该理解愤怒形成的机制和对于人们心理生活的作用。正常情况下当人们因为意外的情况而导致身体残缺时会觉得不公平，就会产生愤怒的情绪。从一方面讲，此时产生的愤怒是一种正常的心理状态，作为一种心理能量激励愤怒者采取行动改变自己的现状。另一方面，愤怒会削弱人的理性，使注意的范围狭窄，容易在不正确观念的引导下做出过激的行为，以至于伤人伤己。但对于灾难幸存者来说，心理学界认为他们的愤怒不是初极情绪而是次级情绪，它其实是在掩盖悲伤。

首先要在可控制的氛围下疏泄愤怒。当愤怒通过语言表达出来并获得理解时，就会降低驱动能量，其付诸盲目行动的可能性也会减小。所以当当事人向干预者或家属抱怨不满、表达愤怒的时候，认真倾听是最重要的，并通过目光交流、点头等方式表示理解和回应，必要的时候可以通过共情表示我们完全理解他们当时的心情。这样表达共情的时候，伤残者会感到被理解；其心理紧张度会大大降低，强烈的情绪会得到缓解。

其次在其情绪得到一定疏泄后要给被救助者提供正确信息，协助其形成理性认知。当事人之所以会抱怨、不满，是因为他们在灾难发生后与外界的信息交流中断，不了解整体局势，往往只从自己的处境出发，或者仍按照常规思维来看待紧急情况下发生的事情，所以形成了一套不正确的认知。在这种前提下就会借机产生愤怒情绪，因此为他们提供正确信息就非常重要了。比如我们可以这样告诉伤残者："您的肢体受伤严重，如不及时截肢很可能会导致全身感染，威胁生命。及时截肢是最好的治疗方法，假如等到您醒过来再做决定，您的命就可能保不住了。"当被救助者知道了实情之后，就会感到政府和组织已经尽力施救了，能达到目前的状态已经是很好了，已经克服了许多困难，其愤怒情绪自然也会消减。

最后，协助当事人认识其愤怒背后的情感。如果形成了理性认知，幸存者会意识到其实他们没有愤怒的理由，这时就会反观内省，进而认识到实际他们是太过悲伤，无以表达，愤怒只是他们表达悲伤的途径。愤怒是因为他们还不能面对失去亲人或财产的现实，是对悲伤的防御。认识到愤怒背后的悲伤将会促使其面对现实，并以更现实的方式处理和体验哀伤。

（四）抑郁期的心理反应、评估与干预

伤残警察抑郁期的心理反应表现为困扰在悲痛、忧伤、抑郁失望的情绪中难以解脱，特别是自己受伤又连累别人时，承受的压力更大，表现出悔恨交加、自责自罪、沮丧失望，有时还会出现轻生的念头和行为。伤残警察在抑郁反应阶段，也就进入了心理干预的关键期。可以通过如下的心理评估与干预方法对他们进行心理干预。

1. 心理评估

了解个体目前的心理状况；收集资料为下一步的心理干预确立目标；决定在以后的干预中选择何种策略以及把握干预的程度。具体评估内容：

一是评估伤残警察的功能水平。评估伤残人员的功能水平有助于干预者了解他们是否存在心理问题。如果存在，还要弄清楚是什么性质的，问题的严重程度如何。认知、情感和行为是评价个体功能水平的三要素。认知评估的内容包括：个体对伤残事件的评价，积极的、消极的、威胁的、伤害的还是挑战的。个体如何评价自己的能力系统，面对伤残情境，个体是否有能力应对。在伤残发生后，个体对事件及现实状况是否存在歪曲的认知，如非黑即白的看法、放大负面信息、臆测未来等。情感评估的内容包括：目前存在哪些不良情绪？是恐惧还是焦虑？是沮丧还是抑郁？不良情绪的程度如何？对情绪的程度进行评估可以了解个体目前的情感处于何种水平上，进而制定有针对性的干预方案。评估不良情绪涉及的范围，是针对自己，还是也针对家人朋友？或者不良情绪已经波及更大的范围。行为评估的内容主要包括接近、回避、失去能动性三项内容。干预者应尽可能地把伤残警察当前的功能状态与伤残前的功能水平进行比较，这样才可以确定伤残对其心理功能水平的损害程度。同时，对其功能水平的评估应贯穿心理危机干预的全过程，以检验干预的效果。

二是评估伤残事件带来的影响。伤残到底会带来怎样的影响则需要仔细评估。有些伤残警察的心理症状是单纯的由伤残事件引起的；而另一些伤残警察，伤残只是引发心理危机的导火索。具体来说，前者的心理结构、功能水平在伤残发生前是基本健全的，因此目前的心理问题仅因当前发生的伤残造成，干预者在进行心理危机干预时主要针对当前的危机和问题进行短程的干预即可帮助其排除困扰；而后者的心理结构和功能水平在伤残发生前就不完整，他们随时都可能面临心灵的困境，此次的事件只不过将隐藏的问题暴露了出来，这类伤残警察只有经过较长过程的针对过去问题的咨询才能解决当前的问题。所以，只有对伤残带来的影响的性质进行准确的评估，干预时才能有的放矢。

三是自杀、自伤等危险情况的评估。重大伤残事件发生后，伤残人员有自伤和伤人的可能性，干预者应对这种可能性做出评估。绝大多数个体在采取过激行为之前，会表现出某些线索。这些线索包括语言的、行为的或状态的。语言线索指伤残人员曾用语言表达过伤人或自伤的想法；行为线索可能包括为自伤或伤人准备工具、与人告别、安排后事等；状态线索则是对个体目前所处现实状况的评估，如伤残的程度、经济条件、外部支持等。虽然很大一部分伤残人员不会采取这种行为，但是一旦发生这种行为，后果可能是极其严重的。因此干预者必须重视对其危险性的评估。

四是评估伤残人员的应对资源。对应对机制的评估内容包括：面对伤残事件，当事者已经采取了哪些应对问题的方法？哪些方法是有效的？哪些方法是无效的？对应对机制的评估可以使干预者了解个体采取了哪些无效的应对机制。这样在接下来的心理危机干预工作中，一方面要帮助个体转换不良的应对机制，另一方面要避免自身再采取无效的办法帮助其解决问题。在考虑替代的解决办法时，还应充分评估伤残警察的价值观、能动性及采取行动的能力。同时，干预者可以充分利用个体已有的良好应对策略来解决问题。对支持系统的评估主要涉及社会支持的来源以及伤残警察对支持的利用度两项内容。社会支持对每一个人都很重要，该评估能够帮助干预者了解个体获得支持的现状，挖掘潜藏的可应对问题的资源。

2. 伤残警察心理危机的干预技术

伤残警察心理危机的干预与一般心理危机既有相同之处，又有所区别。相同之处在于干预技术要符合一般心理危机干预的技术规范，不同之处则是要遵循伤残警察心理危机干预的基本原则。在下面关于伤残警察心理危机干预技术的探讨中，将重点叙述其区别于一般心理危机干预的特点。

一是稳定化技术。同样适用于伤残事件发生后早期阶段的干预。该技术包括三项内容：将负性情绪、负性画面隔开；创造好的客体、建立积极的内部形象；自我抚慰。屏幕技术、保险箱技术等可以用于隔离负性情绪和画面；内在帮助者、安全岛能协助个体创造好的客体、建立积极的内部形象；自我抚慰则可以运用放松练习、抚育内在儿童等方法。这些技术的运用均通过想象来完成。稳定化的具体技术非常多，可以根据具体情况综合灵活运用。每一种稳定化技术的运用都是为了帮助个体摆脱负性感觉的干扰，同时建立起积极正性的内心影像，从而恢复平静稳定的心理状态。

二是认知干预。认知干预的关键就是要帮助伤残警察挑战歪曲的信念形成更合理、更健康的观点和看法。伤残警察的很多心理困惑也是由于不合理的信念造成的。面对这些不合理想法，干预者可以这样启发他们：尽管说伤残人员成功的道路很艰辛，但是不可能连百分之一的成功的机会都没有。还可以和伤残警察一起寻找别人瞧不起他们的证据，并探讨这些证据的真实性等。干预者在干预的过程中，首先应接受这些想法，表示理解和尊重，然后再开始进一步的工作。此外，干预者提出的新观点应充分考虑被干预者的价值观，选择他们能接受的观点对他们进行干预才是最有效的。

三是冥想。冥想在伤残危机心理干预中的运用是十分灵活的。冥想的内容也可以根据个体的独特性个性化地设计。例如，如果一位伤残警察感到现实世界非常不安全，内心非常焦虑，干预者就可以指导其想象一个让他感到安全的地方，然后将个体置身其中，感受那种安全的感觉；如果一个伤残警察在伤残发生后一直觉得紧张不安，就可以想象躺在一片蓝天白云下的绿草地上，然后指导其在想象的情境中作进行放松训练。运用冥想时，应尽量把画面的细节都想象出来，这样能使个体有身临其境的感觉。

四是团体辅导。在伤残心理危机干预中，也可以让一群遭遇伤残事件的个体聚在一起进行团体辅导。他们会发现遭遇不幸的并不只有自己。而在与团体成员的交流中，他们可以学习其他成员面对困境、克服困难的方法，同时获得同伴间最真诚的理解和支持。伤残警察正在经历一个非常不确定的时期，团体的同质性和稳定性可以让他们感觉到安全，所以要注意保证团体的同质和稳定。

（五）依赖反应期的心理反应与干预

当伤残警察恢复一定的自主功能时，他们就要开始面对生活中遇到的问题了，这时他们常常会出现依赖反应。依赖反应的出现是因为：一方面伤残带来的问题难以解决而且数量众多，确实需要更多地依赖他人的帮助；另一方面周围的人过度满足他们的依赖需求强化了他们的依赖行为；或者伤残警察在通过依赖行为对悲剧性的伤残事件进行自我补偿。在康复过程中，依赖也是一种自我防御，部分人随着时间的推移可渐渐消退，转变为正常人格；而另一部分人，依赖却可能成为一种重复性的不良行为模式。在此阶段要注意评估个体是否出现了依赖行为，以及这种行为的严重程度如何。行为理论认为，被干预者的不良行为模式是由于该行为不断受到强化而形成的。而通过撤销强化物，可以消除这种行为；对恰当的行为给予正性强化则可以建立新的行为模式。行为干预可用于改变伤残警察诸如过度依赖、被动之类的失当行为模式。

（六）接受期的心理反应、评估与心理干预

接受期表现为伤残警察精神及行为慢慢适应当前的环境，逐渐进入角色。伤残警察表现出以积极的态度制定解决问题的方法和减少应激的策略行为，情绪逐渐稳定，面对现实，勇于向困难挑战，配合医护人员的治疗，重新实现对环境的适应。

第四章　心理测试技术

第一节　心理测试技术概述

一、心理测试技术的含义

心理测试技术是现代心理学、神经心理学、实验心理技术、生物电子技术与侦查学、审讯学等多学科综合形成的一门应用技术。作为一门现代科学技术，心理生理测试是指由专业技术人员借助个体心理生理活动记录仪器设备，记录、测量、分析受测人对相应问题刺激触发的心理生理反应，并结合对受测人心理行为观察分析，对受测人与被调查事件关系做出综合判断的一门应用技术。由于这项技术主要运用于犯罪调查和司法中，故称为司法心理生理测试技术。2004 年 7 月公安部成立心理测试技术专业委员会时正式将其统称为"心理测试技术"。心理测试的基本过程：测试人员根据所要调查的问题按照一定的原则和程序编制问题序列，之后将这些问题逐一向被测人提问，要求被测人只回答一个字"是"或"不"，或者缄默。如果被测人对所问的问题"知道"或者"做过"，就回答"是"；反之则回答"不"，不用作其他任何解释。这些问题序列诱发被测人产生一定的心理反应并导致其生理活动的变化，包括皮肤电、呼吸、脉搏、血压、脑电波、瞳孔等，借助多道测试仪测量被测者的生理反应并用电子仪器以图谱的形式记录这些生理参数变化，然后分析这些生理参数变化图谱，就可以得出被测人回答所问问题时的心理状态，从而判断被测人对于所调查的问题或者案件是无关还是相关。这个过程可以概括为三个环节，即诱发心理反应、记录生理反应、分析测试结果。

长期以来，心理测试技术被俗称为"测谎"技术；"测谎"已成为人们对这项技术约定俗成的称谓。"测谎"的称谓，既反映了这项技术产生的历史背景，也与"测谎"理论和实践者对该技术原理和功能的认识有关。测谎技术的产生，是基于犯罪调查的需要，涉案的犯罪嫌疑人为了逃避打击在审查中用谎言掩盖事实真相是其自我防御的基本手段。如何识别犯罪嫌疑人的陈述是否谎言成为犯罪调查者必须解决的一个重要问题，可以说早期心理测试技术就是为识别和追究谎言而产生的。早期"测谎"理论和实践者认为，一个人说谎时，由于担心谎言被拆穿承担不利的法律后果而产生恐惧、紧张、焦虑等情绪，导致多种生理指标发生变化。这些变化一般情况下只受自主神经系统的制约，而不为被测人主观意志所控制，通过电子仪器记录这些生理参数的变化进行分析就可以得出被测人对所问问题的回答是"诚实"还是"说谎"。因此，"测谎"测的是心理刺激所引起的生理参数变化，而不是"谎言"本身。这种假说得到心理学理论的支持，并在一定程度上揭示了测谎的科学原理，使测谎技术步入了现代科学技术的殿堂，成为犯罪侦查的有力武器，在犯罪侦查史上具有划时代的意义。但是，随着科学的发展，特别是心理科学的巨大发展以及心理生理测试技术本身的发展与进步，传统的测谎理论越来越显示出它的局限性，用"测谎"来标示和概括心理生理测试技术的内涵已经显得捉襟见肘。目前，除了"测谎"技术的传统称呼外，还被称为犯罪心理测试技术、犯罪记忆检测技术、心理生理检测技术等，本书按照官方的称呼，将其称为"心理测试技术"，并对其概念做上述定义。

心理测试技术的定义包含以下要点：一是心理测试技术的本质是心理评价过程。心理测试的目的不仅在于检测被测者是否说谎，而且还要对被测者与案件事实的关系做出判断，并为侦查提供一些价值的信息。二是测试的主体，即测试人员，应该是经过专门技术培训的专业人员而不是负责案件侦破的任意侦查人员。测试的对象，即被测者，是与特定事实相关联的人。三是检测的客体，是留存于被测者头脑中对案件事实感受的心理信息，有罪者和无罪者最根本的区别在于有罪者头脑中存在着经历特定事件所留下的特殊的心理痕迹，而无辜者没有。检测时采用心理学刺激-反应的方法，这与指纹、笔迹、DNA等司法物证检验技术不同。四是检测的手段，需要借助电子仪器装置（多道测试仪），收集、分析受测人的心理生理反应指标，结合行为观察，综合做出判断，具有现代科学的特征。与传统的察言观色心理测试法不同，亦不同于一般的心理测量方法。五是得出结论的依据主要是根据测试生成的生理图谱，同时还要综合测试人员对于其他各种信息的把握，特别是对与被测者互动过程中语言和非语言信息的捕捉和感悟，这些在某种程度上还要依赖于测试人员的经验。

二、心理测试技术的发展

(一) 中国古代鉴别谎言的方法

自古以来，在审案活动中人们始终在努力寻找查明真相、揭发虚伪的方法。在盛行迷信和巫术的古代，采取油刑、水刑、火刑、烙刑、抽签、卜卦等方法判别真伪。"火刑"是让人把手放到火中保持不动，"油刑"是让人把手伸到烧热的油中再拿出来，如果伤得很轻则是清白的，反之则是说谎，这些显然是非人道的愚昧方法。但同时，人们在实践过程中，也采取了一定的心理策略技巧来判案，在文献中有颇多记载。中国早在先秦就采用观察当事人在审案活动中的心理活动的方法来审查当事人陈述的真伪，这种方法叫"五听"。《尚书·吕刑》中提道："两造具备，师听五辞，五辞简孚，正于五刑。"《周礼．秋官·小司寇》中提道："以五声听狱讼，求民情。一曰辞听；二曰色听；三曰气听；四曰耳听；五曰目听。"对"五听"的具体内容，东汉郑玄和唐朝颜师古分别做过注解：如辞听，观其出言，不直则烦，则赧然；气听，观其气息，不直则喘。郑、颜两人注解中提到的赧然、喘等生理现象，不是他们杜撰的，在《荀子》《孟子》《内经》等古籍中，都有这些在紧张状态下人体出现的生理现象的描述。秦以后，对"五听"推崇最有力的首推班固。班固的《汉书·刑法志》在我国历史上第一次系统地阐述了周秦以至西汉法学的历史沿革。当然班固从统治阶级的立场出发，对封建法律不无美化之处，但总览全篇，他对于"网罗元无""酷吏击断""好轨不胜"等造成的大量冤案是深恶痛绝的，他很赞赏孝文帝"其除肉刑"的主张，把"五听"作为理想化了的先王之道推出来。之后，诸葛亮、苏绰、白居易等人也都把"五听"作为察疑、断狱、审案的重要方法。

在长期的实践中，人们不仅掌握了有罪者和无辜者不同的心理状态，而且逐渐认识到了心理活动会引起生理反应的规律，并运用这规律进一步帮助鉴别诚实与欺骗，古代中国有让嫌疑人嚼干米来判断诚实与否的方法。首先让嫌疑人咀嚼坚硬的干米，过段时间再吐出来，查看嚼过的米，如果是热的且成团状，则判定嫌疑人说的是实话，如果吐出来的米是干的则判定嫌疑人是说谎。这是利用人说谎是由于紧张、恐慌心理导致唾液分泌减少的原理。北宋沈括的《梦溪笔谈》中记载了"摸钟拼盗"的故事。讲的是北宋建州浦城县有一富户家中被盗，随后拘捕了几个嫌疑人，但弄不清楚谁是小偷。知县假意说："某庙有一座钟特别灵验，能够识别盗贼。无辜者摸着钟没事，如果小偷摸钟的话钟就会发声。"知县派人把钟运来安放在县衙后阁，先对钟祭祀祈祷后用幕布把钟围起，暗中派人往钟表面涂墨汁，然后让嫌疑人逐一来到钟前，令其把手入幕布中摸钟。出来后查看嫌疑人的手，唯有一个人手上没有墨，其余人手上都有墨汁，由此断定此人便是小偷。小偷由于害怕钟响而不敢去摸，所以手上干净，经审讯便认了罪。这是利用犯罪者做贼心虚的心理设计的心理圈套。古代虽然没有科学仪器，但是人们懂得利用心理的方法促使真假两类嫌疑人表现出不同的行为特征，并认识到身心相关的规律，从而辨别真假。这是古人长期实践经验的总结，是难能可贵的。以仪器测试为基本特征的现代心理测试技术就是在这些历史经验的长期积淀中孕育而生的。当然，由于没有科学的理论和方法，这些古老的心理生理测试法有着极大的局限性，甚至走向唯心、迷信和荒谬。科学的心理生理测试技术直到近代才产生。

（二）近现代使用测试仪进行测谎方法

科学的心理测试技术起源于欧洲大陆，从 19 世纪末到第一次世界大战，对其最感兴趣的是意大利、德国、奥地利和瑞士，以意大利的贡献最大。但是，心理测试技术的蓬勃发展和广泛运用则是在美国。1895 年意大利犯罪学家朗布罗梭（Lombroso C）首先使用水力脉搏记录仪测量嫌疑人在审讯时的生理变化，以此来判别供词的真伪，被公认为是使用科学仪器测谎从事犯罪侦查的开始。1897 年，意大利的斯蒂克（Sticker）使用一种未加工的心理检流计作为测试的仪器，应用于法庭的难题。斯蒂克认为，"在兴奋情绪压力的影响下产生皮肤电流现象，并且人的意志对它没有影响"。1914 年，奥地利心理物理学家贝努西（Vittorio Benussi）使用呼吸记录测谎成功，并在德国发表的研究报告中指出，依据呼量与吸量之比率的明显变化来甄别真伪。

1917 年美国的马斯顿（M. M. Marston）用非连续性的血压打气后测量血压的变化。他在对被测人的谈话中除了指向有关犯罪行为的相关问题以外，还夹杂几个不相关的问题。在测量血压中，被测人可能是在叙述他的说法，也可能是在回答问题。马斯顿还使用这套仪器和方法帮助美国军方破获过几起间谍案件。在美国国家研究委员会心理专业委员会的委托下，他研究了心理测试用于第一次世界大战的可能性。1923 年，他声称他的心理测试能平均达到 95% 的准确度。1921 年，美国加州警察局的拉森（John A. Larson）开发研制了一台能连续记录呼吸、脉搏和血压的仪器，用以解决伯克利市当时正在侦破的一起刑事案件，初试便大获成功。这是第一台专用于刑事侦查的心理测试仪，它由呼吸描记仪和心动描记仪两部分构成，可以连续记录呼吸变化和心跳变化，同时还标志刺激事件。拉森以前的测试人员都是用谈话的方式与被测者谈案件，看被测人在相关的情节上如何反应。拉森是第一个采用逐一提出问题让被测者回答"是"或者"不是"的方式进行测试的人。1926年，拉森的助手基勒（Keeler）改进了拉森的装置，把它做成携带式的仪器，并将其商品化。1931年基勒把皮肤电也作为一个重要参量加入他的仪器，形成了一个真正的多参量测试仪。基勒还改进了激励测试法（STIM），并总结完成了紧张峰测试法（POT），他建立了美国第一个测谎学校，为警察培训专业测试人员。对完善心理测试发挥很大作用的人物是里德（Reid），他于1947年提出了准绳问题测试法（CQT），大大减少了对无辜者的误判，提高了测试的准确度。另外，里德还提出了"有罪情结"和"行为症候"问题，从而系统地形成了"里德临床测说技术"。里德的学生贝克斯特（Backster）在继承里德准绳问题测试技术的基础上，发展出了一套心理测试技术的理论和实践标准。他提出了区域比较法（ZCT），用数字计分来定量分析图谱，基本完成了心理测试的标准化，其影响和历史意义十分深远。

进入20世纪60年代，心理测试开始走向社会，同时心理测试技术也得到了长足的发展。这一时期最有影响的两个人是莱克肯（Lykken）和拉斯金（Raskin）。莱克肯是美国明尼苏达州医学院心理学教授，他在1959年开发了一种新的测试方法，即犯罪情节测试法（GKT）。莱克肯站在反传统的立场对以准绳测试法为代表的传统测试理念进行批判，提出犯罪认知测试的新理念和方法，因而被认为具有革命性的意义。但莱克肯的测试技术没能成为美国主流的测试方法。拉斯金是美国盐湖城犹他大学的心理学教授、实验心理学家。他带领的技术研究团队对现代心理测试技术的发展做出了重大贡献：一是发展并细化了准绳问题测试法，完善了相关概念，开发了可能性谎言和引导性谎言准绳，提高了准绳问题的效度。二是实现了计算机自动统计评分，计算说谎概率，使心理测试技术具备了现代化特征。拉斯金在心理测试谈话的技巧和应用、陈述合法性的评估等方面也是带头人，为美国和加拿大心理测试结果可以作为法庭证据使用起到了重要的作用。

心理测试技术虽然发源于19世纪末的意大利，但其发展、完善和广泛应用却是在美国。美国加州伯克利市警察局拉森和基勒于1921年研制成首台心理测试仪，并成功应用于一起盗窃案的侦破，这标志着心理测试技术作为一种先进的科学技术手段开始应用到犯罪侦查和刑事司法当中，成为证据调查的常规辅助性手段。20世纪30年代基勒在军队和警察机关推广应用心理测试技术，后来逐步扩展到对联邦政府雇员和军队人员实行定期心理测试。70年代，心理测试扩展到私人企业，用于人事审查和侦破内盗案件。20世纪50年代，日本和欧洲有人开始研究心理测试。第二次世界大战后，美国的心理测试技术开始在各国缓慢推广，80年代则扩展迅速。目前有70多个国家研究心理测试技术。

(三) 我国心理测试技术的发展

在我国，长期以来将心理测试技术视为唯心主义、资产阶级的"伪科学"加以排斥。直到1980年公安部刑事技术考察团赴日考察归来，才认识到"测谎技术是有科学依据的，过去持全盘否定态度是错误的"。于是，1981年3月公安部引进一台美制的声音分析测试仪。该仪器由北京市公安局在北京、沈阳、南昌等地用于实际办案，4年间共办案15起，准确率达90%，试用效果表明心理测试技术作为侦查审讯工作的辅助手段确实有明显效果。1991年1月，公安部科技局正式立项"多道心理测试仪的研制"。由中科院自动化所、公安部科技情报所和北京市公安局共同承担心理测试仪的研制开发任务。1991年5月2日自行研制出我国第一台计算机化的心理测试仪通过了公安部科技局主持的鉴定，从而填补了我国没有心理测试仪的空白。1993年首次应用多道测试仪在山东省的一起杀人案侦讯中取得成功。

三、心理测试技术的作用

目前用于心理测试的仪器设备主要是心理测试仪，它一般测试皮电、呼吸、脉搏、血压等生理通道，从而判断被测人在回答特定问题时的心理状态。因此在侦查阶段讯问被告人时，可以帮助侦查人员分析判断被测人对某一特定问题的回答是否属实。作用如下：

(一) 施加强大的心理压力，促使罪犯动摇瓦解

使用心理测试仪本身就能给被测者心理上造成强大的压力，往往可以促使罪犯动摇瓦解，交代问题。对于无辜者，促使他认真对待，说明事实真相。在讯问阶段，在审讯台前，侦查人员可与被告面对面，凭借手中有限的证据和法律的威严，力图说服被告，认真对待、说明事实真相。作为罪犯，这时候"不说明事实真相"则是他手中唯一的"自卫武器"，说明了就要坐牢甚至掉脑袋，但又十分害怕警察手里握有证据，最终落个抗拒从严的结局，心理异常矛盾。这种情况下，心理测试仪的登场，就能助侦查员一臂之力。有些罪犯在使用心理测试仪后不久，精神防线就土崩瓦解，交代了罪行。对无辜者使用心理测试仪，许多人担心过大的心理压力会导致错误的后果。从我们的使用情况看，确属无辜的被测人，当他们了解心理测试的作用以后，一

般是认真对待，持合作态度，这有助于我们弄清事情真相。坚持实事求是，注重调查研究并把心理测试仪仅作为调查研究的一种工具，是不至于出问题的。

（二）更加灵活地使用证据，扩大了使用证据的途径

使用证据是讯问的重要方面，如何用好却又是很难的事；过之或不及，都要出问题。既要使用证据，又不能让犯人摸底，这与其说是一种技术，不如说是一项艺术。在使用过程中，我们一直是从使用证据的角度来编制心理测试的题目。我们体会到，一套好的题目必须以一定的证据为后盾，没有证据为后盾的题目是形成不了强有力的心理刺激的。以一定证据为基础编制的问题，是用言词、文字、图像以至实物为载体，给被测人发送一个信息。刺激通过被测人的视听器官，传入神经系统，传送到被测人的中枢神经系统，经过认知，才形成心理刺激。实践表明，心理测试中使用证据，往往形成十分强烈的刺激。诸如"一个同案犯的姓或名""一件作案工具""同案件有关的地域"等都可以引发强烈的反应。甚至从传统的审讯工作来看，除非被告主动谈及，审讯员很少发问的一些细节，如"作案过程中邻居家的狗吠""作案过程中气象的突变""被害人生前吃过的食品"等，这些细节有些看来似乎与犯罪无关，在测试时使用，能触发异乎寻常的反应。同传统的审讯方法相比，在心理测试中使用证据，有它独有的特点。总体来看，有利有弊，利多弊少。

1. 时间可限

每次提问，允许被测人思考的时间有限，只有二十秒左右，要求他作出肯定或否定的答复。是就答"是"，不是就可以"理直气壮"地答"不"，犯罪嫌疑人回旋的余地很小。

2. 问题成套

我们所用证据，一般都是间接证据；个别使用，往往要费很大精力，才能前进一步。心理测试可以编成成套的问题，形成一条有内在联系的、逻辑性很强的证据锁链，在短暂的时间内集中使用，形成很大的冲击力，犯人往往难以招架，效果很好。编制这类成套问题所用的证据绝大多数在原来审讯或测试中都曾使用过。以前单个使用，犯人绞尽脑汁，可能用一套遁词糊弄应付过去；现在一起使用，犯罪嫌疑人往往顾此失彼，黔驴技穷。

3. 反应可测

在使用心理测试仪的条件下，被测人对证据的反应可以测试出来，这是不言而喻的。"打靶"就要"报靶"，根据反馈信息修正"射击参数"。使用

证据，效果如何？是否击中要害？……这些都是预审员渴望得到的反馈信息。使用心理测试技术，反馈回来多种生理参数供预审员分析，助他一臂之力。

4. 点而不漏

在传统的审讯方法中，点证据是一门艺术，做到恰到好处，不是一件容易事。过分笼统，不疼不痒，不起作用；过分具体，让犯人摸到底细，麻烦更大，且有诱供、指名问供之虞。使用心理测试技术，尤其是其中的"紧张峰测试法"，确实可以做到点而不漏。涉及有关案件的时间、地点、用具、动作、方式、方法等要素，都可以询问。做法也比较容易，只要把这个相关问题，混杂在几个陪衬问题之中即可。问的时候，比过去可以问得更细，可以从细节特征出发，编题测试，以减少出现"假阳性"的概率。测的时候，可以用实物、言词、图片、模型、音像资料等多种形式，不仅可以传达单纯用言词难以表达清楚的信息，而且能形成更强的心理刺激。这种方法的基础，是测"只有罪犯能知道的情节"。作为一个侦察员，当然希望嫌疑人能承认某一案件是他所为，但他更感兴趣的则是嫌疑人是否确实知道只有罪犯才能知道的若干细节。用传统的审讯方法，这只能通过犯人的口供，而有些狡猾的罪犯，往往钻这个空子，原则上承认而不谈具体细节，从而埋下了若干日后翻案的"钉子"，而采用心理测试技术则另外开辟了一个宽广的了解这方面信息的渠道。

（三）帮助分析、解决口供与证据、口供与口供之间的矛盾

在办案过程中，口供与证据之间、口供与口供之间的矛盾是大量的。讯问，正是要解决这些矛盾。解决矛盾的根本措施是周密的调查研究。但无法取得旁证的事，也是常见的。如两个同案犯，对同一问题的口供截然相反，既找不到第三者作证明，又取不到其他旁证，孰是孰非，难以判断。碰到这种情况，就可以借助于心理测试仪，利用测试结果帮助判断。事实上，测试问题的编制正是建立在各种材料之间的矛盾的基础之上的。对同一个被测人，可以既测"矛"，又测"盾"，再分析究竟。如果是两名嫌疑人，那就可以用同一组问题，对两人都进行测试，肯定了一个，有时往往可以否定另一个。罪犯和受害人之间陈述的不一致，也可以用此方法解决。

（四）帮助确定侦查方向

侦查推论是侦查工作中常用的思维形式。在我们接触一宗案件之初，仅仅是犯罪过程的最终结局，只有有限数量的事实：现场的痕迹、被害人和目击者的记忆等。在此基础上，提出若干侦查推论，通过进一步的侦查活动，获得进一步的观察材料会使这些推论纯化，取消一个，修正另一个，直到最

后得出结论，这就是侦查工作中的思维发展模式。实践中，侦查的每一个阶段总是会出现多种推论的，但我们的人力、时间有限，先查哪些就要有一个选择，需要决策，而一些狡猾的罪犯往往会制造若干假象，企图引起错觉，把侦查工作引入歧途。在这种情况下，心理测试仪作为一种观察工具，能够帮助我们选择一下方向。如：可以把几种推论，同时测被测人，看看哪一个方面更能触发异常，或者说罪犯更害怕我们查哪方面的问题，我们就可以先进行哪方面的工作。又如：从材料中，发现了一些新的线索，提出了新的推论，但根据又不很充分，不妨先测一下，再做判断。再如：在测试过程中，在某个问题上出现了不该出现的异常。有的经过工作，确实发现了新的问题。最后，心理测试的方法中，本来就有一种叫题外问题的问题类型，就是测一下除了我们正在测试的问题以外，是否还有其他更使被测人困惑的问题。在"紧张峰测试法"中，有一种"探索性"测试可以在一定范围内进行搜索、扫描目标，这领域有进一步探索的价值。

（五）支援和验证其他鉴定工作

刑事侦查鉴定包括：指纹、文书印鉴、法医、毒物、痕迹等。刑事侦查鉴定的客观性及科学性是毋庸置疑的。但是，各鉴定专业互相独立，难以互相补充、验证。鉴定人员根据送检材料，即罪犯作案时，遗留在现场的信息——物品或痕迹，以及本专业的知识，做出相应的结论。但如果送检材料不够完整，就会影响判断的正确性，又很难以其他鉴定来增强结论的可信度。"智者千虑，必有一失。"鉴定结论力求客观、准确，但由于主客观条件所限，差错是难免的。在实际工作中，往往采取请更多的专家参与，或进行复检、复验等办法来预防差错的发生。这种情况下，意见一致时好说，但意见不一致的情况也是常有的，这时就很难办。问题的根源在于各鉴定专业互相独立，难以互相补充、验证。心理测试所分析的信息来源与目前鉴定检材不同。如前所述，后者是附着在现场物品上的信息。而心理测试则是提取、分析犯罪过程中客观环境在罪犯大脑中的印象及罪犯对犯罪过程的主观体验，因此可以从另一侧面对鉴定提供补充和验证。

（六）支持原有的证据理论，在特定条件下，可以把测试结论转换成证据

"心理测试的结论是否能成为证据？"这是许多人关心的一个热点问题。对此，就是在使用心理测试技术最多最早的美国，也是一个有争议的问题。美国各州立法不相同，就是立法允许作为诉讼证据使用的州，对使用此项证据也都有严格的限制条件。如：测试员资格的严格审查，双方当事人和律师都同意使用等。有些州不同意作为证据使用，但认为心理测试的结论可以对

陪审团的判决发生影响。心理测试的方法当中有一种叫"犯罪情节测试法"（GKT），其心理学的基础是认知心理学，它所测试的不是"说谎反应"而是"认知反应"，即被测人是否确实知道与本案有关的，只有罪犯、事主、侦查人员才能知道的某种情节。这种方法与传统的侦查方法中的辨认有些类似，更为可贵的是，这种方法的理论基础是概率论，还可以选定确属无罪的人进行同样的测试，建立相应的对比、参照体系，因此容易被法庭所接受。

第二节　心理测试技术理论和方法

一、心理测试技术的理论基础

自卫是人类最基本的本能之一。在审讯中犯罪嫌疑人采取种种手段抗拒审讯，而"说谎"则是他强烈生存愿望和自卫本能的一种最初和最基本的行为表现。又要说谎，又怕谎言被揭露落个"抗拒从严"的结局，心理异常复杂，紧张、恐惧、慌乱等异常心理状态交织在一起，产生沉重的"心理压力"或"应激"反应。如果事后被人提起，对他都是一种强烈的刺激。心理测试仪是一种记录多项生理反应的仪器，在犯罪侦查中用心理测试仪进行测试过程中，当问及与案件有关的事项和犯罪情节时，犯罪嫌疑人必然会在心理和生理上产生异常反应，包括呼吸变化、心跳加快、血压升高、皮肤出汗等，不管他如何回答或缄默，由于这些反应都是受自主神经系统控制，一般不受人的意识控制，仪器将如实地记录被测试人的血压、脉搏、呼吸、皮电阻等生理参量的变化，成为判定被测试人是否是犯罪嫌疑人的重要科学依据。也就是说，虽然心理测试仪本身不可以直接测谎，但根据仪器所记录的各种生理变化，却可以真实、客观地判定被测者的心理状态进而了解被测者所言之虚实。心理测试真正依据的是被测者内心对犯罪过程某些事物的"感受"程度而表现于生理上的反应，有时甚至是以对该些事物的"知"与"不知"作为判断的依据，前述"不安""恐惧"与"忧虑"等因素，只不过是加强其感受的程度罢了。使用多参量心理测试仪来进行心理测试是在依据人的血压、脉搏、呼吸、皮电阻等生理参量变化的基础上来判断其心理状况，是综合了心理学和生理学的基本原理以及电子学而形成的应用科学，其结果是客观而可靠的。

（一）心理测试的生理学依据

心理测试仪并不能对被测人的供词自动进行识别而判断出究竟是不是谎言，它所测的仅仅是"由心理刺激触发的生理反应"。在审讯过程中，当事人的心理相当紧张，体表有许多异常的生理反应，审讯员"察言观声"，通过掌握这些信息来决定自己的审讯策略。心理测试仪不过是用传感器取代审讯员的感觉器官来捕捉这类生理变化信息，并把这些信息记录下来。为什么会有这些生理反应？主要是由于人的自卫或生存本能。审讯是对人的生存权最直接的挑战。罪犯在审讯中如果说了实话，就等于放弃了生存。审讯过程中，罪犯的自卫武器就是说谎，而且要成功地说谎。既要说谎，又怕谎言被揭露，心理异常复杂、紧张。人的自卫中枢位于脑中的下丘脑，说谎或者想说谎，都会在这个区域突然地、直接地引起失常。这种异常的生理反应，是本能的，很大程度上是不随意的。

1. "条件反射"和"应激反应"理论

"条件反射"理论认为：当作案人在进行犯罪活动的时候，在经历其中一些情景、做某些动作时，会同时伴随强烈的情绪体验，这些动作虽然没有经过反复地练习，但是由于是特殊的事件，从而能够经历一次后形成条件反射。当被问及这些相关情景和动作时，作案人由于条件反射易于产生强烈的情绪体验，从而在相应的生理指标上产生异常，这些异常就可以被认为是被测人有罪的象征。"应激反应"理论认为：个体在说谎过程中会感到一定的威胁，作为一种自我保护机制，个体会进入应激的情绪状态，产生广义的紧张、焦虑或激动的心理生理反应。

2. 身心作用理论

情绪是个体受到某种刺激后所产生的一种激动状态。此种状态虽为个体自我意识所经验，但不为其所控制，因此对个体行为具有干扰或促动作用，并导致其生理上与行为上的变化。情绪可解说为生理学上的一种违反体内平衡作用，它是在强烈的感情下主观地经验到的，并且是神经肌肉、呼吸、心血管、荷尔蒙及其他身体的变化在准备表现或不表现的行为上所显现出来的激动状态。由上可知，心理测试过程中被测者因对测试员所提的某些事物感受而产生出的情绪使个体体内生理及体外行为均表现出显著的变化，此即所谓身心作用。脑是人体一切活动的指挥中心，情绪则为人体内在的感觉，一般脑在情绪发生后能凭三种方法引起身心作用：

一是经自主神经系统传导。在肌体活动过程中，从高级到低级、从中枢到周围，有一个重要的传导过程，承担这一过程的便是神经系统。神经系统主要分为两大类：中枢神经系统和外周神经系统。中枢神经系统包括脑和脊髓，而外周神经系统包括自主神经系统、脑神经和脊神经。其中与心理测试密切相关的是自主神经系统。自主神经系统主要是支配内脏、平滑肌、腺体和心脏的活动，所以自主神经系统又被称作植物神经即内脏运动神经系统。因为它的许多活动都是不受意识支配的，所以又被称为不随意神经系统。自主神经系统包括交感神经系统及副交感神经系统，几乎任何情绪均能影响到自主神经系统，当交感神经系统受到刺激时，许多器官被自动激活，而副交感神经系统则不一样，器官与器官之间相对独立工作。我们由此可见此两系统对各器官往往有相互抵抗的作用，假若我们说交感神经是暴力和激动行为的主宰，那么副交感神经就是安静的主宰。交感神经产生活动与个体的保护防御行为有关，也就是说，一般情况下，对威胁、压力及恐惧产生相应的应急反应的系统，它通过对运动肌提供足够的能量或者排出代谢废物使器官做好准备来防御危险。与之完全相对的是，副交感神经在平静的状态下起着支配作用，它使得能量得到存贮，组织得以恢复。一般情况下副交感神经活动占优势，但一旦发生一种威胁情况，交感神经系统就会自主地、不随意地取代副交感神经的地位。一般多道测试仪所记录的生理现象变化大部分为自主神经系统所传导的身心作用。

二是经腺体传导。自主神经系统可完全或部分地控制数种内分泌腺如肾上腺、髓质，但对肾上腺皮质、甲状腺及其他腺体则控制甚微。有些腺体所分泌的激素对于各器官的作用与自主神经兴奋所引起的情形相同，如肾上腺所分泌的肾上腺素及新肾上腺素直接进入血液流经全身而有交感性作用。我们知道由激动、恐惧、焦虑及发怒等情绪引起的冲动，均透过下丘脑的自主神经中枢，传经支配肾上腺髓质的神经使其兴奋增加分泌，但肾上腺髓质增加分泌肾上腺素及新肾上腺素更能促进全身的交感性兴奋，而使生理现象的变化更为加强。

三是经延髓传导。延髓是冲动的传达机关亦是主宰唾液、汗腺分泌及肠胃舒缩的吞咽、呕吐等反射中枢，以及分别主宰呼吸、心脏、血管运动等活命中枢。因此我们知道交感神经的情绪冲动能强力兴奋延髓的各脏腑中枢且增加全体肌肉的紧张力，此力非常强烈时将导致肌肉颤动。

3. 生理指标的变化

一是呼吸。每分钟的呼吸次数称为呼吸频率。实验显示，自主神经系统通过对气道管壁平滑肌收缩活动的调节，影响呼吸频率。呼吸道平滑肌受交感、副交感双重神经支配，两者均有紧张性。副交感神经使气道平滑肌收缩，管径变小，阻力增加；交感神经使平滑肌舒张，管径变大，阻力降低。当被测者说谎时，呼吸体现为一种"抑制"现象。

二是血压。血压是血液在血管流动时对血管壁的侧压力，血压分为动脉血压和静脉血压，我们平常所说的血压就是指动脉血压。动脉血压分为收缩压和舒张压。当心脏收缩向动脉射血时，血压升高，其最高压称为收缩压；心室舒张时，血压降低，心肌舒张末期血压最低，称为最低压。影响血压变化的因素包括心脏的收缩强度、外周阻力、大动脉的弹性、血容量和血液的黏度等。由于被测者急需吸入大量空气的氧供应体内代谢之用，而氧需要靠血液中的血红素输送，故因身心作用促使心脏跳动加快且使血液中的化学成分及内分泌起了变化，不仅使心脏压缩改变，甚至血压亦随着升高。

三是皮肤电。一般称之为皮电反应或精神电流反射。皮肤电与汗腺活动有关，汗液的分泌受到交感神经的调节，有证据表明下丘脑存在汗液分泌调节中枢，特别的中枢同样也存在于脚部中央及手掌部的所谓情绪排汗区域。当人的情绪受到外界事物的刺激，会使得这些皮肤区域表面的导电度发生改变，其成因可能包括汗液分泌量、体表电解质、血液循环速度、温度等，刺激愈大，变化量也愈大，导电度增加，且被测者不能自主地控制此种变化的产生。

总之，一个正常人如果说谎，会产生情绪变化，进入到应激状态或心理压力、紧张状态，会造成人的生理变化和情绪波动。人在应激状态下生理上主要有以下异常反应：呼吸系统出现速率、容量异常，以增加供氧量；循环系统出现脉搏加快，血压升高，输血量增加；皮肤体温微升，变红变白，出汗，毛发耸立；内脏出现肝脏输出更多肝糖，脾脏输出更多血液；消化系统出现胃脏收缩，消化液分泌异常；眼睛瞳孔放大；肾上腺释放更多的肾上腺素进入血液；肌肉颤抖等。

（二）心理测试的心理学依据

1. 认知心理

一个人做任何事情都会在他大脑皮层中留下记忆。这种记忆有长时记忆和短时记忆之分。对于一个非常重要的事物，一般都会在大脑皮层留下长期记忆。例如，犯罪分子在实施犯罪过程中，心理异常紧张，他所感知的形象、体验的情绪和采取的行动，如实施犯罪的环境、情节、被侵害对象的痛苦表情、使用的凶器工具以及犯罪结果等，都会在大脑中留下深刻的印记，有时甚至终生难忘。如果过后被提起，由于记忆效应，对他都是种强烈的心理刺激，并且必然在生理上发生异常变化，比如心跳加快、皮肤出汗、肌肉颤动等，这是一种条件反射，不受人的意识控制。

2. 说谎心理

"说谎"是说谎者给他人一个虚假的陈述，造成对方一个错误的感觉或认识，以掩盖自己不想让人知道的事情或者违法犯罪的行为。因此，说谎就是一个复杂的思维或心理活动过程：一是说谎要知道事实是什么。如果不知道事实，无从说谎。说谎者首先要确定对什么事实说谎，这样在他记忆中就唤起对这个事实的回忆。二是要分析对方是否知道所要说谎的事实，或者知道多少。说谎者要通过各种方式如观察对方的表情、用语言试探对方等弄清对方不知晓，才能决定说谎。三是要考虑如何编造谎言来欺骗对方，编造怎样的谎言才能使对方相信。而且编好谎言后还要考虑用什么方式表达谎言，让对方相信谎言。四是尽管说谎者自认为编好谎言能骗过对方，但仍然担心对方识破谎言，而使自己落得难堪甚至不利的结果。显然，"说谎"要费很多心思，而说实话时心理活动要简单得多，可以不加思索地回答。说谎的心理过程就决定了说谎话者的心理活动比说实话时复杂得多，会伴随产生情绪紧张、焦虑。

3. 心理取向

无论是情感过程还是认知、意志，都离不开注意的参与。在心理学上，注意是指心理活动对一定事物或活动的取向和集中，人们能够清晰地意识到周围现实中的少数现象而忽略其他现象，使人能够集中精力认识和应付当前对自己最有意义的事物。例如，一位母亲可以听不见其他的声音，但是对她小孩的哭声却非常敏感，这是由于这位母亲关心她的小孩，心理取向是她的小孩。因此，一个人的心理取向总是集中在他最关心、利益最相关、威胁最大的那些事物。一般情况下，犯罪分子总是关心与案件有关的问题，而无辜的人却总是关心对他的为人评价和看法问题。因此，犯罪分子的心理取向是与案件有关的相关问题和犯罪情节问题，而无辜人的心理取向是与案件无关的准绳问题，这就更加强化了认知心理所引起的生理异常反应。

总之，人在说谎时，说谎心理形成复杂的心理活动，从而自主触发一系列生理参数的变化。这些生理反应分别以外在的体态语言特征和内在的生理参数变化中表现出来，而且这些生理反应是客观存在的、本能的、不随意的、有规律和可测量的。使用多参量心理测试仪来进行心理测试是在依据人的血压、脉搏、呼吸、皮肤电等生理参量变化的基础上来判断其心理状况，是综合了心理学和生理学的基本原理以及电子学而形成的应用科学，其结果是客观而可靠的。

二、心理测试技术的测试方法

心理测试技术的测试方法第一类是测试"认知"，即测试被测者是否知晓某一犯罪情节。在这一类测试方法中，我们关心的是被测者对测试问题的反应强度。在一组测试问题中，通过比较被测者对各个问题的反应，找出心理反应强度最大的问题。我国常用的这类测试方法有犯罪情节测试法（GKT）、紧张峰测试法（POT）、激励测试法（ST）。第二类是测试"说谎"，测试被测者对某一问题的回答是否说谎。第三类测试方法是在一组测试问题中，比较被测者在不同类型问题上的心理反应，判断被测者对相关问题的回答是诚实还是说谎。它关心的不是被测者对问题的心理反应强度，而是通过对不同问题类型心理反应强度的比较，得出结果是说谎或者诚实的概率。我国常用的方法有准绳问题测试法（CQT）和相关-不相关问题测试法（R-IR）。

（一）犯罪情节测试法

犯罪情节测试法（Guilt Knowledge Test，简称GKT）是美国明尼苏达州医学院心理学教授莱克肯（David Thoreson Lykken）倡导采用的。莱克肯认为，测谎员对被测人是否知情，比之他是否说谎更有兴趣。测谎员的任务是把罪犯从无辜者中间挑出来，两者之间心理上的重要差异仅仅在于一个当犯罪发生时，他在现场，他知道那里发生了什么事，在他的心里装着当时当地的景象，而无辜者却一无所知。所谓"知情"，就是罪犯能识别与犯罪有关的人、物、事，而无辜者则不能识别。

这种测试方法是要找到只有罪犯能识别的与犯罪有关的人、物、事来作为GKT的相关问题。在一个案件发生以后，只要现场情况保密工作做得好，有关案件的各种情节，就应该只有两种人知道：一种是犯罪分子，一种是侦查办案人员，其他人是不应该知道的。这样，把和案件有关的情节作为相关问题来构成题目对被测者进行测试，每组题目要有相关问题和作为参考的陪衬问题，可采用出示实物、照片以及提问等方式向被测者提问，如果被测者在相关问题上心理生理反应最为强烈，称为"吻合"。无辜者出现误"吻合"的机会是1/5。如果有一定数量的题目组，那么犯罪情节测试法的准确率从理论上讲是相当高的。犯罪情节测试法的特点就是现场情况要严格保密，犯罪情节的答案只有犯罪分子和办案人员两种人知道，这是应用该方法的前提；其作用有助于排除无辜和认定嫌疑人。

在犯罪情节测试法中，目标问题必须是罪犯记住的那些事物，这一点非常重要。莱克肯曾以一个银行的抢劫案为例说明这一点。在这个案例中，他使用了一张银行出纳员的照片，把它混杂在其他与出纳员不相像的照片当中，然后用这几张照片对几个嫌疑人进行测试。不幸的是，这个案件的嫌疑人回忆得非常差。如果银行出纳员不能被银行抢劫犯记住的话，他怎么可能准确地回忆出嫌疑人？很明显，不恰当地选用 GKT 测试会使一个罪犯看起来像是无辜的。事实上，在应用这个方法时，确实也存在很大的可能得到假阴性结论。另一个可能导致假阴性结论的因素是，被测者的同谋侵吞了有价值的东西，因此被测者不知道有关情况。同样，被测者不知道同谋者射击用的手枪的口径也是可信的。还有一个使 GKT 复杂化的事实是，被盗窃或被抢劫者故意夸大了他们的损失以图获得更高的保险索赔。当主测者在处理具体的钱数时，也必须谨慎：因为罪犯可能根本没数过钱；受害者可能夸大了被盗的钱数；或者同谋犯可能拿走了他的份额之外的钱。另外，当一个中性的刺激正好与罪犯以前做过的案子有关，因而被测者对此刺激做出了反应，这也会使罪犯看起来是无辜的。

从以上明显可以看出，在使 GKT 时，确实存在一定的风险。如果主测者通过他的面部表情或音调无意中在目标问题上给被测者做了暗示，也会导致假阴性结果。另一方面，如果罪犯不知道关键性的问题，而一个中性问题对他有某种重要的意义，因此，他对中性刺激作出了反应，这就可能导致假阴性结果。因此，测试时不应该仅仅依赖于 GKI。除此而外，还应配合准绳问题测试法进行测试。

（二）紧张峰测试法

紧张峰测试法（Peak of Tension，简称 POT）是结果在一定的测试范围之内，但没有一个明确的目标问题的编题方法。这种测试目的是为了扩大线索，确定侦查方向。测试的关键是确定一个范围，将各种可能的情况都包含在内。紧张峰测试法实际上也是利用被利者对目标问题的认知与关注，其心理生理反应大于其他问题。但是紧张峰测试法与犯罪情节测试法有一个重要的不同点：对于犯罪情节测试法，我们和犯罪分子都准确知道目标问题的答案；而对于紧张峰测试法，则只有犯罪分子才知道准确的答案，我们不知晓。如作案工具、凶器、赃款赃物的去向、尸体埋葬地点、作案动机等犯罪情节问题，我们只有分析和猜测或者一无所知，而犯罪分子却准确知道这些犯罪情节的答案。如果已知某特定案件中的一个重要情节，那就很适宜采用这种测试方法。如果被测人确实知道这个情节，那么当连续问他 5~8 个问题的时候，到达该点时，会出现一个紧张峰。如果事先把问题设计好，经过实践检验，这种方法是很有效的。紧张峰测试法的特点是：犯罪情节的答案和犯罪过程的每个环节的答案，只有犯罪分子知道，办案人员不知道。没有目标问题和陪衬问题之分，一组问题中的每一个问题都可能是答案。POT 主要是寻找办案人员所不知道的犯罪情节或犯罪过程某一环节的准确答案，为侦查提供方向或验证办案人员的分析判断。

紧张峰测试法测试注意事项：一是首题点出本次测试主题，除了是本人的行为以外，均用"你是否知道……"；如对于犯罪动机采用"你知道犯罪分子为什么要杀害××吗"。二是一组 POT 一般由 5～7 种可能性组成，为了涵盖所有可能性，最后一个问题可问"是不在刚才所说的范围内吗"或"是其他原因吗"。三是至少要问三遍，每遍适当调整问题的顺序，可以将估计可能性最大的问题放在中间或中间偏后的位置。四是用词要简明准确，保证被测人能听懂。

（三）激励测试法

激励测试法（Simulation Test，简称 ST），也叫刺激测试法、数字测试法、卡片测试法等。激励测试法实际上也是属于紧张峰测试法的一种。激励测试法一般在开始时使用，也就是说，对一个被测者进行心理测试时，首先要进行激励测试，猜数字或抽扑克牌均可。在测试中，一般情况下被测者会在他写的数字或所抽取的扑克牌上有较强的生理反应。激励测试法的测试结果可为正式测试和测后谈话与审讯做铺垫。如果激励测试法测试结果很明显，即准确测出所写的数字，则以后测试的图谱可靠，根据图谱分析可以得出正确测试结果。

激励测试法的目的和作用如下：

1. 观察被测人的心理、生理反应是否正常

如果测试图谱能够清楚地反映出被测者所写的数字或者所抽取的扑克牌，说明被测者的心理生理反应正常，可以继续进行测试，并且测试图谱是可靠的。

2. 了解被测者认知和说谎的心理生理反应特征

通过测试的图谱可以看出被测者的心理生理反应特点和说谎时的反应模式，便于以后对比其他图谱。

3. 练习的作用使被测者熟悉测试过程，稳定情绪

由于一般情况下被测者都是第一次接触到心理测试，难免紧张，通过激励测试法的练习让其熟悉正式的测试过程与情境，可以稳定被测者的情绪，有助于心理测试的效度。

4. 提高被测者的精神注意力，扩大生理反应变化量

由于一般情况下被测者都是第一次接触到心理测试，难免存在怀疑态度，在测试时不容易集中精神注意力。通过激励测试法的练习让其熟悉测试情境，将心思放在所测的问题上。

5. 让被测者相信心理测试是可靠的、科学的，增加心理效应

通过成功的激励测试法试验，使诚实的被测者心理更加放松，给有罪的被测者造成一种心理刺激，使其在目标问题上更加紧张，有些被测者认为无法再隐瞒案情而主动或者经由主测者的开导从而吐露案情真相。

6. 调节仪器各项参数至最佳状态

如果进行激励测试时，被测者的心理生理反应很不明显，以致无法检验出结果时，除了考虑被测者本身的生理因素以外，有时还需要调节仪器的灵敏度等参数，使得被测者的反应图谱尽早现出最佳状态。

（四）准绳问题测试法

准绳问题测试法（Control Question Test，简称 CQT），是根据被测者对准绳问题和相关问题的心理反应进行比较，从而判断被测者对相关问题的回答是否诚实的一种测试方法。这种方法于 20 世纪 40 年代由美国的里德首创。多年来，这种方法一直是心理测试领域中应用最为广泛的方法。这种方法把所提出的问题与案情的相关程度分为四类：相关问题、准绳问题、中性问题和题外问题。其中，前三种问题是必需的，每一个测试都应有的，而其中相关问题和准绳问题又最为重要。对相关问题和准绳问题反应的差异是判断被测者说谎与诚实的依据。因而，如何正确地设置这两类问题是测试成败的关键。

准绳问题测试法的理论是建立在这样一个假定基础上的，即有罪者害怕相关问题，因而会对相关问题产生更大的心理反应；而无辜者害怕准绳问题，因而会对准绳问题产生更大的心理反应。因此根据被测者对相关问题和准绳问题反应的差异，就可以把有罪者和无辜者区分开来。这个假定的心理学理论的依据是人的选择性注意机制。选择性注意是人类不可或缺的一种适应性心理机能。心理学通过大量的实验和观察发现，人在客观现实生活中每时每刻都在受到各种信息的作用和刺激，但我们的大脑不可能处理任何时刻作用于我们的所有信息，而只能将注意力定向于对自己最重要的信息，其他相对不重要的信息则被过滤掉。心理测试过程对所有的被测者都构成一定的危险，人面临危险时总是将注意力集中在对自己威胁最大的刺激上，而不会过分关注那些对其安危关系不大的问题。这种将注意力集中于对自己最重要的信息

的心理过程就是人的选择性注意，贝克斯特称之为"心理定向"。在准绳问题测试法中，相关问题和准绳问题对每个被测者都构成一定程度的威胁，但对不同的人威胁程度不同。对有罪者，相关问题是对其安全的最大威胁，相对而言，准绳问题的威胁则是次要的，因而他会将注意力始终定向在相关问题上。对无辜者而言，由于他没有实施或参与犯罪案件，他不害怕在相关问题上被测出谎言，他对相关问题的关注主要来自担心，怕出错；但准绳问题中包含的一些行为自己曾经有过或可能有过，他会害怕由于在准绳问题上撒谎导致他无法通过测试而威胁其安全，因此他会将注意力更集中于准绳问题上。这就是有罪者和无辜者在心理上的重要区别，也是准绳问题测试法的理论基础。

准绳问题测试法不需要任何情节，因此适用于各类案件，如犯罪情节已经公开的案件、没有犯罪情节的"一对一"案件等。准绳问题测试法是一种比较测试，依据相关问题和准绳问题的比较。使用时要注意准绳问题的选择与开发。在实际案件测试时不能只用准绳问题测试法下结论，一定还要用其他方法如 GKT 或 POT 验证。准绳问题测试法有一定的假阳性率，犯罪情节测试法有一定的假阴性率。条件许可时，两种方法结合使用，可以避免假阳性和假阴性，保证测试结论的准确可靠。

（五）相关-不相关问题测试法

相关-不相关问题测试法（Relevent-Irrelevent Test，简称 R-IR），美国最早的测试方法之一，由美国警官、心理学和心理测试专家拉森提出。它是用一连串交替的相关问题和不相关问题来向被测者提问。不相关问题是用来建立被测者诚实回答问题时的正常心理反应水平，相关问题是和案子有关的问题。通过比较被测者在两种问题上的心理生理反应来判断被测者在回答相关问题时是诚实还是说谎。如果相关问题个数大于不相关问题，则被测者对该相关问题回答说谎；如果相关问题个数等于或小于不相关问题，则被测者对相关问题回答诚实。相关-不相关问题测试法的测试方法是一个相关问题与一个不相关问题相互交替，另有一种格式是一个相关问题和与两个不相关问题相互交替。一组问题至少提问三遍，每遍问题的顺序要变化，同种类型的问题顺序互换。在题目内容上，宁可用语温和些。如用"拿"比"偷"好，用"对某人开枪"比"杀死某人"要好。这样可以减少对被测者尤其是无辜被测者的刺激。

相关-不相关问题测试法应用注意事项：由于 R-IR 是将相关问题与不相关问题的反应做比较，即使十分注意避免用词的刺激，但由于相关问题是和案子有关的问题，即使是无辜的，被测者仍然会有很大的心理生理反应，造成假阳性。也就是说，这种方法对有罪者认定的准确率几乎是100%，而对无辜者却有很高的假阳率。但是，这种方法仍然有其存在的价值。在有些情况下，不可能所有想要调查的问题都用准绳问题测试法，特别是在重要岗位人员审查和雇员招募方面。这时可以用R-IR对被测者进行分析判断。另外在测试和解决多个项目问题，其他测试方法难以完成时也可以采用R-IR。

第三节　心理测试技术的程序

心理测试是一个高度复杂的过程，各种环境的人为干扰都可能导致整个测试的失败。因此，心理测试必须严格按照规定的步骤实施，才能保证测试的顺利进行和结果的准确可靠。一次完整的心理测试包括测前准备、测前谈话、正式测试、数据分析、测后谈话及突审、测试结论六个部分。

一、测前准备

一次测试的成败，往往取决于测前的准备。测试一般是应侦查部门的要求进行的，并且在前一段侦查工作基础上进行，因此需要侦查人员和测试人员紧密合作。

（一）测试委托

委托单位应提出测试申请，经有关部门批准，将被测人及有关案件材料，包括现场情况、详细案情、笔录提交测试人员。同时提出测试要求，如确定被测人与案件发生的时间关系、空间关系、作案动机、作案方式、是否对案件某些特殊细节知情等，与测试人员协商测试方案和实施步骤，同时出具"心理测试委托书"。

（1）测试人员应从侦查员处获得有关案件的详细资料，作为编制测谎问题的依据。在这里，只知道一般事实、定理、猜测是远远不够的，测试人员需要知道的是有关细节和经过查证的事实。

（2）通常情况下，侦查员应将尚未公布的案情告知测试人员，特别是只有罪犯、受害者、侦查员所知道的事实。

（3）测试人员应该了解下列情况：①赃物的名称和数量；②案件的特征，

现场情况，包括尚未公开的、不道德的行为；③发案的确切时间（如已查明的话）；④已知的有关嫌疑分子的作为和行动；⑤能够说明嫌疑分子、罪犯和见证人之间联系的事实，特别是当他们断然否认有联系的时候；⑥凶器的确切型号；⑦各种司法检验的结果。

（二）介绍技术

因为目前国内多数人对心理测试技术不熟悉，测试人员应向委托人介绍心理测试技术的基本情况，包括基本原理、功能、局限性以及仪器的性能。应结合一些具体案例，说明心理测试能够做什么、不能做什么。如有可能可以做一个测试游戏。

（三）了解被测人情况

了解被测人的嫌疑依据、已有的证据、对证据可靠性的判断、以往审讯中证据的使用情况等。了解被测人的一般情况，有无前科，为编制中性问题、准绳问题收集素材。了解被测人的身体状况。如果被测人患有某种疾病，如高血压、心脏病、哮喘、发烧以及酒瘾毒瘾发作期、服用含镇静剂药物的有效期等，不能测试。

（四）收集资料

测试人员方面应从测试的角度出发，认真阅卷，做好阅卷记录；可能的情况下应亲自到案发现场，掌握第一手材料。同具体办案人员沟通，对案件进行复析，对整个作案过程进行恢复重建，从中寻找测试点。对于一些重要环节，应了解清楚被测人的知情程度，了解在前期审讯过程中，"点"到了什么程度。对于涉案的时间、地点、名称，必须准确了解。

（五）确定方案

在掌握大量材料的基础上，与委托人员共同协商，确定测试目标和测试方案，编制出测试问题并录入计算机，准备好测试时可能需要的实物、模型、音像资料、图表等。与被测人进行测前谈话后，如有必要应对测试问题进行适当的调整。

（六）选择与布置测试工作室

正常工作条件如下：环境温度：$20 \sim 25℃$；相对湿度：$45\% \sim 75\%$；大气压力：$86 \sim 106 \mathrm{kPa}$；噪声：$<50 \mathrm{dB}$，均匀无突然响动；电磁环境：$14 \mathrm{kHz} \sim 1 \mathrm{GHz}$，电场强度小于 $1 \mathrm{V/m}$；房间通风良好，大小在 15 平方米左右为宜；避免强烈光线刺激。测试过程中，测试室内只应有测试员和被测人在场，当然要有一个记录员。记录员最好能通过闭路电视、麦克风、单向透镜等旁观、

旁听。最后要检查仪器性能是否正常。

二、测前谈话

整个测试过程中最重要的部分是测前谈话，因为整个测试过程的正确性有赖于测前谈话的效果。测前谈话有许多作用，而每一项作用都是有意义的。测前谈话中要平复被测者的紧张情绪，使其心理纯化。通过谈话，使无罪的人放心，平复他们担心、紧张的情绪。心理不纯化是指被测人面对心理测试仪时，有一种不适应、不信任、不相信的情绪，思想处于复杂状态，使其不能集中注意力，因此通过谈话，使其此时的心理单纯化、标准化，思路集中于测试人问题上，随着测试程序展开思绪。简单讲，就是该害怕的害怕，该反应的反应。通过测前谈话赢得被测者对测试员和测试仪的信任，同时也调动被测者对犯罪过程的回忆。观察了解被测者的个性特点及其行为表现，初步判断被测者有罪或无罪。

测前谈话是整个心理测试过程中非常重要的一环，可以说在一定意义上测前谈话比正式测试更为重要。测前谈话的成功与否直接决定着测试的效果，甚至影响着测试的准确度。因此，测试员必须掌握测前谈话的方法和技巧，提高谈话质量，绝不可草率马虎。要注意如下几点：

（一）建立和谐的气氛

测试员引导被测者排除干扰，树立对测试员、对"心理测试仪"的"信任"。测试员的表现要和气、礼貌、客观、稳重、自信、能干。一是关心人，解除顾虑。例如："有不适之处请说。""我理解你的心情……相信我，测试是可靠的……"二是树立威信，控制局面。按计划引导谈话、讲话，手势表现出自信、把握，讲解测试原理可用些被测者听不懂的专业名词。组织、调动谈话方向。三是处事客观，绝不能用审问口吻指责受测人。

在对每起案件进行心理测试时，不要受那些与测谎结果利害相关的人的影响，要独立自主进行，这一点至关重要。如果已有其他的测谎专家做过这项测谎，那么他们就会施加影响使之在第二次评估中得到相似的结果。有经验的测谎专家会创造出一种专业氛围，融合了通情达理、有理解力、技术先进以及能应付生活在各个阶层的人的语言表达能力。心理测试的目的不是为了使被测者因无罪而轻松或因有罪而害怕，而是为了造成由于谎言被识破而带来的害怕心理。测试员的举止言行都有目的，不管是身体姿势还是给被测者提供的信息。重要的是要表现出客观、有能力、负责任，尤其是有能力判断被测者的回答是诚实还是说谎。

要与被测者建立融洽的关系，减轻被测者心中的愤怒、猜疑和焦虑。测试员可以通过自我介绍说自己是高度客观的，其兴趣仅仅是想探究事情的真相，借此建立与被测者的融洽关系。为建立信任要保证不提令人惊奇或疑惑的问题，对被测者解释测验过程可以减少因无知带来的恐惧，并增加因谎言被拆穿而产生的恐惧。这种解释可能只在被测者的脑中一掠而过，但会令其对测试员的专业技术留下深刻印象，使他或她觉得测验有效。最佳的解释方式是向被测者描述测试过程的生理基础。描述如下：

心理测试仪是一种能测试所谓的自主神经系统（植物性神经系统）反应的仪器，"自主"的意思是自动的和无意的，自主神经系统所处理的是那些不受意识控制的一部分躯体反应。这里所说的植物性神经系统分为两个部分：第一部分是关于生长和发展的，而第二部分是紧急系统，这两个方面互相影响和制约，也就是说在某一时间内只有一个生长系统起作用。紧急系统仅仅只是当个体受到威胁或处于紧张状态时才会起主要作用。例如，如果你正在街上行走，一个男子突然走向你并拔出一把刀，你就会害怕起来。信息传达到大脑，然后大脑依次将信息反馈给植物性神经系统并使紧急系统发生作用。你的心跳会更加剧烈，向身体传送更多的血液和营养，以便更有效地发挥作用。心理测试测量的是相似的反应，如果你说真话，表现就正常；如果你准备对某问题撒谎时，就会害怕谎言被识破。而一旦你感到害怕，你的机体就会自动切换到紧急系统状态，并且无法停止下来，然后所有的变化都会发生。我们会在心理测试图谱中见到这些变化。

测前谈话的第一步是建立融洽的关系，第二步是解释心理测试过程，更重要的是要增加被测者对谎言被拆穿的恐惧，第三步是对被测者进行更多的了解，了解他对所调查案件的知情程度。尤其重要的是询问被测者关于受教育的背景、生理和心理的问题、档案记录和工作经历。在从个人和案件获得的资料的基础上，可以决定使用哪一种测试方法。一旦完成这些之后就可以编制要询问的问题。

（二）收集信息

在测试之前应先了解被测者用药的详细情况，以确定被测者是否适合测试，或在测试期间是否应停用某种药物。就对被测者和测试员的不利影响而言，必须考虑不适于心理测试的身体情况。如果一个人的身体或精神状态因心理测试而变得更糟，就不对他进行测试。相反，在其他大多数情况下，测试本身带来的压力和与由于戴上血压计臂套所带来的微小的身体压力将不会影响测试。另外还需考虑测试给测谎专家带来的风险问题。要了解被测者精神疾病方面的背景，对曾经存在过严重症状或有过住院史的人来说，应从医学报告里得到有关记录，从而了解其疾病的严重程度。同样，关于受教育和工作方面的情况能够证明智力是否有缺陷，智力缺陷会降低测试的准确性。

（三）测前谈话的内容

说服被测者接受心理测试，签署文件；探讨案情；调查背景；说明测试中的要求；预习测试问题。

（四）测前谈话应注意的问题

测谎员应始终保持客观中立的态度，坚持无罪推定原则。假定被测者在目标问题上是诚实的，不允许有审讯、指控的痕迹；测前谈话应紧扣谈话目的，一切与目的不相关的问题不允许在测前谈话中出现，避免与被测者争论；谈话中应注意被测者的言语、行为举止，并做好记录，作为测后判断的参考信息；谈话时间的长短应根据受测人的文化程度、理解能力、性格特点而定，一般30~90分钟为宜，谈话要充分透彻，不应草率、例行公事式地进行。

（五）测试具体步骤

（1）建立和谐的气氛，从自我介绍至测试结束，绝不能审问、指责。做行为分析，分析他在整个谈话中，尤其是在各个环节上的谈话和神态。帮助判断真假，设计适合的测试问题。（2）填写基本情况表，包括法律权利、同意测试书、基本情况表。（3）听被测者谈案情，修正概念，修改问题。（4）讲解"测试仪"原理。（5）讨论相关问题。（6）讲解准绳问题，形成准绳问题。（7）与被测者核对问题和顺序，录入计算机。（8）佩戴传感器，调好灵敏度。（9）血压袖套打气，激励测试。（10）开始正式测试。

三、正式测试

正式测试之前一般首先宣布注意事项，然后询问两个问题："你是不是愿意配合我们进行这次测试？""测试之前，你是不是愿意主动说明你的问题？"

没有什么问题的话，就可以采集数据了。将心理测试仪的传感器接在被测者的身上，对仪器进行适当的调整，确定一切正常时开始测试。测试人员发问时语调要清晰平缓，要让被测人听懂，题目与题目之间保持20~40秒间隔。一般一组题目有10~20个问题，测试一组题目大约需要5分钟，最长不宜超过10分钟，以免被测者产生疲劳，影响测试效果。每次测试中间可以适当休息，让被测者放松，听其解释说明，必要时可以让被测者解释其在测试中的一些回答。一组问题一般要测试三遍。测试过程中要随时记录被测者的动作、表现。真正的测试时间是少于测前谈话时间的。

尽管大多数使用刺激测试的被测者都是在第一个测试完成之后实施的刺激测试，但笔者认为，先进行刺激测试更妥，因为被测者已经被告知测试的目的是确定他是否适合测试以及找出并检测撒谎时生理反应图谱的模式。所以，在正式测试开始以前先进行刺激测试似乎更合乎情理。并且，这样做可以使测试员将刺激测试的图谱分开，然后给被测者看，向他说明：说谎是多么容易被测出来。这么做要比仅仅告诉他想的数字是哪一个要更为有效。

四、数据分析

每一遍测试结束后休息期间，应尽快对测试的数据进行初步分析，可以使用计算机专家评分系统得到倾向性结论，做好记录，进行初步分析。全部测试结束后，应对所有测试数据进行综合分析，对测试中出现的异常反应找出合理的解释。分析要严格按照测试图谱分析标准进行，采用数值评分方法做出结论。

五、测后谈话及突审

心理测试是一种特殊的讯问方式，其特点是：（1）它要求被测者对测试员所提及案件的特定问题，都要明确地做出肯定或否定的回答，但这种答复的实际内涵，需要被测人做具体说明。（2）心理测试仪是有一定科学根据的，采用这项技术本身就形成一定的心理压力。有些罪犯慑于科学技术，会做出承认自己有罪的答复，但这种答复又是抽象的、不具体的，事过境迁往往会出现反复。（3）心理测试可以采集到被测人在聆听和答复提问时的若干生理参数。测试员据此可以分析判断被测人是否说谎或知情，这是心理测试技术的优势所在。但图谱的评读是个相当复杂、细致的工作，是难点之一，也需要一定的时间。（4）心理测试的结论尚不能作为法庭证据使用。因此，当测试结束后，应适时进行测后审讯。当认定被测者是说谎时，要通过谈话和审讯进一步取得口供，弄清事实，使测试结果能转化为合法的证据，巩固和扩大成果。测与审如何结合，这是个很值得研究的课题。

测后谈话及突审是被测者供认和取得被测者口供的关键阶段，测后谈话跟侦查人员的审讯既有区别又有联系，它是由测谎转入审讯的过渡。测试员应掌握主动，做好由测转审的衔接和铺垫。测后谈话可进一步验证测试结论；

震慑被测者的心理，为测后审讯创造条件；也有可能在测后谈话中获得嫌疑人的初步认罪口供。测后谈话一般采取以下方法：（1）明确告知其测试结论，震慑其心理，观测其反应；（2）打击其侥幸心理，规劝其坦白罪行；可使用同情理解法、激励法、连累亲人法、"为你着想"法和心理透视法等常用的技巧；（3）如经过测试员的说服规劝被测者承认了犯罪，则应令其对主要犯罪情节做出供述，以印证测试中的反应和现场情节；（4）责令其认真反省，做出详细全面的供述；（5）如测后谈话没能即时突破，则移交侦查员，立即组织力量，开展强大的审讯攻势，测后72小时是突破的最佳时机；（6）在测后审讯中，如果受测者在一些具体情节上继续撒谎，必要时可以再次测试。

我们的心理测试一般是在测试员、审讯员、记录员共同在场下进行的。大家如何分工配合，在测前要确定好。一般碰到下列情况应立即进行审讯：（1）测试中，被测人的答复与原来的口供不符的；（2）测试中，被测人的几次答复不一致的；（3）被测者声明要做说明的；（4）对某些提问，被测者拒绝回答的；（5）相关问题被测者维持原供，测试数据在异常范围的；（6）对某些提问，被测者体表有明显的异常征兆的；（7）对逻辑性测试题组，出现预期反应的。

心理测试结果的精确判断，要有一段时间才能做出。而测试刚刚结束之际，又是转入审讯的最佳时刻，此时，罪犯"惊魂未定"，对心理测试时露出的破绽，还来不及去弥补。如果错过了这个机会，困难就会大得多。测试员在这一阶段不应该顾此失彼。因此，测试员既要十分熟悉案情，便于随机应变；又要努力提高自己的评读图谱的能力，同审讯员紧密协作。测前要商议，对测试中可能出现的各种态势及反应做出预案。测试中要把对测试结果的初步看法，简要、及时地转告审讯员，请他据情审讯。

六、测试结论

每次测试完成之后，应出具测试结论。将所有的测试文件，包括委托书、自愿测试协议书、被测者个人情况表、测试问题、测试报告、评分记录等整理归档，以备查阅。

测试报告内容一般包括案情概述，委托单位，被测人，测试目的，何时，何地，用什么仪器，准绳问题，相关问题，在何种测试方法中被测人在什么问题上反应强烈，等等。通常的测试结论可能性如下：（1）真阳性，是指将与案件有牵连的被测人报告为"没有通过测试"；（2）真阴性，是指将与案件无关的被测人报告为"通过测试"；（3）假阳性，是指将与案件无关的被测人报告为"没有通过测试";（4）假阴性，是指将与案件有牵连的被测人报告为"通过测试";（5）无结论，被测人状态不符合测谎测试要求，无法得出结论。

得出测试结论的要求：（1）不要只根据一种测试方法或一个测试问题的测试结果，就下测试结论，特别是准绳问题测试法没有通过时;（2）要特别防止假阳性结果;（3）以测试图分析为主，体态语言、性格分析、心理分析、案件分析、证据鉴定等做参考;（4）测试员独立下结论，不要受领导及办案人员的干扰;（5）测谎员要对测试图谱负责。

第五章　犯罪心理画像

第一节　犯罪心理画像概述

一、犯罪心理画像含义

犯罪心理画像又称犯罪人画像、心理的画像、犯罪人格画像、行为画像、犯罪现场画像和犯罪侦查分析。其表述虽略有不同，但其核心却是一致的，即对犯罪嫌疑人进行心理刻画和描述，着重于推断犯罪嫌疑人的个性和行为特征。中国人民公安大学教授李玫瑾认为，犯罪心理画像是通过文字或言语描述犯罪嫌疑人的"心理形象"。总体而言，犯罪心理画像是在侦查阶段根据已掌握的情况，对未知犯罪嫌疑人进行动机、个性、犯罪经验、社会阅历以及生理特征等方面的描述与刻画。犯罪心理画像根据某种原理对犯罪人和被害人遗留在现场的物质痕迹进行分析进而刻画犯罪人最有可能具有的特征。犯罪心理画像包含的要素主要有以下几个方面：（1）犯罪心理画像是一个分析过程；（2）分析所依据的信息是犯罪人及被害人等遗留在现场的物质痕迹及案发时的各种环境因素；（3）分析所依据的理论是心理学、社会学等有关人格和人际交往的理论以及犯罪学研究形成的对犯罪模式的理解等；（4）分析的结果是提供有关犯罪人最有可能具有的各种特征的描述；（5）分析的目的是服务于案件侦查的需要。

二、犯罪心理画像理论

尽管对犯罪现场的心理分析方法显得十分神秘、离奇、使人难解，但是，只要我们对于成功地应用心理分析方法予以侦破的案例进行深入细致的分析，就可以发现心理画像人员在进行工作时主要应用以下理论依据。

（一）行为与心理的对应关系

1. 人的异常行为与心理变态

国外心理画像人员长期以来致力于分析的犯罪案件，以系列杀人案件居多。这些系列杀人案件的犯罪人往往具有某种类型的精神障碍，这些障碍导致犯罪人具有病理性需要。正是某种病理性需要，导致犯罪人一再重复同类犯罪行为。在病理性需要驱使下实施的犯罪行为，会表现出不同于常态犯罪的特点，如在系列强奸案件中，被害人均为具有相同特征的女性，这样的犯罪特点似乎暗示着犯罪人的犯罪动机并非仅仅是性需要的满足，可能还会有对此类女性的一种特殊的需求；或者曾与此类女性结仇，因某种病理原因导致打击对象泛化。一般来说，刑事侦查人员对心理变态者的思维和行为规律了解不多，习惯按常态犯罪的心理和行为规律来分析案件，当犯罪人具有某种精神障碍时，侦查人员往往不能准确把握犯罪人具有的犯罪动机和个体特征。心理画像人员则可以利用其丰富的变态心理学知识，迅速发现犯罪现场所包含的心理变态者的犯罪行为特征，并认定该起案件是哪一类心理变态者所为，从而为侦查活动指明正确的方向。案件越离奇，犯罪现场所反映的心理变态者的思维和行为特征的信息就越多，心理画像人员就越容易推测犯罪人可能具有的人格特征及诸如年龄、种族等人口学特征。

2. 行为与人格

心理学研究表明，个人的行为模式是其独特人格的反映。剖析人员在进行分析之前，要详细地了解犯罪行为的细节，细心审视现场照片上的细微之处和尸体解剖报告，详细调查证人及被害人的生活背景及案发时的行为及心理感受，力图从犯罪行为的细节中了解犯罪人的心态和人格特征。心理画像人员必须具有丰富的行为心理学知识，并且相信人们的各种社会行为均是行为人心理与人格的反映。在做特征剖析时，只要认真分析犯罪人的行为表现，就可以推测其犯罪时的心理状态、心理活动内容和其个性特点。

犯罪人的书写行为，往往是心理画像人员倍加关注的。一个人的笔迹特征往往是其内心世界和本质属性的无意识流露。因此，通过对一个人的笔迹特征进行分析，便可以了解这个人的人格特征和书写时的心理状态。心理画像人员在遇到犯罪人留下字迹的案件时，常常应用笔迹心理学的研究成果分析犯罪人的笔迹特征，从而推测犯罪人可能具有的人格特征。

（二）精神分析理论

在对犯罪心理的研究中，一种观点认为，一些犯罪行为是在潜意识的作用下产生的。精神分析学说即是特别重视人的潜意识的心理学学说。这种学说强调人的各种行为都受着连自己都毫不觉察的潜意识的支配，并认为人的潜意识起源于人的原始本能和早年的生活经历。该学说的主要内容包括以下几方面：（1）犯罪行为是神经官能症的一种形态；（2）犯罪人经常被一种强迫性的追求惩罚的需求所困扰，以便减轻从无意识的欲望中产生的罪恶感受和焦虑；（3）犯罪行为可能是获得在家中得不到满足的需要和欲望的替代性满足的一种手段；（4）犯罪行为往往是由于外伤性事件引起的，这种事件使个人的记忆受到抑制；（5）犯罪行为可能是置换性敌意的一种表现。

大多数国外学者认为，不是所有的案件都适合人格特征剖析。"在犯罪人实施了有计划的犯罪（反复犯罪）、犯罪人有某些精神病态的案件，更有可能进行犯罪人格特征剖析。"心理画像人员在做具体分析时，尤其关注每一个行为特征以及包含一定量的精神病理现象的暴力犯罪现场的所有细节。犯罪心理画像似乎与精神病理学有十分密切的联系。在一般情况下，暴力犯罪现场仅在犯罪人的精神病理现象可以被辨识的情况下才可以进行特征剖析。这些犯罪包括杀人、性侵害、绑架、敲诈等。心理画像人员一般都很熟悉并相信弗洛伊德所创立的精神分析理论。因此，他们在对各张怪异的犯罪行为进行分析时，常常喜欢追溯支配犯罪行为产生的犯罪者的潜意识，以及构成犯罪潜意识的早年所受的心理创伤。他们常常应用精神分析理论，根据犯罪情节怪异程度，推测出犯罪人过去经历，为破案提供线索。

（三）逻辑推理原理

美国的犯罪心理画像学家布伦特·E. 特维（Brent E. Turvey）总结了在犯罪心理画像中的两种推导原理：（1）归纳推理，即根据对某类案件已有的统计资料或心理画像人员自身对这类案件的描述经验推导出个案中犯罪人的各种特征；（2）演绎推理，即心理画像人员根据自身掌握的法庭科学、其他学科知识以及犯罪现场的具体情况，推测具体案件的犯罪人的各种特征。下面对这两种推导原理做具体分析：

1. 归纳推理

归纳的犯罪心理画像，是将曾经研究过的其他犯罪人所共同具有的行为的和人口统计学的特征推及于个体犯罪人。它依据于统计的分析和概括，因此被称为归纳法。特维总结的用来归纳出犯罪人特征的资源主要有三个方面：（1）正式及非正式的对已知的、被监禁的罪犯的研究，以及这些研究所依据的具有临床性质及非临床的面谈。（2）由心理画像人员所记忆的实际的经历。（3）公共资源，包括大众传媒。例如，美国联邦调查局（FBI）坦承，在其计算机化的暴力犯罪活动的数据库中，包括工作人员收集的报纸文章中的资料。

简单地说，归纳的特征剖析是从原有的统计数据来推理具体的犯罪行为人。例如，80%已知的在停车场袭击大学生的系列杀手是年龄在20～35岁的白种男性，与母亲共同居住，开一辆大众汽车。某个犯罪人已经在不同的地方袭击了至少3名女大学生，并且对3名被害人的袭击都发生在停车场。因此，此犯罪人符合这一犯罪人群体，是一个年龄在20～35岁的白种男性，与母亲共同居住，开一辆大众汽车。特维认为，这种特征剖析法易于使用，不需要任何特别的法庭科学知识，以及必需的对犯罪行为或刑事侦查的研究方面的教育或训练。其特征剖析的结论往往是一两页并不合格的特征清单。缺陷主要包括：（1）用来归纳的资料来自有限样本，并且这些样本对任何一起案件来说都不具备明确的相关性。（2）样本往往来自已知的、被捕的罪犯，而大量仍然逍遥法外的高智能犯罪人不能为统计数据提供有效的帮助。

2. 演绎推理

根据特维的定义，演绎的特征剖析就是解释法庭证据的过程，包括对诸如犯罪现场照片、法医报告、尸体解剖以及对个体犯罪被害人的全面研究等的运用。精确地重建具体犯罪现场行为模式，并且从那些具体的、个别的行为模式演绎出犯罪人的情绪、动机等心理特征及人口统计学特征。

演绎的特征剖析是根据详细的法庭科学检查及犯罪现场的行为重建的演绎。具体地说，是心理画像人员根据犯罪现场特征的分析、犯罪人行为的重建，以及被害人特征的分析，演绎推导出可能实施特定犯罪行为的人的特征，以及在特定的犯罪现场条件下的特定的被害人。例如，在一处偏僻的森林里发现了一名女性被害人，在眼睛、脖子及脸部可见瘀斑，脖子上有勒痕。在现场看不到血迹、衣服。被害人的手腕上有被绑带勒过的痕迹，但在现场没找到绑带。在离尸体大约20米的地方有新鲜的车轮印。因此，对犯罪行为的重建过程如下：通过被害人手腕上因搏斗而形成的痕迹推理，犯罪人在被害人还活着的时候将其捆住以控制被害人；通过在现场没有发现绑带，可以推理出犯罪人抛尸之前将绑带解开；通过脖子的勒痕，可以推理出被害人很可能遭受过用绑带勒住脖子的痛苦；通过现场没有发现血迹，可以推理出现场是一处抛尸现场；通过现场的车轮痕迹可以推理出犯罪人是用机动车作案。以上的所有细节共同表明，此案是由一个有能力的、聪明的犯罪人所为，他很有可能有稳定的职业，并且有可能是一名施虐狂。这可以通过汽车、有抛尸的第二现场等演绎出来。

另一方面，即使是演绎的犯罪心理画像，也在很大程度上是以归纳推理所得的结论为依据的。

因此，归纳法与演绎法在犯罪心理画像过程中是相辅相成的，而不是绝对排他的。上面所说的只是心理画像人员在分析案件时所依据的最主要的几种理论和原理。根据案件的不同内容、性质和具体情况，他们在做分析时，还综合应用了其他知识，例如医学、生理心理学、社会学等方面的知识。

三、犯罪心理画像的作用

犯罪心理画像大部分被行为科学家和警察用于缩小侦查嫌疑人的范围，犯罪人具有某种行为和人格方面的特征，这些特征与他实施的犯罪行为方式密切相关。犯罪心理画像的另一个用途是：当必要的时候，具有一种预警的意义。这种预警意味着公众也可以成为侦破犯罪的参与者。不知名的犯罪嫌疑人或许已经在与他接触密切的人们面前暴露过他偶然的怪异行为，这种怪异行为预示着他可能与某种犯罪行为有关。得到公众的支持，或者希望人们意识到他们所看到的，告诉他们如何解释，建议他们如何自告奋勇，或许就能侦破这一案件。

（一）依据心理痕迹的反常性，识别犯罪人的伪装行为

犯罪分子作案时为了逃避打击、转移侦查视线，总是想方设法对其行为进行伪装，但不论其伪装得多么巧妙，都不可能改变其早已形成的个性心理特点，暴露出犯罪现场的反常性。这种反常性既不符合正常的活动规律，又违背其自身的活动规律。如在监守自盗现场，内盗伪装成外盗、他杀伪装成自杀的现场，伪装抢劫、强奸、盗窃的现场，私仇报复杀人或谋财害命伪装成强奸杀人、奸情杀人的现场等，由于伪装行为受犯罪心理的支配，犯罪人心理的高度紧张，必然导致行为的相互矛盾，出现现场整体状态以及现场有关痕迹物品的反常性。侦查人员要抓住这些现场上表征的心理痕迹的反常性，揭露犯罪分子的伪装。

（二）根据不同案件中心理痕迹的共同性，组织并案侦查

同一个犯罪人在实施犯罪行为时，都带有自身的特定性和相对稳定性。这种特定性和相对稳定性表现在各个犯罪现场上就呈现出心理痕迹的共同性。犯罪人在首次作案成功后，其行为方式在大脑皮层中建立了稳定的刺激，在以后遇到相似的条件或情境时，仍会采用相同或相似的手法继续实施同一性质的犯罪活动，形成较为稳定的犯罪特点，留下有共性的心理痕迹。侦查人

员可以据此分析研究此案与彼案的相似与共同之处，一旦发现数起案件都带有稳定的、一致的心理痕迹的表征，即可组织并案侦查。

美国罪犯人格画像专家约翰·道格拉斯（John Douglas）提出了一个特征剖析的术语：犯罪人的"识别标志"。他认为，识别标志反映了犯罪行为的独特的、个人化的方面，往往是犯罪人表达暴力幻想的一种需要的反映，具有稳定性和持久性的特点。识别标志不同于犯罪惯技或者标准程序。道格拉斯对二者之间的区别做了生动的描述："犯罪惯技就是犯罪人为了完成犯罪则必须做的事情。它是通过学习而获得的行为，并且随着犯罪人越来越顺利地实施犯罪而不断加以修改和完善。识别标志是为了获得情绪满足而必须做的事情。"

识别标志显然更能反映犯罪人独有的心理需要与奇怪的思维模式，在不同的案件中如能发现出同样的识别标志，便可成为并案侦查的依据；另一方面，犯罪惯技也同样是犯罪人在作案前及作案过程中的心理活动的反映，是其心理痕迹的表现，对组织并案来说，也具有重要的作用。

（三）利用心理痕迹体现的犯罪人的独特个性，确定犯罪嫌疑人

心理痕迹与犯罪人存在着密切的关联性，往往反映出犯罪人独特的个性。现场心理痕迹是犯罪人在其心理活动和个性特征支配下，实施特定的犯罪行为并遗留下各种客观存在的物质痕迹的反映，因此，在各种物质痕迹上体现出的心理痕迹，必然带有犯罪人的个性色彩。我们可以据此分析犯罪人的年龄、文化程度、职业、动作习惯、兴趣、动机、需要、气质特征等刻画犯罪人特征的诸要素，从而缩小排查范围。

（四）施加心理影响

特征剖析经常起作用的案件是系列案件。在系列案件发生之后，心理画像人员通过对已发生案件的研究，经常可以推测犯罪人个性特征，预测犯罪人未来的行为趋势。这种推测与预测不一定能直接帮助侦查人员发现犯罪人，因为符合具体描述的人并非是一个具体的人，而是有一类人会与描述相符。不管怎样，这种描述有时可以用来对真正的犯罪人施加心理影响，使犯罪人自动地浮出水面。

（五）提供讯问策略

对犯罪嫌疑人的讯问是一门艺术。讯问犯罪嫌疑人的成功与否，与侦查人员对证据的掌握情况、侦查人员对讯问技艺的把握以及犯罪嫌疑人的个性等有密切关系。犯罪心理画像对讯问的帮助体现在对可能的犯罪人的理解方面。具体地说，通过特征剖析，侦查人员能够了解嫌疑人可能具有的人格特

征、犯罪嫌疑人对被害人的施暴的心理原因等。在此基础上，侦查人员就可以制定出合理的讯问计划，保证讯问的顺利开展。

第二节　犯罪心理画像内容和技术

一、犯罪心理画像的内容

犯罪心理画像的内容指的是通过心理分析所描绘出的犯罪人特征。关于犯罪心理画像的内容，有很多刑侦专家对此提出了自己的见解，按照郑州市公安局杨玉章副局长的观点，他认为，在"定脸谱，进行犯罪心理画像"时，从以下五个方面刻画犯罪嫌疑人的基本属性：生理属性、社会属性、地域属性、心理属性、犯罪经验属性。

（一）生理属性

生理属性体现犯罪嫌疑人自然生理状况及外部特征，主要包括：犯罪嫌疑人的性别、年龄、身高、体重、体态、体表标记、步幅特征、动作特征以及肢体其他异常特征。我们知道了潜在信息往往隐藏在明态信息中，犯罪心理画像就是通过明态信息解读其背后的潜在信息。生理属性有时可以通过知情人反映出来，但更多时候在案发时在现场周边并没有知情人经过，或在走访中找不到知情人。这样只能依靠从现场中的迹象来解读有关信息了。在传统的侦查方法中，人们是这样对犯罪嫌疑人进行生理描述的：通过现场提取的脚印判断人的身高以及体重；通过对现场脚印的分析来判断犯罪嫌疑人是内八字还是外八字，行进时习惯于脚跟先着地还是脚掌先着地；从脚印分析是否有跛脚、瘸脚特征等。这些分析是很有必要的，但如果现场的生理属性分析仅以此为界，就有些过于受限了。

（二）社会属性

正常人是社会中的人，犯罪嫌疑人也是社会中的人，谁都不可能脱离社会而单独存在，每个人都会在社会中扮演各自不同的角色，并根据社会分工从事不同的工作。进行社会属性刻画的目的是研究犯罪嫌疑人的社会背景，从社会背景中找到具有此种属性的对应人群，以帮助警方排查可疑对象。对犯罪嫌疑人的社会属性刻画主要包括以下几个方面：

1. 家庭背景与社会归属状况

家庭背景指与犯罪嫌疑人有直接关系的家庭及其成员相关情况，包括家庭类型、家庭成员组成、家庭教养方式、孩子成长方式、家庭经济收入情况、生活习惯、家庭成员之间关系等。社会归属状况主要是指犯罪嫌疑人本身在社会中所位居的状态，他/她经常与什么样的人员交往，主要属于什么样群体中的成员。古人说"物以类聚，人以群分"，是有一定道理的，这也在一定程度上反映了犯罪嫌疑人的社会地位状况。游手好闲者不可能与做学问的人混在一起。他们难以沟通，对彼此的价值观、世界观不能认同，坐在一起也没有什么共同语言。

2. 职业状态与经济状况

职业状态是指犯罪嫌疑人所从事的职业或与之相关的状态，这不仅包括他/她目前所从事的职业、在业状态、具备的职业技能，还包括了曾经从事过的职业、接受过的职业技能培训情况，以及因此而形成的职业习惯。职业习惯是因为人们长期从事某一种职业而逐渐形成的、为职业所需要的、一时不容易改变的行为习惯，是职业特征的主要表现形式。经济状况是指犯罪嫌疑人收入的高低及生活水平等，它与职业状态有着较为密切的联系。一般来说，一个人具有良好的职业状态，就会有稳定的收入，那么经济状况也会较好。

3. 婚姻状况

婚姻状况指是否已经结婚，夫妻关系是否和睦，夫妻双方在家庭中的地位是否平等，力量是否均衡，夫妻生活是否和谐，有无分居，是否离异，是否丧偶等。夫妻关系往往会影响犯罪嫌疑人的行为，如果夫妻关系和睦、比较恩爱，那么犯罪嫌疑人在实施犯罪行为前必然考虑因此对配偶带来的伤害，犯罪行为所带来的损失。如果夫妻关系恶劣，那么会给犯罪嫌疑人带来相应的负面影响，在犯罪中也容易出现针对异性的报复行为。

4. 文化程度

一般来说，对文化程度的理解是主体所接受教育的程度，如小学文化、初中文化、大学文化等。文化程度对犯罪嫌疑人的影响是间接性的。例如，他接受了大学教育，那么在世界观、生活观、是非观上就会有相应高度的认识，他的价值体系也会产生相应的变化。一般来说，行为主体接受的教育程度越低，那么他认识世界的能力也就越受局限，他对事物的分析、判断能力也会受到限制。在面对不公正和委屈时，他所采取的行为应对方式就有一定的局限性。

(三) 地域属性

地域属性是指犯罪嫌疑人由于长期居住于某地或长期在某地生活，受该地区人文环境、生活习惯等因素影响，而明显区别于其他地域人群的相对稳定的言行方式特征。地域属性通常表现为：口音、饮食口味、处事风格、行为习惯、肤色长相、衣着打扮等。人的地域属性广泛表现于言谈举止、衣食住行、交往特点、为人处世等方面，可以通过知情人、被害人的报告分析犯罪嫌疑人的地域特征。因此，在侦查中，侦查员要注意鉴别每一个细节，或许就在那些看似平淡无奇的一两个情景中，就会给我们带来关键的、意想不到的信息。犯罪嫌疑人的言语特征、性格特征、饮食习惯、服饰特点以及随身携带物品都可以反映出他的地域特征。

（四）心理属性

由于成长环境不同以及先天的气质特征迥异，犯罪嫌疑人所表现出来的心理特征全然不同，就如一句名言所说的："你不可能找出两片一模一样的叶子，你也不可能找出两个一模一样的人。"即使是同卵双胞胎，也会因后天的环境不同而显现出心理特征的不同。犯罪嫌疑人的心理属性包括个性特征、情绪情感特征、对世界的认知风格等几个方面。

1. 个性特征

个性特征包括个性心理倾向和个性心理特征。个性心理倾向是指他的需要、动机、爱好、兴趣、能力等方面与他人不同的特点。个性心理特征是指犯罪嫌疑人在气质、性格等方向表现出来的某些独特的特点。气质方面，有的人比较容易冲动、脾气粗暴，在进行犯罪活动时，表现比较张狂，破坏性强。有的人胸怀大度，什么事都不会放在心上；有的人小肚鸡肠，什么事都耿耿于怀，容易把小事扩大。

2. 情绪情感特征

情绪情感特征是指犯罪嫌疑人对事物是否满足自己的需要而产生的态度体验，如喜、怒、哀、乐、忧、愤、憎等。当客观事物满足了自己的需要时，人就会产生正面情绪，反之就会产生负面情绪。当不良情绪长期积累得不到释放时，就容易产生积怨型犯罪。

3. 对世界的认知风格

认知是人类感知觉察世界的重要途径，不同的风格导致了人类认知世界的存在形式是完全不同的。所谓"仁者见仁，智者见智"，同样一件事情，在不同人的眼中反映出来的特征是不一样的，就是因为每个人认知世界的风格不一样。有的人以社会传统观念、社会主流文化为自己认识世界的标准，所以他会有正义感，愿意遵守社会公德，维护社会秩序，喜欢见义勇为；有的人则以反社会风格为自己认识世界的模式，所以他具有攻击性，缺乏羞愧感，法纪观念淡漠，行为受原始欲望或偶然动机驱使，情感歪曲，社会适应力不强。在一些人格障碍者中，如偏执型人格障碍，其认识世界的方式是异常扭曲的。偏执型人格障碍主要表现为固执、敏感多疑、过分警觉、心胸狭窄、嫉妒心强、自我评价过高、自我体验过分重要、拒绝接受批评、对挫折和失败过分敏感；受到质疑时容易出现争论、诡辩、越级上访，甚至攻击他人。这类人常处于戒备和紧张之中，致力于寻找偏见的根据，对他人中性或善意的言语、评价、动作歪曲理解为敌意，对己不利。

（五）犯罪经验属性

犯罪经验属性包括犯罪嫌疑人的劣迹史、违法犯罪经历及种类。犯罪嫌疑人是否曾经有过犯罪经验是可以从现场中解读出来的。要刻画犯罪经验属性，应重点研究犯罪嫌疑人在作案中的惯技行为、特殊标记（某些特殊心理体现在现场中的印迹）以及反侦查行为的特点。

1. 惯技行为

根据全国刑侦界的知名专家杨玉章的研究，惯技行为是指犯罪嫌疑人或犯罪团伙在实施犯罪过程中经常使用的手段和技能。惯技行为通常包括：（1）人员构成：是习惯于单独作案，还是习惯于多人、结伙作案。（2）犯罪前是否进行预谋。（3）作案时间的选择。（4）作案地点的选择。（5）侵害对象的选择。（6）来去线路的选择。（7）进入作案现场方式的选择。（8）作案工具的选择。（9）进出作案地点时交通工具的选择。（10）对被害人守候和跟踪的方法。（11）对被害人采取的控制方式及具体方法。（12）对被害人伤害的方式、特点及程度。（13）对被害人或被害人尸体的最终处理方式方法。（14）对被害人随身物品及衣物的处置方式方法。（15）其他特点明显的行为。

通过分析犯罪嫌疑人的惯技行为，可以判断以下信息：犯罪嫌疑人和被害人的关系；预谋是否充分，作案过程中遭遇意外能否平静处理；作案手法是否熟练；犯罪嫌疑人有什么专长，是否具备某种特殊的专业技能等。根据上述信息反映出来的情况，可以判定犯罪嫌疑人是否有过犯罪经历，是否接受过犯罪训练，犯罪经验是否丰富等。

2. 特殊标记

特殊标记是指犯罪嫌疑人的某些特殊心理体现在现场中的印迹。犯罪嫌疑人因某种特殊心理需要而在现场中做出一定行为并留下某些独特的印迹，这些行为并不一定是犯罪所必需的，但却往往具有固定性，目的是满足特殊的心理需要。这种特殊需要的满足，可能是犯罪嫌疑人为了证实或表明自己有某种能力，也可能是为了发泄内心的情绪，还可能是宣告自己对局面的掌控等。例如，犯罪嫌疑人数次在现场所留的纸条，故意给110打的电话，以及在现场中遗留的粪便，就是犯罪心理特殊标记，表达了犯罪嫌疑人故意彰显其高超的作案能力。

3. 反侦查行为

犯罪嫌疑人的反侦查行为通过连续犯罪经验积累或学习他人经验而获得，或者通过影视、书刊等资料获得。通过犯罪嫌疑人在现场是否有反侦查行为，可以判断出犯罪嫌疑人之前是否有过犯罪史，或是否被公安机关打击处理过。在侦查时，可以使警方的排查方向更为明确，提高了工作效率。反侦查行为，包括对现场痕迹处理、伪造现场、提供假信息等。当犯罪嫌疑人在这么做的时候，虽然破坏了现场的原始痕迹，但是又在现场留下了新的痕迹。更值得注意的是，他可以抹去现场的物理痕迹，却不可避免地会留下了心理痕迹，这就是潜态信息。

二、犯罪心理画像的手段

犯罪心理画像是一个心理分析过程，是一个刻画犯罪嫌疑人性状的过程。为了刻画犯罪人性状，犯罪心理画像人员必然借助一定的手段，这些手段便是犯罪心理画像的手段。具体说来，犯罪心理画像人员至少需要借助以下手段。

（一）刑事案件评估

无论处置哪类刑事案件，犯罪心理画像人员都要面临大量的案卷和信息。为了理解案件的性质和严重程度，犯罪心理画像人员有必要使用可行而有效的分类方法对材料进行分类，确定哪些材料需要进一步处理，以及如何处理，并根据这些分析制定工作计划。

刑事案件评估应该涉及整个侦查过程，综合来自侦查人员和刑事技术人员的判断。只有这样，才能做好刑事案件评估，有效推进侦查决策，发挥犯罪心理画像的优势。

（二）犯罪过程重建

刑事侦查人员多将犯罪过程重建称作犯罪现场再现，即根据嫌疑人口供、证人证言、被害人陈述和物证检验及阐释确定与犯罪事实相关的行动的过程。通过犯罪过程重建，犯罪心理画像人员可以厘清自己的思路，明确犯罪人刻画的基础，还可以以一种非专业人员可以理解的方式进行心理分析，并使得犯罪心理画像确实可靠，画像的内容显而易见。

（三）犯罪技巧理解

犯罪技巧指的是犯罪人为成功实现犯罪目的而实施的行为。犯罪技巧是一种通过学习获得的行为，是一种随着生活阅历、犯罪经验的丰富而发展的典型行为。犯罪技巧是各种因素综合作用的结果，分析犯罪技巧，理解犯罪技巧，可以为有效刻画犯罪人奠定坚实的基础。

（四）犯罪签名理解

犯罪签名是美国犯罪心理画像人员提出的一个术语，指的是具有或者满足情绪和心理需要模式。从理论上讲，犯罪签名是犯罪人服务于其心理和情绪需要的行为。分析、理解犯罪签名有助于理解犯罪动机，进而有助于刻画犯罪嫌疑人性状。借助以上犯罪心理画像手段，遵循科学的思维方式，犯罪心理画像人员可以透视犯罪人的心理，理解犯罪人的犯罪动机，正确地刻画出犯罪人的诸种性状。

三、国外犯罪心理画像技术方法

目前，国外有各种不同的犯罪心理画像方法，影响比较大的主要有犯罪现场分析法、行为证据分析法、侦查心理学方法等。

（一）犯罪现场分析法

1978 年，美国联邦调查局成立行为科学组。其中有一些著名的专家如约翰·道格拉斯、罗伯特·雷斯勒等，重点研究犯罪行为背后的犯罪人个性和犯罪动机。他们的研究主要是与实施了性谋杀的系列杀人犯访谈，以了解他们如何逃避被捕。他们收集的信息主要涉及犯罪行为惯技、犯罪现场特征和相关的谋杀犯个性方面的特征。美国联邦调查局在用犯罪现场分析法进行犯罪心理画像时主要有以下六个阶段：

1. 输入阶段

即搜集所有的证据，包括在犯罪现场发现的证据，如照片、调查记录、测量结果等。

2. 决策过程模型

将前述犯罪信息加以分析，区分成各种类型和问题，比如，这起案件是否是系列案件的一部分、被害人具有哪些共同的特征等。

3. 犯罪评估

将犯罪现场的证据组织起来，重建犯罪现场，侦查人员判断犯罪实施的过程，在犯罪情境中犯罪人与被害人的互动过程以及犯罪工具的使用顺序。

4. 剖析阶段

在前三步工作的基础上，深入考查犯罪人的动机特征以及犯罪人的人格特征，对犯罪人进行特征剖析。侦查人员利用这些信息决定对犯罪人的最佳讯问策略。

5. 犯罪侦查

在这一阶段，将特征剖析的书面报告以及带有数据的结论交给侦查人员，以帮助确定犯罪嫌疑人。如果找不到犯罪嫌疑人和出现了新的信息，还要重新进行特征剖析。

6. 逮捕阶段

在确定嫌疑人之后，对嫌疑人实施讯问、搜查，并把特征剖析的结论与嫌疑人做比对等。

（二）行为证据分析法

布伦特·E. 特维（Brent E. Turvey）是一名美国司法科学家和私人特征剖析专家。他提出了"行为证据分析法"，强调特征剖析必须根据现场的各种行为证据，通过行为证据分析演绎出犯罪人的特征。特维提出了演绎推理的方法进行行为证据分析，认为演绎型犯罪心理画像要从下面四个方面入手。

1. 可疑证据分析

在进行犯罪心理画像之前，必须根据所有的物证对案件进行全面的分析，尤其是要分析一些可疑的证据，即那些可能有多种解释的证据，以确保所分析的受害人和作案人行为及犯罪现场特征的准确性。

2. 被害人研究

被害人研究是对被害人特点的全面研究分析：了解被害人的所有信息，并根据被害人的特点推断出作案人的动机及作案人幻想行为等。被害人研究的部分内容是风险评估。心理画像人员不仅要评估被害人在日常生活中的生活方式具有的风险系数，而且也对被害人遭受袭击时的风险系数及作案人对被害人实施犯罪行为的风险系数进行评估。

3. 犯罪现场特征

犯罪现场特征涉及现场进入方式、攻击方式、对被害人的控制方法、场所类型、器械的使用、言语活动及案件准备行为等。犯罪现场特征可以从刑事证据和被害人研究当中明确地找到。一个作案人的犯罪现场特征能推断出作案人的精神状态、计划、幻想和动机，这将帮助心理画像人员区分出作案人的惯技行为和标志行为。

4. 犯罪人特征

这是犯罪心理画像的最后一步，即在前三步的基础上推断犯罪人的行为特点和个性特征。犯罪人的特征主要有种族、职业、婚姻状况、特殊技能、犯罪经历和体态特征等。

(三) 侦查心理学方法

戴维·肯特 (David Canter) 的侦查心理学方法与美国联邦调查局的相同之处在于，两者都使用了统计学的方法；不同之处在于他一直根据其理论不断更新犯罪人数据库，通过统计对犯罪人进行归类并研究每类犯罪人的特征。当案件发生以后，借助现场获得的犯罪信息，结合档案库中不同犯罪人的相似性将未知犯罪人归为某种类型。戴维·肯特的研究主要是为了将心理学原则应用于特征剖析之中。关于特征剖析的方法和原则，他提出了"五因素模型"，具体如下：

1. 人际关系的一致性

他认为犯罪行为的变化反映了犯罪人对非犯罪情境中的其他人态度的改变。他假定犯罪人以相同的方式对待犯罪情境中的被害人与非犯罪情境中的被害人，被害人有可能是犯罪人生活中非常重要的个人。

2. 时空的重要性

犯罪人选择犯罪的时间和空间是非常重要的，因为犯罪空间的选择反映了犯罪人对周围环境的认知模式，而犯罪时间的选择则很大程度上反映了犯罪人的活动规律。

3. 犯罪人特征

使用犯罪人分类的方法将有助于侦查人员掌握犯罪人最可能的特征。如美国联邦调查局使用犯罪人"有组织力和无组织力的"分类，戴维·肯特认为这一分类没有什么价值，因为这种分类很多情况下是交织的。肯特提出了根据犯罪人与被害人的互动关系来考查犯罪人的分类方法。根据肯特的观点，不同类型的犯罪人对被害人有不同的认知，他们可能把被害人看作是物体、工具或是人。

4. 犯罪生涯

肯特认为，在系列犯罪中，犯罪人的犯罪手段以及犯罪类型在其实施犯罪的漫长生涯中存在一个发展变化的过程，而这个过程同时是心理发展过程特点的表现。考查系列犯罪可以从这个过程中的各个阶段（甚至包括第一次犯罪之前）的行为特征入手，抓住各阶段心理特征的本质和变化规律才是解决系列犯罪案件的关键。

5. 法庭科学意识

犯罪人在现场对与个人特征有关的物质痕迹是否进行处理，可以反映其是否具有相关的法庭科学意识。这种意识很可能与其同司法机关打过交道的经历有关。

第三节　犯罪心理画像应用与评估

一、犯罪心理画像技术的实践应用

积极开展犯罪心理画像实践和犯罪心理画像基本理论构建，根据较长期的系统研究确定犯罪心理画像的技术指标体系，并以此指导侦查工作，逐步建立适合我国的犯罪心理画像技术指标体系。

（一）积极在个案侦查中进行犯罪心理画像实践

积极在个案侦查中进行犯罪心理画像实践是发展和完善犯罪心理画像的关键。从构建犯罪心理画像基本理论与个案侦查中进行犯罪心理画像实践这两者的关系看，前者要以后者为基础，即只有在丰富的犯罪心理画像实践的基础上，才能从中提炼出犯罪心理画像的一般规律、步骤、方法和要求，建立起犯罪心理画像的技术指标体系。而一旦犯罪心理画像的技术指标体系得以建立，个案侦查中犯罪心理画像的一般步骤、方法和要求得以确定，则会对侦查实践产生重要的指导作用。当前，犯罪心理画像已经被国内外侦查实践证明是行之有效的发现侦查线索的新方法、新手段，对确定侦查方向起着十分重要的作用。但就我国的情况而言，侦查实践中进行犯罪心理画像尚是零星的和不自觉的，理论研究也尚不充分。所有这些都迫切需要侦查实战部门和理论研究部门共同努力，自觉和积极地在个案侦查中进行犯罪心理画像实践并不断检讨总结，不断积累素材和经验，不断造就专业人才。只有这样，才能尽快确定个案侦查中犯罪心理画像的一般步骤、方法和要求，进而建立犯罪心理画像的技术指标体系。

（二）确定个案侦查中犯罪心理画像的步骤和方法

个案侦查中进行犯罪心理画像也需要正确的步骤和方法作指导。从个案侦查看，应确定犯罪心理画像的一般步骤、方法和要求，以保证犯罪心理画像的正确性和科学性。笔者认为，个案侦查中进行犯罪心理画像应分为两大步骤：一是要及时敏锐地发现和识别犯罪心理痕迹。由于犯罪心理痕迹主要以实物痕迹为载体，有时也以印象痕迹为载体，因此在个案侦查中进行犯罪心理画像时，要带着"已知实物痕迹和印象痕迹中哪些同时又是犯罪心理痕迹"去审视和思考，还要最大限度地收集、发掘实物痕迹和印象痕迹，及时发现和识别其中的犯罪心理痕迹。二是要从犯罪心理痕迹出发进行科学合理的联想。犯罪心理痕迹可以反映出作案人与被害人的熟识程度，以及作案人的内心需求、认知水平、道德水准、习惯爱好、人格特征、知识结构、专业技能、应变能力、犯罪熟练程度等方面的犯罪心理特征。应以此为出发点，在丰富的犯罪心理学专业知识和办案经验的基础上积极联想、比较和判断，分析和刻画作案人的犯罪心理，为侦查工作提供可信赖的线索。

（三）建立犯罪心理画像技术指标体系

犯罪心理画像技术指标体系的建立，有赖于两个方面的条件：一是采用归纳式画像方法，二是必须有较大量的个案画像的积累。归纳式画像的第二阶段就是归纳总结，是指通过大量个案的访谈，画像人员可以从中发现一些规律性的结论，即一定的犯罪行为、一定的犯罪心理痕迹与一定的犯罪心理特征相联系，而这些规律性的结论，就是犯罪心理画像的技术指标。我国由于没有开展系统的对已侦破案件罪犯进行访谈的工作，因此尚没有较系统的归纳式画像，更没有形成心理画像的技术指标体系。在美国等一些犯罪心理画像已经比较成熟的国家，已经形成和建立了相应的心理画像技术指标体系。如美国联邦调查局的行为科学专家经过长年的调查研究和经验积累发现，系列杀人案件的凶犯往往喜欢来到被害人的墓地，从心理上分析是凶犯在被害人的墓地回忆其杀人经过更能激起其变态心理的快感；系列杀人犯在少年阶段就有一些可能成为系列杀人犯的预兆，被称为"杀人犯倾向三元素"，那就是在过了某个年龄后还会尿床、纵火、对动物或较小的孩童施暴；系列杀人犯往往是警察迷，喜欢开警车式样的汽车，也喜欢和警察打交道等。这些犯罪心理画像的技术指标对个案侦查中的犯罪心理分析有重要的指导作用，尤其是办案人员的犯罪心理分析经验不足、知识和技术尚有欠缺的时候，这些技术指标更显得必不可少。比如在杀人案件发生后，警方可以观察被害人墓地出现过什么人，并注意从中甄别犯罪嫌疑人，为侦查破案提供比较具体和直接的指导。我国目前尚没有这样的技术指标，也不能盲目照搬国外的技术指标，因为国情不同，国人的心理倾向也不同。我们唯有补上归纳式画像的研究工作，完成较大量的个案访谈、分析、积累，才能建立起我国的犯罪心理画像技术指标体系。

（四）进行犯罪心理画像本土化研究

在我国，犯罪心理画像尚是一种新颖的犯罪分析方法。经过几十年的侦查实践，侦查人员已经在不自觉地进行犯罪心理分析，但这些分析往往是零散的，也缺乏系统理论的指导。为了更好地服务侦查破案，一方面要研究犯罪心理画像的本土化理论，以指导犯罪心理画像实践。另一方面要尽快从两个方面加强工作：一是要建立对已破案件罪犯的心理访谈机制，在罪犯判决后，要有专门的人员对其进行访谈，特别是一些判处死刑的罪犯，更要抓紧时间做专门安排，否则很可能会由于罪犯的被处决而失去很好的素材积累机会。通过几年的积累，就可能形成若干个犯罪心理画像的技术指标，我们所做的工作越多，技术指标体系将越完善。二是要加大投入培养演绎式画像的专门人才，因为演绎式画像人员需要有扎实的犯罪心理学、侦查学、物证技术学等学科的知识，善于从犯罪行为、犯罪心理痕迹等"症状"来"诊断"作案人的心理特征，并善于不断学习和不断用新的信息对犯罪心理的刻画做出修正，所以专业难度要远远高于归纳式画像。对演绎式画像专业人员的培养，应当从长计议，要尽快纳入公安机关人力资源开发的规划中去。

（五）犯罪心理画像适用条件

任何一门技术都有自己的适用范围和条件，犯罪心理画像这一刚刚起步的技术也是如此，如果控制不好应用的范围和条件，往往会走向歧路甚至夭折。笔者认为犯罪心理画像技术的应用要考虑以下三个方面的条件：

1. 案件类型条件

犯罪心理画像并不是包治百病的良药，并不能适用于所有的案件类型。犯罪心理画像研究的大部分是关于谋杀和强奸的案件，近年来也将这种方法运用于暴力抢劫、绑架、勒索、恐怖活动和夜盗行为等。犯罪心理画像研究的焦点一直是在系列犯罪和性侵害方面。90%的犯罪心理画像都涉及谋杀或强奸。专家认为下列八种犯罪适合进行犯罪心理画像：虐待、折磨的性攻击行为；摘出内脏的凶杀案件；对死者深砍与肢解行为；缺乏动机的纵火案件；色欲及切断手足的谋杀案件；仪式主义的犯罪；强奸案件；恋童癖。结合我国的犯罪现象和司法实践，笔者认为，系列犯罪和有变态倾向的杀人、伤害、性侵犯、爆炸、纵火等案件特别适合运用犯罪心理画像技术。

2. 侦查基础条件

犯罪心理画像离不开侦查，离开了侦查就成了无源之水、无本之木。犯罪心理画像不可能代替精心计划的侦查工作，也根本离不开老练的、受过高度训练的和掌握高超技能的侦查员。犯罪心理画像不仅需要基本的侦查结论，如死亡的时间、犯罪现场的变动情况、犯罪现场的痕迹物证，而且需要大量的犯罪细节信息，如犯罪行为的顺序、现场的位置、犯罪惯技、犯罪标记等。因此，犯罪心理画像的前提是侦查工作必须扎实、确切、细致，如果连基本的侦查结论都模糊，那就根本不可能得出正确的画像结论。

3. 画像主体条件

犯罪心理画像对画像主体提出了非常高的要求，因为犯罪心理画像是诸多相关学科的宏大论证，需要画像者掌握诸如心理学、生理学、侦查学、物证技术学、法医学、人口学、统计学等学科的知识，并具备较长时间的侦查实践经验。画像者起码应具备以下四个基本条件：（1）掌握犯罪现场遗留的全部信息；（2）了解罪犯的反常行为与言论；（3）具有积极的思维，熟悉个体特点；（4）拥有罪犯人数的统计资料。

二、犯罪心理画像技术的评估与提高

许多人对犯罪人的认识具有刻板印象和简单化假设，这在犯罪心理画像技术中应当加以克服。例如，一般人认为，银行抢劫犯大多智商较高，具有一定技术，而且有一定的个人魅力与修养。实际上，大多数的银行抢劫者是年轻的、冲动的、经历过个人危机的。许多人认为，贪污犯罪人大多是年龄较大，具有一定的信任度，而实际也并非如此。所以，在进行犯罪人特征描述时既要合理利用已有的经验，又要避免因经验所造成的刻板印象与简单化假设。

（一）犯罪心理画像技术的评估

1. 对犯罪现场分析法的评估

犯罪现场分析法即通过分析犯罪现场的事物或曾在现场的人大脑中关于犯罪的印象所反映出的罪犯心理状况，描述罪犯的行为特征，重建犯罪现场，并将许多特征拼凑合成罪犯的特征与分类。描述内容包括性别、年龄、职业、智商、居住地、个性特点、作案动机、行为特征、潜逃地点等。在美国，这种描绘主要用于凶杀案中，其程序与方法可概括为"两种描绘、三条途径和三种内容"。"两种描绘"：一指计算机描绘。其程序为：资料输入—分析研究—罪犯评估—罪犯描绘—调查—逮捕。二是人工描绘。主要通过研究犯罪行为，进而推测犯罪者个性。"三条途径"指分析犯罪现场，分析受害方，分析作案人。"三种内容"即主要通过对犯罪的计划与准备、付诸行动及案后行为三个阶段状况的分析，描绘出罪犯特征。鉴于任何类型的故意犯罪都是受罪犯心理支配的行为，我们可在不断总结规律的基础上，将该方法运用于各类案件的现场勘查中。依据心理学与行为科学理论，罪犯在现场留下心理痕迹的过程一般是：犯罪人—犯罪心理—犯罪行为—现场事物或人—现场痕迹与当事人印象。相应地，对这种痕迹的提取程序是：侦查员—现场—现场物品或有关人—痕迹或印象—犯罪行为中的主观心态—罪犯心理特征。由此，可将进行现场心理痕迹检验的方法顺序概括为：收集现场资料—单项分析—综合分析—得出心理痕迹检验结论—调查验证。在侵犯人身案件中，现场心理特征描述的程序是：现场勘查—对受害人进行检验—访问知情人—综合物质检验结果与心理检验判断—再现犯罪—罪犯人特征描述；在一般案件中这种检验则表现为：现场物质痕迹分析—心理痕迹分析—再现犯罪—罪犯人特征描述。

犯罪现场会留下犯罪心理痕迹，犯罪心理痕迹是对有关犯罪事实、犯罪物证的心理再现，它既包括对作案人的体貌、言语、行为过程的感知和记忆，也包括对与犯罪有关的各种现象、状况如火光、声响、气味以及已消失的实物痕迹的感知和记忆。印象痕迹同样能反映作案人的犯罪心理，也经常是犯罪心理痕迹的载体，当印象痕迹包含反映作案人犯罪心理的信息时，这些印象痕迹可称为印象痕迹型犯罪心理痕迹。

犯罪心理画像技术指标体系的建立是该技术趋于完善的标志。从宏观上看，应根据较长期的系统研究确定犯罪心理画像技术指标体系，并以此指导侦查工作。例如，美国联邦调查局的行为科学专家经过长年的调查研究，发现男性青少年初次暴力犯罪的侵害对象往往是老年妇人，从心理上分析是因为其对自己的犯罪能力尚缺乏信心，所以选择年老体弱的老年妇人作为侵害对象进行试验性犯罪。因此，当发生老年妇人被害案件时，现场附近有劣迹的青少年便往往会被纳入侦查视线。我国目前尚没有这样的技术指标，也不能盲目照搬国外的技术指标，因为国情不同，国人的心理倾向也不同。这就要求我们加强研究工作，尽快建立起我国犯罪心理画像技术指标体系。

2. 对刑事和行为证据分析法的评估

犯罪心理画像技术理论来源是行为主义和法庭科学。行为主义心理学理论主要包括条件反射和学习理论。学习理论认为，动物和人的行为都是学习的结果，而所有的行为都是通过经典条件反射习得的，人一生下来就具有某些简单可见的反射动作，正是这些简单的反射动作构成了他的整个行为的遗传特征；人的行为从偶然到必然，从随机到有序，逐渐形成一种稳定的行为反应模式。根据行为主义原理，犯罪人的犯罪行为实际是在其面临刺激时的一种行为模式，这种行为反应具有个性化与稳定性特征。根据其犯罪行为的外部反应现象特征，就可能刻画犯罪人的个人条件。犯罪心理画像技术产生于 20 世纪 60 年代末，当时属于归纳式的。20 世纪 90 年代以来，经与法庭科学原理运用的密切配合，在犯罪重建理论的基础上最终形成演绎式的犯罪心理画像技术。演绎式犯罪心理画像技术认为，犯罪重建构成犯罪心理画像技术的基础。犯罪重建重在解决"发生了什么"以及"它是怎样发生的"等涉及犯罪行为过程的问题，重在回答隐藏在行为过程及其特征背后的犯罪动机和罪犯的人格特征，即"犯罪为什么会发生"和"是什么人实施了犯罪行为"的问题。犯罪心理画像技术只有在对犯罪过程进行准确、全面重建的基础之上才能有效进行，否则，犯罪心理画像技术的结论就会因为缺少客观的事实前提而丧失价值。

演绎式犯罪心理画像技术的理论假设包括：（1）无动机则无行为；（2）每一罪行都应被视为具有独特的行为方式或犯罪动机；（3）同类犯罪之间的不同犯罪者常常具有不同的动机与行为；（4）由于环境和遗传因素的影响，所有人的行为的形成都具有个性；（5）随着时间的流逝和犯罪行为的反复实施，特定犯罪者的犯罪手法也会不断变化。以上述理论假设为前提，并依据特定资料来源并遵循与之适应的分析思路，就可以进行演绎式的推论：（1）根据行为证据进行的推论。在着手进行犯罪人特征描述工作之前，必须将现场采集的证据资料进行检验、分析。依据证据所揭示的事实，才能确保特征描述工作中对犯罪行为和犯罪现场特征所进行的分析具有全面性。（2）根据犯罪现场特征进行的推论。根据对各种刑事报告、科学证据以及所有证据记录文件的分析，揭示出犯罪发生时犯罪人、被害人和犯罪现场之间互动关系的性质。在系列犯罪案件中，如系列强奸案件、系列凶杀案件，随着这些资料的不断补充、确定，犯罪现场的特征也会被固定下来。而在单一犯罪或多重犯罪案件中，犯罪现场特征有助于推断出罪犯的动机、犯罪手法和签名式犯罪行为的目的。（3）根据犯罪人-被害人关系研究进行的推论。在某次犯罪或犯罪人经历的所有犯罪中，通过犯罪人所选择的被害人的特征，可以引导侦查人员对犯罪者的动机、犯罪手法及签名式犯罪行为进行适当的推理。演绎式犯罪心理画像技术一大特点就是通过犯罪手法和识别标志行为来推断其人格特征。犯罪手法是一种习惯性的、经学习而形成的行为，随着犯罪经验的增加，犯罪手法也会发生变化。犯罪手法只包括那些实施犯罪所必要的行为。识别标志行为又称仪式性行为，包括选择性行为与多余行为。选择性行为是指在诸多可供选择的犯罪方式中选择符合其人格特点的行为，如对作案时间、地点、作案工具和犯罪对象的选择，在不同案件中对同一犯罪顺序的选择，以特定的方式处理尸体和现场，等等。多余行为则是指那些实施犯罪所不需要的行为，最典型的当属变态行为，这些行为与其人格特点和犯罪环境有着密切的联系。识别标志行为与其独特的人格幻想有关，如同个人签名的唯一性特征一样，从而使犯罪人在现场的行为具有与众不同的性质。对犯罪手法和识别标志式犯罪行为的研究在犯罪分析中具有越来越重要的地位。

演绎式犯罪心理画像技术具有四个基本特点：一是逻辑思路是从一般到个别，即依据一般的法庭科学理论对犯罪现场的个别现象进行分析，而不是依赖于过去案件的统计分析来确定现实案件的特征。二是注重现实案件的"个性"，包括犯罪现场的个性和犯罪人的个人特征，这些个性或特征是其他同类案件所不具备的特殊之处。三是注重对犯罪主观特征，尤其是对犯罪动机和犯罪人格的分析，以犯罪动机为切入口，掌握犯罪者全面的个人特征。四是可以随着犯罪的重复发生和调查过程的深入而不断进行分析资料的补充，并对犯罪人特征不断修正、完善，使之更加符合实际并趋于具体化。真实、具体的犯罪心理画像结论能有效地缩小嫌疑人的范围，并使侦查工作更加容易。

（二）犯罪心理画像效果的提高

虽然犯罪心理画像技术可以使侦查人员找到新的侦查方向，但不应把特征描述作为解决犯罪案件的唯一途径。犯罪心理画像技术毕竟是一种假设，在实践中这种假设并非都是正确的，所以侦查人员的思维要有一定的灵活性，不能固执于某一特征描述的结论。

1. 选择犯罪心理画像技术的案件

人具有个体差异，不是所有杀人犯都是相似的。杀人行为大致有两个基本类型：一是有预谋、有计划和有理智的杀人；二是激情冲动下的杀人或杀害致死，这是没有预谋的杀人。在犯罪人实施了有计划的犯罪中，以及犯罪人有某种精神病态的案件中，进行犯罪心理画像技术可能效果更好。已有研究指出，一个有正常行为模式的人，会有更多的识别标志性动作，在其行为中表现出一种独特的模式。因此，行为发生地会留下更多异常的线索。为了使犯罪心理画像获得成功，很有必要揭示犯罪人的人格或识别标志。根据现在的研究结果，系列犯罪、纵火犯、爆炸犯等比较适合做犯罪人特征描述，而且已有研究建立了犯罪心理画像技术的评价指标。

2. 合理平衡犯罪心理画像所存在的缺陷

犯罪心理画像技术存在着两个缺陷。

第一个缺陷是：假设一定范围内的犯罪人具有相同的人格特征是不切实际的。如果没有这一假设前提，犯罪心理画像将无法存在，因为犯罪心理画像从本质上是提供一种分类。尤其在犯罪心理画像中使用一些心理量表，所揭示的往往是犯罪人的人格都是相同的，而且利用心理测试的报告具有过多的相似性，这一假设还暗含了犯罪人的人格特征具有一定的稳定性。在实践中侦查人员总追求从犯罪心理画像中获得更多的、更具体的信息。例如，对有组织力的犯罪人的一般特征作出如下评价：（1）年龄，这类犯罪人的年龄大体上与被害人相当；（2）婚姻状况，这类犯罪人大多已婚，往往与伴侣在一起或者与某一妇女有重要关系；（3）汽车，拥有中档汽车，汽车颜色可能是黑色，保养良好。这里就存在着两个矛盾：一是犯罪心理画像描述具有相同的人格与犯罪人本身的个体差异性之间的矛盾；二是犯罪心理画像的模糊性与侦查人员的期望获得具体、清晰的描述之间的矛盾。

第二个缺陷是：具有所描述特征的人是多数的，而实际案件中的犯罪人只有一个或几个，即圈定的侦查范围往往过大。这也是一个矛盾，即案件中的犯罪人数量的特定性与符合描述特征的不特定的多数人之间的矛盾。

所以，不应当过于夸大犯罪心理画像技术的作用，应当将犯罪心理画像技术与其他事实证据结合起来，将犯罪人留下的心理痕迹与物质痕迹结合起来，综合地确定侦查范围。而且侦查人员还应当具有概率性思维方式。

第六章　侦查心理研究

第一节　犯罪人作案过程心理

一、犯罪人在犯罪准备中的心理特点

在犯罪行为过程的不同情境中，犯罪行为人的心理状态往往有不同特点。研究犯罪人在作案全程的心理变化，就是研究在犯罪准备、实施及犯罪后情境中主体的心理状态及心理活动规律。这对于打击、预防犯罪显然是有意义的。犯罪人在犯罪准备中的心理特点表现如下。

（一）犯罪准备的形式

犯罪准备包括三个方面：一是犯罪的心理准备；二是犯罪的物质准备；三是犯罪的对象准备。

1. 犯罪的心理准备

犯罪人在实施某项犯罪之前，首先要进行心理准备，也就是确定犯罪动机。犯罪行为是在犯罪动机支配下进行的，犯罪动机则是在一定需要基础上产生的。因而，需要—动机—行为具有时间上的延续关系，也就是主体先产生了某种需要，然后就有了一个以何种方式满足需要的选择问题。由于行为方式体现了行为的性质，决定了行为的后果，不同方式对个人意义也不同，这就必然引起心理冲突和动机斗争。经过激烈的思想斗争，个体认为通过犯罪手段可使自己的需要得到满足，对这种满足的渴求和期待压制住了可能受到的惩罚所带来的恐惧和顾虑。这是犯罪人思想斗争、利弊权衡的结果，其选择了犯罪的手段并排斥了其他的手段。一般来说，犯罪人经过了思想斗争，在冒险心理和侥幸心理占据了主导地位之后，当其遇到适宜的外部条件时，

就会导致其形成犯罪动机。犯罪动机的形成标志着犯罪心理准备的完成。犯罪动机的强度标志着犯罪心理准备的程度。

2. 犯罪的物质准备和对象准备

在犯罪心理准备的同时，主体也在进行着犯罪的物质准备和对象准备。所谓物质准备，也就是为犯罪准备工具，选择作案时间、路线、地点等活动。对象准备，即确定作案对象。

犯罪的心理准备、物质准备和对象准备三者之间是互相联系、互相制约的。首先，犯罪的心理准备与对象准备有密切关系。在有些案件中，犯罪人的心理准备就是针对未来的受害人进行的。在这种案件中，犯罪的对象实际上是先于犯罪心理准备的完成而存在的，而且具有确定性；还有一些案件是在犯罪心理准备完成后，去有意识地寻找犯罪的对象，这种犯罪的受害人具有不确定性。犯罪的心理准备与物质准备亦有密切关系。犯罪的物质准备是在犯罪心理准备完成后进行的，犯罪心理准备的程度即犯罪动机的强度制约着物质准备的状况。例如在一个杀人案例中，犯罪人为达到杀妻的目的，多次准备了犯罪的工具和手段，先是准备用投毒的方法杀害其妻，并已经着手准备作案工具；此计未成后，又准备用电击将其致死或用绳索勒死；最后采取了从悬崖上将其推下摔死伪装成意外事件的残忍手段。这种周密的准备和手段的多重选择，说明了犯罪人犯罪动机的强度。犯罪的物质准备、对象准备、心理准备与主体的知识、能力、性格、情感、意志、经验等有密切联系，与当时的客观情况特别是个体对外部情况的认知亦有密切联系。犯罪手段的选择、犯罪步骤的设计、犯罪计划的安排，都可以折射出个体的认识、情意和个性特点。换言之，犯罪人的认识、情意和个性品质制约着犯罪准备的状况。

（二）犯罪人在犯罪准备中的心理特点

1. 紧张

犯罪人在犯罪准备阶段，大多忐忑不安，情绪紧张，心存恐惧。这是因为大多数犯罪人知道自己行为的性质和后果，必然伴随着相应的思想斗争和心理冲动。虽然经过斗争，其侥幸心理占了上风，但引起紧张、不安的原因并未消除。

2. 挫折感

犯罪人在犯罪前往往伴有强烈的心理感受，因而集聚起来一定的破坏性能量，如不能发泄出来，心理上严重的失衡状态就无法恢复平衡。这种情况在报复型、激情型、情感型的人身犯罪中表现最为突出，即便是一般财产犯罪，犯罪人在实施犯罪前往往也有很强的挫折感。当然，引起其挫折感的人和事是不明确的，或者仅仅是想象的，其犯罪对象也往往是不明确的。

3. 合理化

犯罪人之所以能够确立犯罪动机，与其犯罪前的犯罪合理化认识的形成有密切关系。一般来说，犯罪人的人格当中，也有一些尚未泯灭的理性、良心、道德、法律意识，它们作为抑制犯罪意识的因素起着阻碍犯罪动机形成的作用。但是，犯罪将要获得的利益和快感的诱惑，使他们必须寻找一个合理的理由来抵消由于自己的良知所带来的压力，以缓解心理冲突。于是，种种为自己走向犯罪开脱的"合理化解释"便出现了：如"马无夜草不肥，人无外财不富""我本来不想这样，是情势所逼不得不如此""他们罪有应得，这是报应""我命中有此一劫，看来要应验了""我这样做不是为我自己，而是……"于是就变成"心安理得"，遏制犯罪心理形成的堤坝溃决了。合理化认识是大多数犯罪人准备犯罪、形成犯罪决意时的共同心理特点。

二、犯罪人在实施犯罪中的心理特点

（一）犯罪人在作案中的心理特点

犯罪人在作案过程中，必然存在某种程度的心理失衡。这种心理失衡是以紧张、惊慌、恐惧和亢奋的情绪为主导的。尽管许多犯罪人在作案前都进行了准备，有的甚至对犯罪的步骤和对可能出现的情况的应对措施也进行了策划，可一旦进入现场即将实施犯罪时，现实的巨大风险与强烈的作案动机混杂在一起，使其产生一种欲罢不能、骑虎难下的极度矛盾冲突的心态。这种心态会加剧恐惧心理和紧张情绪，使其意志难以有效控制器官的活动。所以，大量案犯在作案时都会出现动作慌乱、神态紧张的表现，这就使得犯罪人在作案时极易出现某些破绽和痕迹，从而为侦查破案提供了线索和证据。就情境型的犯罪来说，情绪的亢奋是较为突出的心理特征，但它不同于一般的情绪紧张。因为后者不仅不会使人手足无措，而且会使人的行为指向高度集中，思维活动完全为这种亢奋的情绪所控制。

（二）心理失衡的生理反应及表现

犯罪人的犯罪活动往往不是一个短暂的瞬间，而是有一个相对较长的延续过程，特别是近年来较为常见的走私、毒品、组织偷渡等犯罪活动，甚至其作案过程一直延续到受到盘问、检查时。所以，了解这些犯罪人在作案时的心理特点及其表现，有助于识别违法犯罪人。犯罪人在作案时出现的心理失衡，会导致生理上的一些变化并从外部表现出来。这种生理变化是由于违法犯罪人既想蒙混过关或减轻罪责，又担心被揭穿而引起的异常反应，主要包括：呼吸速率和容量异常，做功加大，耗氧量增加；心跳、脉搏加快，血压升高，血量加大，血液化学成分发生变化；体温微升，严重的会有出汗现象；胃脏收缩，消化液分泌异常；更多肝糖进入血液，脾脏送出更多血液，以适应输氧量的增加；眼睛瞳孔放大；肾上腺释放更多肾上腺素进入血液；等等。这些生理反应从外部来看，则可能有下述表现：目光不敢直视对方，有时目光朝下，有时目光游移不定；有出汗现象，最易出汗也是最应注意的部位是双眼之间、上唇及手上；脸部或颈部过分苍白或发红；呼吸加快或减慢；嘴、舌、唇干燥；音调变化，言语无条理；肌肉或肢体不由自主地动作或过分僵硬；言语上，坚决声明自己无过错、无违法犯罪行为；有的则在办案人员放弃对其的检查时，出现松一口气的声音或表情。

（三）影响心理失衡的因素

一般说来，犯罪人在作案时的心理失衡是难以抗拒的心理现象。但是，人的心理的复杂性在于，人的心理状态同样也受到当时主观条件的影响和制约，犯罪人在作案时的心理状态也同样如此；因此当主观条件不同，犯罪人的心理特点便表现出差异，所谓心理失衡也就会有程度的不同。具体来说，影响其程度的因素主要有以下几点。

1. 犯罪经历

犯罪经历不同，犯罪人在作案时的心理稳定性便有所不同。初犯常常显得相当紧张恐惧，动作慌乱；而惯犯、累犯在作案时，心理相对稳定，甚至有的惯犯在作案时还会出现情绪的兴奋、亢奋状态。国外有的学者调查发现，在进行犯罪活动时，能若无其事作案的，惯犯占58%；然而对于初犯而言，有计划地作案的初犯只占17%，而恐惧慌乱、不顾一切的初犯高达83%。

2. 犯罪人的个性

犯罪人的认识、情感、意志、态度无不影响着他在作案时的心理稳定性。就认识方面来说，犯罪合理化的认识、反社会的认识和对受害人的仇视是促使作案时心理稳定的因素，而犯罪人心目中尚存的法律意识、罪责感、道德意识等则是导致其心理波动的因素；就意志方面来说，较强的自制力、独立性、坚持性等方面是促使作案时心理稳定的因素，而意志薄弱者则会有更强的恐惧和紧张感；就犯罪人的性格来说，具有残忍冷酷性格的人，作案时心理较稳定，而尚有同情、怜悯之心的犯罪人，作案时心理波动更强烈。

3. 作案准备程度

就心理准备而言，犯罪动机越强，越会不顾一切地去实施犯罪，越不易受犯罪现场其他因素的影响；就物质准备而言，作案的准备越充分、预谋越周密，作案时心理越稳定。

4. 情景因素

犯罪情景中的因素，如受害人，当时的时间、地点，现场其他人的态度对犯罪人的心态都有重要影响。例如，受害人适时有力的反抗可以使犯罪人情绪紧张、心理恐惧而放弃进一步犯罪，无谓的反抗有时会使犯罪人出现更强的激情爆发，导致更严重的犯罪恶果，而受害人的软弱可欺则会促进犯罪人作案时的心理稳定。

5. 犯罪的组织性

一般说来，多人共同作案可使犯罪人产生责任分散和安全感。所以在一般共同犯罪、团伙犯罪和集团犯罪中，犯罪人的恐惧感、紧张感较单独进行犯罪的人要少得多，犯罪心理稳定性更强。

三、犯罪人在作案后的心理

犯罪人在准备和实施犯罪的过程中，往往存在一种一意孤行的亢奋的犯罪冲动。在作案结束后，犯罪人的犯罪冲动冷却下来，回顾作案经过，面对作案"成果"，想到可能受到的惩罚，将会出现种种复杂的心理状态。这种心态具有"积极"与"消极"两种表现，所谓"积极"与"消极"并不是就其内容的价值和意义来说的，而是就其需要的满足状况和外部表现来说的。犯罪人作案后，表现为"积极"的心理特点主要有：侥幸、满足、得意、快感等。这种"积极"心理的产生，是由于其需要得到了满足，而又未意识到或者轻视将要受到的惩罚和威胁，因而其心理处于兴奋状态。在这种"积极"心理的支配下，案犯常常会有炫耀、挑衅、超常消费、连续作案等表现。犯罪人作案后表现为"消极"的心理特点主要有：紧张、忧虑、悔恨、恐慌等。这是由于其犯罪行为未能完全满足自己的需要或者受到外力的阻碍如受害人反抗、其他人制止或被人发现因而动机未能实现，或者虽然犯罪得逞了、动机实现了，但却感到了公安机关即将破案的压力以及自身安全和犯罪既得利益受到威胁。在上述"消极"心理支配下，犯罪人常有逃避、自首甚至自杀等表现。

有的犯罪人只有"积极"或"消极"的心理表现，有的犯罪人则兼有"积极"和"消极"两种心理表现。在这些犯罪人身上，两种相互冲突、对立的心理活动的互动作用常常会使他们出现一些假象反常的现象。所谓假象反常，即犯罪人认为蒙蔽侦查视线逃避罪责而出现的某些异常的行为表现。

这些外部行为表现是犯罪人有意制造的假象，这与正常情况是不同的，因而称之为假象反常。假象反常是犯罪人感到了外部威胁，又心存侥幸心理，在妄图维护既得利益的心理状态下产生的。其外部表现既不完全等同于"积极"心理，也不完全等同于"消极"心理，而是以某种举动掩盖犯罪事实，这种掩盖的动机是极为强烈的，因而外部表现反而显得反常，这种反常主要有：第一，反常的积极。表现在平时工作并不积极，也没有集体观念，不关心他人；案发后，却一反常态，积极工作，乐于助人。第二，反常的老实。平时为人处世凶狠刁蛮、蛮不讲理；案发后却变得老实、温顺、谦让。第三，反常的俭朴。平时花钱大手大脚，并无节俭意识；案发后却变得节俭异常，正当的消费也小心谨慎。第四，记忆反常的清晰准确。按照一般心理规律，一个人对自己所接触过、感知过的事物，特别是无意识记忆的事物，并不是都能牢固、清晰、准确地记忆，相反常有不连贯、不准确的现象，可是犯罪人在受到审查时，却能把当时的情况说得无懈可击，实际上这正好说明他是想隐瞒什么，开脱自己。第五，行为活动反常的有规律。一些犯罪人在案发后受到审查时，往往把自己作案时的活动说得清清楚楚，甚至每个时刻的活动都能找到证明人，似乎每个细节都是事先设计好的。这种极有规律的活动，正好说明他是有备而为之。值得注意的是，反常现象有时易被忽略，因为这种假象常常是被审查者为迎合侦查人员的心理活动而采取的。

第二节　证人心理

一、证人认知影响因素

证人是指案件当事人之外的能对案件提供情况或证据的非当事人。证人在案件发生前、发生中或发生后与案件中的人和物发生过联系，对案件事实部分或全部知情，或能提供相关证据。由于这种非当事人的身份，相对于犯罪嫌疑人而言，证人处于中立地位，证人提供的证言或提供的证据一般被认为是客观的，对案件审理保持客观公正性具有重要作用，因而警察和法官在侦办、审理案件时十分重视证人证言。但是相对于物质证据而言，证人受自身生理和心理等因素影响，其中主要受知觉特性和记忆特性影响，其所说的证词并不能保证完全客观，如果受个人情绪情感或价值倾向的影响，还可能拒绝作证或作伪证。警察需要对可能影响证人证言客观性的生理和心理因素做深入的理解和研究。

（一）影响证人认知的外部因素

心理学研究表明，许多因素对人的知觉、记忆过程产生影响。具体说来，对人的认知过程产生影响的因素有以下几个。

1. 时间因素

如果知觉的时间太短，证人就无法感知或只能作不完全感知。案件发生时，如果犯罪人作案迅速，时间太短暂，证人往往不能形成确切的感知，而如果作案时间长，证人对犯罪人的行为有充分的时间感知，则能获得较深刻的印象。取证时间距离案件发生的时间长短会影响记忆的保持。证人所感知到的犯罪信息会随着时间的推移而逐渐减退、淡忘、扭曲，甚至张冠李戴。因此，在接到报案后侦查人员必须尽快赶到现场，积极地调查询问。

2. 事件的细节

案件发生时，事件细节本身的特性对细节是否容易被记住有影响。如果某些细节醒目或者特殊，有别于常态，或者这些细节对证人有某种特别的意义，则容易被记住；反之，则不易被记住。例如，案发时犯罪人穿了一件颜色鲜艳的衣服，而周围的人穿着的都是素色的衣服，犯罪人的衣着就很显眼，容易被记住。又如，犯罪人咳嗽的声音同证人很熟悉的人相像，则证人很容易形成联想，事后就容易回忆起来。

3. 情境因素

证人回忆案情时，如果情景条件与犯罪现场的情景相似，则容易回忆起案件事实和情节，否则，则难以回忆。证人向公安、司法人员陈述时，如果情景气氛严肃或询问人员态度生硬粗暴，就容易抑制证人对案情的回忆。

4. 事件的严重性

犯罪过程中，破坏性越大，情绪反应越大，证人对它回忆的精确性和完整性也就越差。犯罪事件对于证人越重要，证人对事件留下的印象越深。一般而言，那些与证人有关的案件的人、事、物能引起他的注意并加以记忆，而无关案件则往往被忽略。在能引起识记兴趣的案件中，证人的努力程度、识记效果的好坏与案件对其重要程度密切相关。

（二）影响证人认知的内在因素

1. 唤醒水平和应激状态

知觉的唤醒水平不同，个体在知觉案情时的注意力及精神紧张程度不同，知觉的效果也就不同。唤醒水平越低，个体对知觉对象越容易注意分散，精力分散，易于疏忽遗漏有关情节。但唤醒水平过高会使个体处于高度的应激状态；高度紧张会降低其观察力，忽略重要情节。中等的唤醒水平既可以使注意力集中、情绪适度紧张，又使知觉清晰、完整。

在知觉案情过程中，案情的性质、严重程度不同，对证人知觉唤醒水平有不同影响，知觉也表现出不同特点。一般来说，在不引起强烈应激状态但又能使证人处于中等唤醒水平案件中（如盗窃案），其证词较为可靠；而在激情犯罪或那些不引起证人兴趣的轻微案件中，由于证人的唤醒水平过高或过低，对案情的知觉不完整，所以证词的可靠性低。

2. 期望错觉和定势偏见

期望是人对知觉对象所抱有的态度和心情，是人在过去经验的基础上产生的对自己或他人的行为结果的某种预测性认识。期望错觉，是指由于期望，使人对事物及人产生不正确的反应。在人们知觉过程中，由于主观期望指导人们在感知事物时搜寻特定的信息，倾向于去看、去听所期望看到、听到的事情，而不能客观地按照事物的本来面目去认识它，从而产生知觉失真、错觉。在刑事案件中，某些证人在自己主观经验或他人暗示的影响下，会产生"期望错觉"，干扰对案情的认知。如有的人认为抢劫犯罪人都凶神恶煞、面目狰狞，在目睹歹徒抢劫时，脑子里会闪现已储存的抢劫犯罪人的固有形象，而对目前的抢劫犯罪人的面容视而不见。

定势偏见也就是先入为主，证人在辨认时可能会根据自己头脑中固有的定势偏见加以认定，定势偏见是个体对特定的人、特定的事物的一种定型看法。它像期望错觉一样干扰人的观察，使人产生错误的知觉。偏见是证人在知觉案情时，往往把自己对人、对事物的态度、看法掺和进去，根据自己头脑中固有的偏见去认定"可疑人""可疑情况"及"反常迹象"等。例如，有的证人在知觉案情时由于对犯罪人没有观察清楚，并对某人有偏见，认为他最有可能作案，就会把某人和犯罪人联系起来，认定是他作案。在研究中人们发现，似乎男性比女性更易受偏见的影响。

3. 记忆的干扰和抑制

有记忆就有遗忘，遗忘的原因，除了随时间的推移记忆发生减退之外，也是因为人们在知觉和回忆之间受到其他刺激的干涉所致。先前的经验和知识对识记后来的知识有干扰和抑制作用，后来的经验和知识对先前的经验和知识也有干扰和抑制作用。著名的"自由回忆的系列位置曲线"可以作为很好的证明。

4. 证人的年龄

年龄对于记忆有明显的影响。一般而言，人们在青少年时期记忆力最强，到了成年以后逐渐呈下降趋势。老年人由于生理机能逐渐衰弱，记忆力也逐渐下降。实验证明，60 岁老人对于非专业性材料的记忆能力比 20 岁青年人低 40%。在记忆的方式和方法上也有年龄差别。少年善于机械记忆，青年人及成年人善于意义记忆，即通过对事物意义的理解而记忆，而老年人则擅长回忆而不善于识记。性别差异导致心理差异，使男女的记忆也有明显不同。女性的记忆更容易受情绪的影响，而且善于记细节，比较注重案件当事人的服饰。男性更倾向于记事件的过程，比较粗略，注意整体把握，比较注重当事人的容貌。另外，证人的健康和精神状态也是影响其知觉主动性和知觉水平的重要因素。

二、证言可靠性审查

证言的审查是指公安、检察、审判人员对证言的真实可靠性及其证明价值所做出的评价。审查判断证言是诉讼中证明活动的关键一环。这是因为，法律要求证人证言本身真实可靠，没有任何矛盾，而且还要和其他证据有密切联系，互相印证，互相补充，从而形成一个科学的证据整体。要达到这一要求，就必须对证言进行严格的审查。审查证言首先要审查证言的合法性。即审查收集证言的人员、证人的资格以及收集证言的方法和程序等是否都符合法律的规定。其次，要审查证人证言的来源。证言必须来自证人对案情的直接感知或转述他人对案情的直接感知，道听途说和谣传都不能作为证言。

证言的审查是一项严肃的复杂细致的工作，需要综合运用证据学、逻辑学，特别是心理学的知识。下面是几种基本的判断证言的分析方法。

（一）对证言形成的心理分析法

证言形成心理分析法就是通过证人证言形成过程的心理分析，对证言的真实可靠性作出判断的方法。证人感知到客观存在的案件情况后，便将案件情况的印迹留在头脑之中，经过头脑的"加工"，再向公安机关、人民检察院、人民法院陈述有关案件情况。因此，证人证言的形成过程可以分为感知案情、记忆案情和陈述案情三个相互联系的阶段。在这三个阶段中，感知案情是记忆案情的基础，没有对案情的感知，就谈不上对案情的记忆；记忆案情又是陈述案情的基础，没有对案情的记忆，就无法陈述案情。然而，这不等于只要证人正确无误地感知案情，就能原封不动地记忆案情；也不等于只要证人对案情感知无误、记忆正确，就能陈述真实可靠的证言。在这三个阶段中，由于种种因素的影响，证人提供的证言可能不真实可靠或不完全真实可靠。因此，在通过证人证言形成过程的心理分析法去判断证人证言的真实可靠性时，要注意以下几点：（1）分析和确定证人的感知能力、记忆能力和陈述能力。证人的这些能力对证言的真实可靠性有直接影响，许多误证都与此有关。可以通过检测工具测定，如用色盲检测表测定证人有无色盲；用心理量表测定其记忆能力和注意力等。通过对证人年龄、职业、文化程度的分析，可以推测证人这些能力的差异对证言真实可靠性的影响。例如：年老的证人容易遗忘；来自印染行业的证人关于颜色的证言比一般人要可靠。（2）分析证人证言形成过程中受到哪些心理因素的影响。例如：紧张不安和恐惧的情绪容易使证人在感知案情时产生错觉，陈述案情时出现回忆障碍，前面我们讨论过暗示也会影响证言的真实可靠性。（3）分析证人证言形成过程中受到哪些客观因素的影响。例如，感知案情过程中光线的强弱、距离的远近、时间的长短、记忆案情过程中时间的间隔、陈述案情过程中的环境和气氛等，都会影响证言的可靠性。

（二）对作证动机的分析

作证动机分析法就是通过证人作证动机的分析，对证言的真实可靠性做出判断的方法。证人作证动机复杂多样。要对证人的作证动机做社会心理学的分析，以发现证人有无作伪证的动机。其分析方法有以下几种：（1）分析证人与犯罪嫌疑人、被告人、被害人及他们的亲属有无利害关系，与案件的处理结果有无利害关系，利害关系的程度如何。例如，与犯罪嫌疑人、被告人及其家属有利害关系的证人，容易产生包庇犯罪嫌疑人、被告人而作伪证的动机；与被害人及其家属有利害关系的证人，则可能产生捏造事实或夸大事实而作伪证的动机。证人与案件处理结果有利害关系，也很容易产生作伪证的动机。利害关系的程度越大，产生作伪证的可能性就越大。（2）分析证人有无受到犯罪嫌疑人、被告人、被害人或他们的亲友的威胁、利诱或求情。若有，证人就可能产生为包庇或诬陷犯罪嫌疑人、被告人而作伪证的动机。（3）分析证人在讯问过程中，是否受到讯问人员的诱骗、威胁甚至刑讯逼供等非法对待。若有，证人就可能产生为保全自己而作伪证的动机。（4）了解和分析证人的个性品质，特别是法制观念、道德品质、一贯表现等。法制观念不强、道德品质不良、一贯表现不好者，容易产生作伪证动机。（5）证人主动作证、被动作证或拒绝作证。了解证人的作证动机有助于对证言的审查。

主动作证是指证人在案发后主动检举犯罪人，提供案件情况，或在审判时主动到庭作证，证明案件事实。主动作证的动机有：正义感、义务感、友情、报复、私利、虚荣、谎言欲。被动作证是指证人本不想作证，但在外力作用下不得不作证。这种作证动机主要有以下几种：中和态度、碍于情面、事不关己、个人得失。被动作证与拒绝作证不同，经耐心工作，一般能如实作证。但证人在作证时有时仍有吞吞吐吐、欲言又止、漫不经心等表现，对此询问人员应认真询问，争取使证人将所知道的案件事实全部陈述出来。拒绝作证是指证人本已感知案件情况，却拒不到场或到场不陈述案情。拒绝作证的动机有：安全需要、庇护、怕麻烦、缺乏义务感、恻隐之心、羞耻感、报恩、报复、虚荣心、贪利、抵触。

（三）关联分析

关联分析是指对证言与案件之间的逻辑联系和适应性的评断，分析证人证言与案件的事实、情节是否直接或间接关联，以判断证言真实可靠性的方法。关联分析还包括关联程度的分析，即从证言对案件事实在证明意义上的大小加以判断，以确定该证言证明力的大小。从关联程度上看，可把证言分成直接证言和间接证言。

关联性不是证据的内在特征，它反映的是证据资料与案件事实之间有无关联的问题。关联性是任何证据具有可采性的前提条件，但有关联性的证据却也可能因某种利益或原则的考虑而被排除使用。关联性容易识别，但不容易被描述。它实际上是一个经验事实的判断问题，凭知识和经验对证据的关联性做出理性的反应。

（四）对比分析

对比分析是通过证人证言之间，证人证言与其他证据之间的对照比较，分析证言真实可靠性的方法。这种方法要求分析：同一证人的证言有无矛盾；证人与证人之间的证言有无矛盾；证言和其他证据有无矛盾。对比分析时要注意：有时表面上看起来无矛盾的证据材料也可能是不真实的。如其他多数证人的证言之间无矛盾，可能是集体询问和串证的结果；其他证言同供词的一致可能是事先串通好的；证据之间没有矛盾可能是出于偶然的巧合。

（五）对询问记录的分析

对询问记录的分析是从实际询问记录中发现判断证言真实可靠性的信息资料的方法。使用这种方法，首先要求尽可能正确无误地记录询问和答问的内容。询问和答问必须逐字逐句地记下，最好能录音尤其是录像。其次要发现询问人员是否采用了有暗示性的发问方式或其他暗示方式，辨别证人是否接受了消极暗示的诱导。如果这人接受了询问人员消极暗示的诱导，其证言的真实可靠性就值得怀疑；如果证人没有按照询问人员的暗示意图而作答，那么，这种证言的真实可靠性就大些。这种情况下，如果将问答录音，就可将证人对各个问题的反应时间和声调变化都记录下来；如果能进行录像，就可以了解到证人回答时的表情。通过对询问录音、录像的分析，便可能多方面获得用以判断证言真实可靠性的信息资料。

判断证言的真实可靠性，应配合使用以上五种方法，才能得到较为正确的判断。

三、证人的知觉错误及应对

知觉是人脑对直接作用于感觉器官的外部客观事物整体属性的反映。对客观事物正常的知觉依赖于功能正常的感觉器官和神经系统，依赖于客观事物的环境和条件，同时还依赖于个体的知识和经验。知觉具有选择性、理解性、整体性、恒常性，人还会产生错觉。当证人根据自己的经验去选择信息时，就可能漏掉相关信息，如文化程度比较低的人或对新的电子产品不熟悉的人，一般不会注意到内容深奥的语言信息或电子产品信息。当证人依据自己的知识经验解读信息时，信息就带有很强的主观性。当证人的知觉恒常性起作用时，对物体的大小、形状以及颜色的知觉都会缺乏客观性，如夜间物体的颜色，有人指认在夜晚盗窃后逃跑的人穿的是黑色衣服，但真正作案的人穿的是紫色衣服。错觉也是经常发生的现象，如距离错觉、时间错觉、形重错觉等都会对证人作出正确的证言形成障碍。

应对证人知觉错误的根本方法就是要加强调查和验证。人的知觉是一种精神现象，就一定会带有主观性。主观上对事物的认识与实际是否一致，可以通过实地调查来验证。证人对案情的表述需要与案件现场的时间、地点、情节、人物、物品细节进行比对。对任何通过比对发现的逻辑问题都要进行仔细研究，以防因为证人的知觉错误而导致冤假错案。

四、证人的记忆扭曲及其应对

记忆是过去经历的回忆或再认，是一种纯精神现象。记忆会随各种条件的变化而变化。案件发生过程中，当事人或其他目击者往往处于应激状态，证人的记忆在这种情况下就有可能出现扭曲现象。

（一）证人记忆容易发生错误的因素

1. 自然条件、环境因素

自然条件、环境因素会对人的记忆发生影响。时空条件、背景色彩和物品的状况等都会影响人对过去经验的回忆和再认，再认的结果会有差异，将物体与背景色彩的差异变小或变大对再认或记忆也会有相应的影响。

2. 加工深度因素

经历过的经验被存放在记忆深处，完全不再去触碰，很长时间后再回忆或再认，这与在这期间有过复习再去回忆或再认，效果是完全不一样的。当事人如果在案件发生后多次接触过与案件有关的信息与一直没有接触过有关信息相比，前者的印象一定深刻得多，回忆或再认的正确率也会高很多，而后者的错误率会高很多。

3. 情绪状态因素

情绪处于愤怒、悲痛、压抑等状态，易让证人的回忆或再认发生错误。特别是办案人员的态度粗暴导致证人有逆反情绪时，记忆发生错误的机会会增多。

4. 其他因素

影响证人记忆发生错误的其他因素还包括识记后的活动是否对当事人记忆发生干扰，是否有前摄抑制或倒摄抑制；识记与回忆之间的间隔时间是否很长；是否有提问的暗示性。

由于有上述影响正确记忆的因素，因此警察应在询问过程中时刻注意到有可能使证人记忆受到影响的因素，做好相关处置工作，保证询问的结果客观正确。

（二）保证证人记忆正确的应对措施

1. 确保证人正常的记忆功能

所谓正常的记忆功能，是指记忆主体的机体和情绪都是正常的。记忆是人脑对外界信息编码、存储、提取的过程。人们会对感知过的信息、思考过的问题、体验过的情绪留有印象，并在特定情况下重新回忆起来。记忆是脑细胞的一系列生理运化过程，记忆的任何一个环节都离不开完善的神经生理机制，因此健康正常的大脑功能是正确记忆的基础。所以，作为案件的见证人首先应是健康的正常人和有一定心智水平可以正确描述事件经过的儿童。人的记忆还会受遗忘的影响。目前关于遗忘的原因的理论有衰退说、干扰说、压抑说、提取失败说。这些理论中列举了很多不能正确记忆的原理，其中一个重要原理是人的情绪对记忆材料的回忆或提取有抑制和干扰作用，一些令人痛苦、不愉快和忧愁的记忆常常容易被潜抑在潜意识中引起遗忘，紧张也会使人的记忆发生扭曲和偏差。因此，对目击证人的情绪状况需要认真关注，如是否受过惊吓、是否与案件当事人有某种利害关系，都需要调查清楚。证人如果受过惊吓，一定要做好安抚工作，必要时要寻求心理学工作者的帮助。对与案件当事人有利害关系的证人要做好相应的心理疏导工作，分析利弊，打消证人的顾虑，使证人的情绪恢复到平稳状态。

2. 及时邀请证人对案情进行回忆

遗忘的衰退理论认为，遗忘是记忆痕迹得不到强化而逐渐减弱以致最后消退的结果。当信息被记忆后如果时间间隔较久，会出现遗忘现象。因此，案件发生后，应及时组织调查、访问。

3. 加强保护措施，排除无关信息干扰

遗忘的干扰理论认为，遗忘是信息在输入和提取两个阶段之间受到其他刺激干扰使信息提取被其他信息抑制所引起的，如艾宾浩斯遗忘曲线原理、前摄抑制原理、倒摄抑制原理等。因此，案件发生后，要设法对目击证人采取相应的保护措施，以免证人出现遗忘或记忆扭曲的现象。

4. 积极采用开放性提问

对证人记忆提取时询问者的问话方式对回忆的正确性有很大的影响，问话中的有关信息具有很强的暗示作用，会诱导当事人把没有见过或经历过的事添加到发生的事件中去。为防止发生信息的暗示作用，应采用开放性问话方式，让当事人在没有任何信息干扰的前提下尽可能客观地描述事件的经过和当事人看到的相关现象。例如，可以问："你看到什么了？在什么时间？当时还发生过什么事？"而不能问："你看到了两辆汽车是怎么冲击到一起的？""两辆汽车是怎么碰到起的？"

五、证人的心理创伤及其应对

证人一般是案件的目击者，虽然不是犯罪的直接被害人，但犯罪嫌疑人的犯罪过程对证人依然会产生强烈的心理刺激，导致他们产生恐惧、愤怒、悲伤等情绪。这些情绪会在被询问过程中对证人产生二次创伤，因此询问者在询问之前要给予相应安抚，在询问过程中随时关注他们的情绪并给予及时的处理。在询问完成后依然要测试他们的创伤程度，如果原来是十度，现在依然超过五度，则要重新进行创伤处理，直到低于五度，并在以后做定期访谈。如果缺乏创伤处理能力，一定要邀请心理治疗工作者共同参与，或事后进行创伤治疗，切不可急于办案而忽视证人的心理创伤。生理上的创伤会有生命危险，心理上的创伤有时同样也是致命的。

六、证人拒绝作证及其对策

（一）拒绝作证的原因

1. 警察与证人之间的关系建立存在问题

警察表现出的个人修养、文化素质和政策法律水平直接影响其自身的威信、形象。如果警察在日常工作中粗暴执法甚至徇私枉法，会使证人对司法机关整体上失去信任和信心，也使证人对侦破案件丧失信心，对自己作证的效果产生怀疑，进而拒证。不同性别、年龄、职业、文化程度的证人，与案件关系不同的证人，其心理特点、作证心态是不同的。警察应认真分析各种类型证人的心理状态和特点。当办案警察缺乏对证人心理的了解，就无法建立与对方良好的谈话关系。当引起证人反感，甚至与证人发生心理和行为上的对抗与冲突，就会出现拒证现象。

2. 警察调查询问的方式方法不当

少数警察试图以强制手段，甚至采取威胁、恐吓、刑讯的手段强迫证人作证，或因为缺乏询问技巧，语言生硬，使证人产生逆反心理，或者完全未顾及为证人保密，或调查询问的时间、地点选择不当，这些均可使证人缺乏安全感而拒证。

3. 证人法制观念淡薄

有些证人不知道作证是公民应尽的义务，担心作证会给自己带来不利影响，认为事不关己，多一事不如少一事，甚至担心受到报复，危及自身及家人安全，因而拒绝作证。

4. 利害关系影响作证

有些证人因与案件的处理结果有某种利害关系，或与案件的当事人有某种特殊关系而不愿作证。例如，为了回避与犯罪嫌疑人和被害人双方关系上的矛盾，担心作证会影响与双方的关系而拒绝作证；有的证人会为庇护犯罪嫌疑人，或为对犯罪嫌疑人报恩而拒证。如果证人与案件有某种利害关系，担心作证会将自己牵连进去也会拒证。

5. 因时间及其他原因确实淡忘了

如果时间间隔较久，证人对案情已淡忘，确实不能很好地回忆当时发生的情况或某犯罪嫌疑人的外部特征。或因其他空间、自然条件发生变化，对案情或作案人的外部特征不能记清楚，担心作出错误证言就会拒证。

6. 证人自身的生理心理素质、文化层次、道德修养等影响

证人身体出现不能作证的情况、心理上对案件过程内容不能再触碰以及文化层次、道德水平等会影响证人对作证的认识，都会导致证人拒绝作证。

（二）拒绝作证的对策

1. 建立良好的询问关系

警察要清正廉洁、公道正直、是非分明、和蔼亲切，做到文明执法、公正办案、严谨慎重、讲究原则，树立良好的威信和形象，同时要宽容大度、善解人意，充分尊重证人的各种状态。当警察处于镇定和平静状态时，给他人的印象便是精明睿智、业务熟练、成熟稳重、处事果断，让证人产生敬佩心理，从而主动积极作证。

2. 营造宽松、平和的询问氛围

宽松、平和的询问氛围可以慢慢缓解证人的紧张情绪，不但有利于减少对立，而且有利于证人恢复记忆。警察的问话语气要舒缓，态度要和蔼，举止行为尽量缓慢而得当，并保持积极主动的心态，以引导证人保持良好的情绪状态。

3. 选择恰当的询问时间和地点

实践中常出现证人在此时此地拒证，而在彼时彼地主动作证的情况，这说明询问时间和地点对于证人作证时的心态具有重要意义。询问时间、地点应有利于安全保密，有利于方便证人。确定询问时间和地点前，最好征求和尊重证人的意见，避免其由此产生顾虑甚至反感而拒证。每次询问时间不宜过长，否则证人会感觉疲劳而拒绝继续作证。询问证人要周密准备，拟定提纲，争取一次完成。

4. 采用适当的询问策略和方法

警察应从认知角度提高证人的法律意识，告知证人隐证、拒证的危害性，启发他们自觉揭露犯罪；从人生观、道德观的角度，引导和激发证人作证的义务感和社会责任感。对那些动摇不定的证人，要仔细分析原因，因势利导，促使其作证。

5. 合理补偿证人的误工费、交通费

有些案件需要证人作证，但会耽误证人的工作时间，有些证人需要乘交通工具来提供证词，对此，证人会有不愿意作证的情况，导致警察取证难。为避免这种情况出现，应适当补偿证人的误工费、交通费。

6. 对主动作证的要给予奖励

社会状况越来越复杂，证人常常抱着多一事不如少一事的心理，不愿意

作证，或者即使作证也有可能隐瞒关键环节，因此为避免这样的情况，需要给予主动作证的证人相应的奖励。

7. 涉及伦理问题，不强求作证

案件作案人的亲属因情感关系不愿意作证，这里涉及一个伦理问题，即亲情与道义的冲突问题。由作案人的近亲属来作不利证言，有违伦理要求，因而不应强迫其作证。当然，案件如果处于紧急状态，有可能进一步造成人员伤亡或财产重大损失时，要对作案人的近亲属讲明其严重性促其作证。

七、证人作伪证及其对策

在一些案件中，证人故意隐瞒事实真相而作伪证，将案件向相反或其他方向引导，使侦查误入歧途。

（一）证人作伪证的原因分类

1. 利益驱使

证人如果品行恶劣、心术不正，为某种利益可能会选择作伪证。

2. 报复

证人与案件侦办人或其他有关人员之间有某种仇怨，为了报复对方，故意作伪证，将侦查引向歧途。

3. 干扰视线

与案件有关的人暂时未被列为犯罪嫌疑人而作为证人时，他们为了干扰办案人员的视线，也经常故意假装积极帮助提供信息，但却常常作伪证来干扰侦查视线，以躲过被缉拿的危险。

4. 包庇

犯罪嫌疑人的近亲属可能会作伪证来包庇他们，这种状况一般会发生在父母与子女之间、夫妻之间，关系非常亲密的兄弟姊妹之间也会发生这种情况。

5. 安全需要

有些犯罪嫌疑人对可能作证的人用暴力威逼或扬言将用暴力实施报复，证人受威胁因而不得不作伪证。

6. 同情犯罪嫌疑人

因案情特殊，犯罪嫌疑人反而受到证人的同情导致证人出面作伪证。

（二）证人作伪证的对策

对于伪证现象，首先警察要勤于调查、善于分析。准确分析案情，寻找可靠证据，对证人提供的证言做细致的验证。同时对那些作伪证的人要分清情况，对那些不是出于恶性目的的作伪证的人进行说服教育，分化瓦解；对那些有主观恶性的证人，要及时予以打击，预防再次发生此类事件。

第三节　被害人心理

一、被害人心理概述

（一）被害人心理的含义

被害人广义是指因多种原因而遭受伤害、损失或痛苦的人，如：由于战争、自然灾害、环境污染、种族或性别歧视和犯罪等而受到伤害的人；狭义是指犯罪被害人，意即因他人的犯罪或违法行为，正当权利或合法利益受到侵犯的人。广义的被害人概念并不常用，人们所提到的被害人一般是指狭义的犯罪被害人。关于犯罪被害人仍有不同的解释：第一种观点认为，被害人是指其人身权利或财产权利等受到犯罪行为直接侵害的人。这种解释把被害行为限定在犯罪这个特定的法学概念之内，也就是说，只有受到侵害的程度达到刑法处罚标准的人才能称为被害人；第二种观点认为，被害人是指正当权利和合法利益遭受犯罪行为或违法行为侵害的人，把受到违法行为侵害的人也视为被害人。因为对被害人这一特定角色的认定，并不因侵犯者的行为是否达到了定罪量刑的程度而发生性质的改变，只不过是受害程度不同而已。

我们所使用的被害人的概念，是指刑事犯罪（包括违法行为）中的被害人，主要指个体被害者而非群体被害者。被害人心理是指受到犯罪（包括违法）行为侵害的人的心理。被害人心理有两层含义：一是指被害过程中的心理，即被害人在被害前（虽然没有遭受侵害的行为人还不能称作被害人，但其潜在的被害特征客观地作为犯罪发生的条件易招致被害）的心理，被害中的心理及被害后的心理；二是与被害有关的所有的心理活动和现象，包括被害人心理状态、心理过程、个性特点、易被害的心理特征等。

（二）被害人心理的特点

作为一个特定的社会角色，被害人的心理有自己的特点，这些特点决定了被害人被害时的心理状态及被害后的特殊反应。被害人心理具有以下特点。

1. 特定性

被害人心理的特定性是指被害人心理与侵害、被害特定的联系性。作为特殊社会角色的被害人，其角色的认定和扮演是与受到犯罪行为的侵犯相联系的。没有犯罪和侵犯，也就没有被害人。因而说，被害人的心理与犯罪行为相伴而产生，与犯罪过程密切联系，脱离犯罪过程也就无法了解被害人心理。

2. 独特性

被害人心理的独特性是指被害人在被害过程中的心理状态、情绪情感体验和反应很难为他人所替代。由于犯罪行为的危害性，重复被害的实验也是不允许的，只有尊重被害人心理的独特性，采取针对性的研究方法，才能对其有客观的了解。另外，被害人心理有一定的法定性，被害人的证言作为证据的一种，影响对案情的认定。因此，有关被害人心理的研究直接影响对犯罪行为及犯罪人心理的研究。

3. 多样性

被害人心理的多样性是指被害人心理因被害类型、被害人性别、年龄等不同而表现出不同的特点。同犯罪人心理一样，被害人心理也表现出个体差异。

（三）被害人与犯罪人的心理互动

犯罪作为一种社会事件，其产生的原因是多方面的，是各种因素相互联系、相互影响、相互作用的结果。被害人对于被害的发生往往有直接或间接的"责任"。

1. 被害人与犯罪人相互对应的角色关系

犯罪事件的发生，导致了侵犯与被害的发生；犯罪人与被害人，二者是同一事件——犯罪的不同责任承担者，彼此扮演着相互对应的角色。一方面，被害人心理与犯罪人心理统一于犯罪事件之中，不可分割。没有犯罪人就不会有被害人，而没有被害人，也就没有以侵害个体为目标的犯罪人。对于具体的犯罪人和被害人来讲，也只有具体到同一个犯罪事件才有意义。另一方面，在这种对应的角色中，双方的利益、情感是彼此对立的、冲突的，二者的对立情感在相互联系中建立，并贯穿于犯罪过程的始终。

2. 被害人与犯罪人的互相影响

作为对立统一的矛盾体，犯罪人与被害人既相互联系，又相互影响。这种影响在犯罪发生的整个过程中都有明显的体现。在犯罪前，被害人自身的被害性特征（防范意识差、轻信、行为不检点等）使其比其他人更易被犯罪人选定为侵害目标，导致被害的发生；在犯罪中，被害人对被害的消极反应及不良的应激状态，使犯罪易于实施或者招致被害程度的加深；在犯罪后，有些被害人由于不能采取正确的保护性措施（如对犯罪人恐惧、容忍）可能招致重复被害的发生。

3. 被害人心理与犯罪人心理的相互转化

被害人与犯罪人的对立不是绝对的，在一定的条件下，双方的地位可以发生转化。被害心理可以转化为犯罪心理，犯罪心理因事实上的被害也会转化为被害心理。这种心理的转化在犯罪中及犯罪后都可能发生。在犯罪过程中，被害者变为侵害者，被虐待者变为虐待者，由被害人状态转为犯罪人状态的例证常有发生的，譬如防卫过当。由此，被害的角色就转为侵害的角色，其心理也就发生相应转化。与此同时，犯罪人侵害的目的未能达到反而导致被害，如盗窃犯被打死、诈骗犯被欺诈等，其心理也同样发生相应的转化。在犯罪发生后，如被害人对犯罪人的报复也会导致双方心理的互换。被害人心理与犯罪人心理的转化充分反映了犯罪人与被害人的心理互动影响。

（四）研究被害人心理的意义

1. 为预防和减少被害提供心理学方法

从研究被害人被害前的心理弱点入手，可以警醒潜在的被害人，促其采取预防保护措施，减少犯罪侵害与被害人之间的联系，从而降低受侵害的风险。由于犯罪与被害是对立统一的矛盾体，所以预防被害、降低被害的风险也就是减少犯罪。从研究被害人在被害过程中的心理状态入手，可以为受到不法侵害的人提供应变的策略、鼓励、支持，帮助被害人采取各种有效的方法同犯罪分子做斗争，进行临场抗争、抵御，以减轻被害程度，减少犯罪侵害所造成的损失。

2. 有助于更有效地为公安司法实践服务

通过研究被害人在遭受犯罪侵害后的心理特征与行为反应，有助于公安、司法机关客观公正地审理案件；有助于教育被害人积极报案，协助公安、司法机关侦破案件，及时惩罚犯罪；有助于公安、司法机关以及社会各界对被害人的理解，从而在和被害人交往的过程中，注意方式方法，抚慰并减轻被害人的心理创伤，尽可能避免重复被害现象的发生，并采取有效措施，帮助被害人克服其心理障碍，激励其提供更多与案情有关的信息，从而更有效地同犯罪分子做斗争。

二、被害人在被害过程中的心理

（一）被害人在被害前的心理

1. 易被侵害的心理特征

易被侵害的心理特征是指被害人自身具有的易招致被害的消极心理品质及受其影响而表现出来的行为特点。这类特征虽非被害人情愿，但客观地起到了诱发或辅助犯罪发生的作用。也就是说，具有这类特征的人比较容易被犯罪人选定为侵害目标，而改变这些特征，从被害角度来讲，个体则可能会避免被害；对于犯罪人来讲，则可能因目的难以达到而放弃或暂时压抑犯罪的欲望。作为犯罪人侵害的对象——被害人一般具有两个基本的条件：一是具有能够满足犯罪人不正当需要的物质对象（如钱、财、物）或生理特征（强奸犯以侵害女性为目标）；二是具有一定的心理弱点，犯罪人将其作为侵害的对象易于成功。这些心理弱点，主要表现为以下几方面：（1）法制观念差。由于法制观念差，对法律法规等知之甚少，或对法律的严肃性认识不足，不能充分认识到自己行为的越轨性，易被选定为侵害目标。如倒卖票证被抢劫、卖淫女被抢劫、杀害，偷税、贪污受贿者被敲诈等。这种人由于自身行为的违规违法，脱离于法律的保护之外，被害后不敢报案，对于犯罪人来说受告发、被惩罚的危险性小。（2）自我保护意识差。这种人对社会的复杂性、危险性认识不足，缺乏必要的防范能力，易引起犯罪人的侵犯欲望。如有的女性衣着暴露、行为轻浮，有些人财产外露，有的人麻痹大意等。（3）轻信他人。社会上是有一些人因年轻幼稚或社会阅历浅、社会经验不足，易轻信他人。犯罪人因对其侵害易于成功，易将其选定为侵害对象。（4）贪图小利。自私心理严重的人，往往在非法利益出现于眼前的时候，难以抑制占有的欲望，易于陷入犯罪人设置的圈套，招至财产损失及人身伤害。（5）社交障碍。一些人缺乏正常的交往能力，在生活工作中易与他人发生摩擦，将自己置于与他人心理冲击之中，成为对方攻击、报复的目标，从而招致一些心胸狭隘的人对其伤害，这类被害人在激情犯罪中较为常见。

2. 潜在的心理隐患

被害人在人际交往过程中与他人发生一定的心理联系，形成一定的人际关系。如果这种关系不正常、不健康、不合法，则潜伏着一定的隐患，在一定条件下容易激化犯罪行为的发生。潜在的心理隐患是指被害人未能恰当处理人际关系而易导致犯罪发生的心理冲突。（1）被害人与犯罪人的情感纠葛未能恰当处理。被害人在人际交往中如不能正确地处理与他人的关系，造成与他人的情感冲突、纠葛，在一定条件下可导致报复性的犯罪动机的产生。婚恋关系破裂后的情感危机，邻里、同事之间的恩怨，领导与下属之间的矛盾，家庭成员之间的怨恨等都是引发报复犯罪的心理隐患。（2）被害人与犯罪人的经济、利害关系未能恰当处理。在互有利害的经济关系中，被害人与犯罪人的经济矛盾，也是导致被害的原因之一，如犯罪团伙成员之间因分赃不均而互相残杀，亲友、商业伙伴因争财夺利而钩心斗角，甚至陷害、暗杀等。（3）被害人与犯罪人有不正当的人际关系。不合法、不健康、不正常的人际关系，由于违背了道德、法律和人们的生活习惯，所以往往是不稳定、暂时的；一旦暴露，将会对一方造成名誉上的不良影响，甚至会受到法律的制裁，为了保全自己则可能发生残害另一方的行为。如婚外恋行为、敲诈行为、仗势欺人的行为、互为利用的行贿受贿的行为等，均可诱发犯罪行为。

（二）被害人在被害中的心理

随着犯罪行为的发生，潜在的危险转入事实上的被害。研究被害人在被害时的心理活动规律，对于了解其被害后的心理变化及犯罪人的心理变化是十分必要的。

1. 被害时的心理状态

被害人被害时的心理状态，是指被害人在被害情境中，即在被犯罪人侵害的一段时间内产生的心理活动的综合表现。它包含以下几层含义：一是这种心理状态和犯罪相联系，由于犯罪发生的突然性和危险性，这种心理状态一般带有强烈的情绪色彩；二是仅存在于犯罪发生的一段时间内，犯罪结束后，随着环境的变化被害人心理状态也会发生转化；三是这种心理状态是由被害情境综合影响的结果。虽然犯罪人的行为是这种心理状态的主要引发者，但它是和其他相关因素一起构成被害情景，作用于被害者而产生该心理状态的；四是被害人心理状态指其在被害时的全部心理活动，包括情绪、智力、性格、气质特征等，被害人的心理状态是犯罪侵害这一客观因素与被害人主体因素相互作用的反映。

影响被害人心理状态的因素有以下几个方面：（1）被害性质。这是决定被害人受害程度，影响被害人心理状态的主要因素。被害性质恶劣，对被害人的侵害严重，被害人的心理反应剧烈，情绪变化激烈，反之亦然。在杀人、伤害、抢劫、暴力强奸等恶性案件中，被害人因有生命危险往往表现出异常强烈的恐惧、紧张、记忆混乱等心理状态；而在敲诈、流氓滋扰等较为轻微的案件中，被害人的心理紧张程度则大大降低。（2）被害情境。这是发生在犯罪现场、被害过程中，由犯罪人、被害人、第三者及他们的活动所形成的特定环境，它构成一种动态的氛围对被害人的心理状态发生综合性的影响。其中犯罪人是该情境的制造者和主要操纵者，其犯罪手段的凶残程度，影响该情境恐怖程度，并影响被害人的心理。被害人的行为反应，被害人与犯罪人的相互作用，如斗争、反抗的效果，第三者的态度和反应，也是影响该情景的重要因素。（3）被害人已有的心理素质。这是决定被害人对突然发生的事态（被侵害）的心理承受能力，也是影响其心理状态的重要因素。大量被害案例表明，在同样性质、同样受害程度的被害中，由于被害人的心理成熟水平、应激能力、社会阅历、知识水平、个性特点等不同，被害时心理状态则有很大的差异。除此之外，被害人的性别、年龄、职业等也是影响其心理状态的重要因素。

2. 被害时的心理特点

突如其来的侵害，对被害人来说是始料不及、缺乏心理准备的。尽管不同个性、不同性质的被害人在被害中的表现有很大差异，但由于共同发生于被害情境之中，其心理特点也必然有一定的共性。（1）应激性。由于被害的突发性，被害人意识到被害时，情绪骤然进入应激状态。应激情绪有三种表现水平，可分为三个阶段：第一阶段是惊觉，被害人意识到自己被害后突然产生紧张、亢奋、恐慌、焦虑等情绪反应；第二阶段为阻抗，出于防御本能，被害人对加害自己的侵犯行为作出反抗，如拒绝、呼救、逃跑、躲避、反击、搏斗等；第三阶段是衰竭，被害人因过分地激动、紧张，精力消耗而失去反抗能力，如在强奸案中，被害妇女在经过紧张、激烈的反抗之后，因精力体力衰竭失去反抗能力而被奸污。当然，由于被害情景不同，被害人的性格及反抗能力等不同，应激情绪表现的激烈程度和阶段也各不相同，如在一些侵害性质轻微的犯罪中，被害人的应激往往只达到惊觉和阻抗阶段，只有在侵害性质严重、被害人极度恐惧的受害中，才可能达到第三阶段。（2）对抗性。这是指被害人为保护自己的利益，整个心理指向与犯罪人的侵犯意图是对立的、矛盾的。对抗性使得被害人的心理活动的整个过程充满了紧张和激烈，使得被害人为维护自己的利益不受侵害或减少侵害，而以积极的或以消极的方式，与犯罪人斗争、周旋。（3）个体差异性。由于被害人的心理状态受如前所述诸多的因素的影响，被害人的心理状态表现鲜明的个体差异。不同犯罪类型的被害人心理状态不同，不同性别、不同年龄、不同职业的被害人被害时心理状态也各不相同。不仅如此，被害人的个性特点也是决定其心理状态的重要因素。个体差异性要求我们具体问题具体分析，在理解被害人心理状态时，应充分考虑各种因素的影响，考虑其独特性。

3. 被害时的行为反应

被害人被害时的心理状态决定了被害人的行为反应。被害人心理状态的应激性和对抗性，使被害人面对被害做出一定的应激反应和反抗行为，而个体差异性则又使被害人有不同的行为表现。为了便于研究，根据行为的性质，我们把被害人的反应分为积极的和消极的两种，分别研究它们的不同表现特点。

(1) 积极的行为表现。这类被害人在遭受犯罪人侵害时，出于强烈的法纪观念、正义感及维护自身利益的需要，勇敢、积极主动地与犯罪人做斗争，不屈服犯罪分子的威胁，试图遏制犯罪，避免或减轻被害。这种行为对社会，对个人都是有积极意义的。根据反抗手段不同又可分为两类：其一，机智斗争型。被害人面对犯罪的侵害，能有效克制紧张、恐惧的情绪，根据当时的情况机智地与犯罪人周旋，利用犯罪分子的弱点和各种环境案件，采取灵活巧妙的方法，不但使犯罪人的企图难以达到，而且力争制服犯罪人，或为事后抓获犯罪人留下破案的线索和证据。其二，强烈抗御型。被害人面对犯罪人的侵害，不恐惧、不退缩，以顽强的抵抗与犯罪人搏斗。但由于过分的激动，缺乏策略和方法的考虑，往往以体力相搏与犯罪人抗衡，其结果或是最终以取胜制止犯罪，或是两败俱伤，或是招致犯罪人更加疯狂的侵害。

(2) 消极的行为表现。这类被害人在面对犯罪人的侵害时，由于陷入过分强烈的应激状态，使个体行为紊乱，不能准确地实现符合当时目的的行为，对犯罪人的侵害行为没有做出有效反抗，从而使犯罪分子达到了犯罪企图。消极的行为表现也有两种类型：其一，怯懦忍受型。这类人性格懦弱、胆小怕事，应变能力差，往往被犯罪分子的淫威所吓倒，恐惧、退缩，完全失去反抗能力，对犯罪人的侵害不敢也不能积极地反抗，是一种最为消极的行为表现。其二，失措盲动型。被害人在遭受侵害时，对突如其来的侵害惊慌失措，失去正常的判断和行为反应能力，只能下意识地、盲目地做出一些本能的防御反应。由于这些反应不是积极主动的，也缺乏针对性，往往是无效的，不但不能阻止侵害的发生，有时还会招致更严重的伤害。

(三) 被害人在被害后的心理

被害结束后，随着客观环境的变化，被害的心理状态也会发生相应的转化。

1. 被害后的认知和态度

被害人在被害后，由于心理素质不同，对被害这一已发生在自己身上的事实有不同的认识。被害后的认知是指被害人依据自己的认识水平或能力对被害行为作出的评价。主要表现为两个方面：一是对被害这一事实的接受能力。被害发生以后，有的人能现实地接受这种事实，并采取一定的措施弥补其带来的损失，有的人却因过分痛恨犯罪，不愿接受这个事实，沉浸于幻想之中，自我封闭，亦不采取任何补救措施。二是对被害原因、被害过程的认识和回忆水平。有的被害人能客观地分析自己被害的原因，认真检查自己的失误，以避免以后被害，并能为公安机关提供犯罪嫌疑人线索。他们能稳定情绪，对被害过程认真回忆，尽可能给公安机关提供更多的案情信息。而有的人则因精神过度紧张，对整个被害过程不能回忆，不能提供有价值的线索。

被害后的态度，则是指被害人在受侵害后对与此有关的人及事物所持的一种具有持久而一致的评价与行为反应。在被害认知的作用下，被害人对被害事件、犯罪人、知情人、办案人员及自己的人格、财物、处事方法等都会产生一定的评价，表现出带有一定倾向的态度。被害人的态度因其性质不同可以有以下表现：一是积极的态度。客观正确评价被害对自己造成的影响，从而采取积极的、符合法律的态度对待人和事。二是消极的态度。由于被害而产生偏激，丧失对法律的信任，而采取忍受、退让或报复的方法及反社会的态度。

2. 被害后的行为反应

在被害后的认识和情感的作用下，被害人可能有以下行为：（1）积极的行为反应。遭受犯罪侵害后，出于对犯罪人的复仇和补偿心理，被害人尽快从被害的痛苦中解脱出来，保护犯罪痕迹、证据，积极报案并提供线索，帮助配合公安机关尽快破案，抓获犯罪嫌疑人。有些被害人还能认真检讨自己被害的原因，消除自己的被害因素，避免重复被害的发生。（2）消极的行为反应。被害人被害后不能采取正确的方法保护自己，不能积极配合公安机关破案。具体有以下几种类型：一是消极被动型。这类人在受害后，由于法制观念薄弱或对公安机关失去信心，不敢积极报案，在公安机关调查时躲避，不愿提供证据，忍让、退缩。二是绝望型。这种人被害后意志被摧垮，难以承受犯罪侵害带来的巨大痛苦，不相信公安机关能为自己伸张正义，或即便破案也不能弥补自己的创伤，心灰意冷、自我封闭，严重者可导致精神变态或自杀。三是报复型。这类被害人法律观念差，心胸狭隘，受到侵害后，不愿诉诸法律，因对犯罪人的极端仇视，而采用违法的手段报复犯罪人、犯罪人的亲友，或把报复的目标指向社会。

三、被害人的心理重建

被害人被害后面临的重要问题之一，便是如何通过心理调整使其心理恢复正常，这就是所谓的心理重建。被害人从被害情境中脱离出来，回到现实生活中后，由于犯罪侵害带来肉体及精神上的伤害，不能马上恢复心理平衡及情绪上的稳定，有一个情感恢复愈合时期。

被害人的心理重建指被害人修补犯罪侵害造成的精神创伤、恢复心理平衡的过程。心理重建是个体的一种自我心理防御机制，它避免个体在遭受一定的心理危机之后，因心理失衡而导致精神障碍。被害人被害后的心理重建有助于被害人从被害的心理危机、紧张情绪中解脱出来，以健康的心态投入生活，对被害所带来的消极后果采取相应的处理措施。由于犯罪侵害给被害人造成的心理危机、情绪紧张有程度上的不同，被害人承受挫折的能力的差别，被害人被害后心理重建的时间及程度也各不相同。有的很快就能从被害的阴影中解脱出来，以积极的心态配合公安机关破案；有的则要承受较长时间的痛苦煎熬，很难摆脱情感的困扰；有的则因难以承受巨大的打击而精神失常或变态。后两种情况往往使被害人不能积极有效配合侦查，为破案带来困难。作为公安民警，了解被害人被害后的心理愈合情况，采用恰当的方法帮助其尽快进行心理重建，有助于争取被害人对破案尽快和有效的配合。对被害人的心理进行重建，需从影响被害人心理损害的因素着手。应重点解决以下几个方面：

（一）帮助被害人调整自我，增强抗环境压力的能力

被害人在被害后都无法回避环境压力这样的问题，被害人是否具备抗击外部环境压力的能力，是其心理迅速恢复正常的重要主观条件。被害人承受环境压力能力的大小，与被害人自身的个性品质、经验、阅历以及年龄、性别都有关系。在被害人有过错的时候，这种压力的存在是极其自然而且现实的。但是有时某些被害人即使没有过错，也常常会因自身心理弱点的作用，通过主观臆想制造出想象的环境压力来折磨自己。因此，民警要帮助被害人积极调整自我，改变对自身遭遇侵害事件的认知和态度。当受到不法侵害时，被害人要通过积极的反抗、自救、主动寻求援助等行为，降低受损害的程度，避免扩大化的物质损害内化为心理上的压力，而成为导致其心理恶性发展的新的内源性刺激。在被害已成为既定事实后，被害人应当抛弃一切幻想，接受自己被害的现实，对社会的援助采取积极配合的态度，以促进心理功能的

早日完善。

(二) 创造有利于被害人心理重建的环境

被害人是需要社会帮助的，这不仅是被害人应有的权利，同时也是社会对其成员应尽的义务。社会各界的冷漠和偏见会将被害人置于孤立无援的境地，在弱小的个人力量无法抗衡社会压力的时候，即便意志坚强的人有时也不得不屈从于可畏的人言而走到心理危机的边缘。相反，社会援助会使被害人摆脱孤立、孤独的心理阴影，将被害后形成的加害人-被害人的关系，转化为加害人-社会（包括被害人）的关系，结束被害人心理上孤军奋战的局面。因此，改善社会环境，积极支持被害人和帮助被害人在心理上回归社会，是解决被害人心理问题不可缺少的客观条件。

(三) 警察要重视对被害人的心理援助

很多情况下警察是被害人最先接触的对象。警察的言行举止和态度对被害人的心态有重要的影响。因此，我们需要警醒的是，不能因为自己执法过程中的不当行为而使被害人又一次遭受到不必要的物质耗费和精神损害。

1. 充分认识到对被害人进行心理援助的重要意义

当被害人的心理失衡严重时会产生仿效或报复心理，把对犯罪行为或犯罪分子的仇恨转嫁到整个社会，从而产生被害逆变，使被害人变为加害人。因此，对被害人进行心理援助，不仅是在帮助被害人个体，同时也是减少犯罪的手段，是具有社会意义的。

2. 尊重被害人的人格

对被害人不应抱有轻蔑甚至是指责的态度。对涉及被害人隐私的案件不应传播，并限制新闻媒体公开报道。通过法制宣传教育，动员社会力量为被害人提供各种形式的帮助，包括生活、就业等方面，以促进被害人人格尊严的恢复，使其重归社会。当被害人感受到被理解和被尊重时，他们就会愿意配合办案人员的工作，这有利于刑事诉讼的顺利进行。

3. 充分考虑被害人的心理保护

办案人员尤其是负责案件侦破的警察，在与被害人接触时不仅要考虑收集线索、侦破案件和惩治犯罪分子，更要考虑到被害人的心理保护。因此，当询问涉及被害人的被害情节或个人隐私时，要给予被害人人性的关怀，避免不恰当的或重复性的提问。当被害人因心理防御机制的作用而不记得现场的情景时，警察要有耐心，要对被害人充分理解，还可以学习一些心理咨询的技术，帮助被害人进行回忆。例如，催眠法、放松法、抽离法等都不失为有效的方法。司法机关的办案人员也有义务观察被害人的心理状态，当发现被害人的精神创伤严重，无法应对正常的生活，或出现心理危机威胁到其生命时，应立即采取措施，与相关的机构联系，采取紧急措施，挽救被害人。

第四节　犯罪嫌疑人审讯心理策略

一、犯罪嫌疑人在审讯中的心理变化

不同的犯罪嫌疑人，由于其个性不同、经历不同、犯罪恶性程度不同，因而在审讯中表现出的心理特点亦不尽相同。即使为同一个人，在审讯的不同阶段，其心理也是在发展变化的。审讯实践表明，被讯问人在审讯中的心理变化一般经历了四个阶段，即试探摸底阶段、对抗相持阶段、动摇反复阶段、交代供述阶段。当然这四个阶段的划分并没有绝对界限，不同的人的表现也是有区别的。

（一）试探摸底阶段

审讯之初，犯罪嫌疑人由于与外界隔绝，对案件进展情况、证据暴露情况、同伙情况，都无法知晓，因而往往心烦意乱，焦虑不安。这种情况下，他会急于在与审讯人员的接触中试探摸底，以了解公安机关对自己罪证的掌握程度，同时也会注意观察和评价对手的个性特点和审讯风格，以便制定应付审讯的对策。这一阶段，犯罪嫌疑人特别是有应讯经验的犯罪嫌疑人，常常采取以静观动、以虚代实姿态；或者有预谋地做些供述；或者投石问路，索要罪证，以便进行试探摸底。侦查员可以利用其初审时多变难治的试探摸底手法，将计就计地施以针对性的策略，促其败讯于初始阶段。

（二）对抗相持阶段

经过初审，被讯问人开始适应审讯的环境，对审讯人员的能力、经验也有了初步了解，自以为"心里有底"，因而在这一阶段，对抗意识有所上升。尤其当审讯开始触及其犯罪实质，涉及其切身利益时，往往引起他的激烈对抗，这时便进入了对抗相持阶段。其表现：审讯人员对犯罪事实、情节进行穷追不舍地讯问，不时给对方的辩解以批驳、揭露；被讯问人则极力隐瞒、掩盖犯罪事实，极力回避、抵赖、辩解和否认或者谎供、乱供，避重就轻。

这一阶段，由于被讯问人对抗心理正盛，审讯易陷入僵持状态。

（三）动摇反复阶段

经过审讯人员巧妙出示证据、有力地讯问、善意地引导，结合政策攻心，被讯问人心理防线渐渐出现动摇，侥幸心理、对抗情绪渐趋缓和。此时，被讯问人的心理特点，往往是思想斗争异常激烈，想顽抗，又怕受到从严惩处；想回避，又抵挡不住审讯人员的追讯；想交代罪行，又怕受到刑事处罚和同伙报复，所以被讯问人的心理活动处于动摇、矛盾、权衡利弊的重要关头。此时，询问者应该一方面摸准脉络，削弱犯罪嫌疑人残存的心理供述障碍，利用其趋利避害需要，强化其供述意识，促其产生供述的决心；另一方面讯问者必须把握时机，方法得当，准确攻击，恰当引导。这样，犯罪嫌疑人会放弃抵触对抗心理而坦白交代罪行。但是如若引导失当，犯罪嫌疑人会出现延长僵持时间，修补或重构防御体系，进行更加顽固的对抗。

（四）交代供述阶段

经过双方反复较量，被讯问人会逐渐感到如果继续对抗，将于己无益，交代罪行才是唯一出路。但是由于畏罪心理和残存的侥幸心理，被讯问人内心中仍然存在幻想，能少供就少供；有证据便供，无证据便不供；问得紧就供，一般询问就不供。实践表明，能主动彻底供述罪行的被讯问人为数是极少的。因此，犯罪嫌疑人在供述罪行阶段，仍有可能进行最后挣扎，一旦遇到翻供或老谋深算尽可能少供的犯罪嫌疑人，有些讯问员的情绪难以控制，容易出现感情用事的攻击行为，而技艺娴熟的讯问人员会摆出自己的预案，运用四面出击等方法，沉着冷静地选准设问突破点，从一个问题到另一个问题迅速频繁地转移，不给案犯喘息之机，连续作战，使犯罪嫌疑人穷于应对，疲于奔命，既摸不着讯问意图，又抓不住讯问规律，从而精神高度紧张，注意分散，此时讯问者集中力量，适时准确地使用证据，劈头盖脸砸得案犯就此难以翻身，彻底攻破堡垒。

二、犯罪嫌疑人审讯中的心理特点及应对

犯罪嫌疑人在审讯中具有复杂多变的心理活动，因为在审讯中他们往往既想交代罪行，以争取从宽处理，但又不甘心就这样坦白交代；既有将受到惩罚的恐惧紧张，又存在一定的侥幸心理。所以，审讯中的犯罪嫌疑人心理是既矛盾又复杂的，并且，犯罪嫌疑人在审讯中的心理也不是静止不变的，而是随着审讯的进程在不断变化着的。这种变化既有被讯问人对

自己心理的积极能动的调整，也存在一些被动的反应。这是需要我们进行认真观察和分析的。

（一）畏罪心理

畏罪心理是由于犯罪嫌疑人害怕罪行被揭露后会受到惩罚而产生的。它是由于个人的罪责感和外部威慑力量，主要是法律和道德以及当时审讯环境中凝重、威严的氛围，使案犯受到强有力的心理刺激而形成的。这种案犯由于害怕自己受到惩处，害怕自己的名誉、地位、前途受到损害，害怕牵连其他人，所以常有逃避罪责、隐瞒事实的行为，并且围绕着如何逃避、如何隐瞒，会有激烈的心理活动，并在外部有所表现，如交代问题时避重就轻，或者在交代一些皮毛小事后，就声称已经说清，等等。对于有畏罪心理的犯罪人，要让其正确认识自己的犯罪行为与应受处罚的关系，减轻心理压力，促其交代供述。我们可以从以下两个方面着手。

（1）变绝望为有望。要使犯罪嫌疑人有所期望，尤其是那些因畏罪过度而绝望者，让其绝望之中存幻想、九死里面求一生。对自知死罪的嫌疑人同样有政策攻心的余地。如有说服力的详谈，他若不思悔改，不坦白交代，将会给家人带来许多无法弥补的影响；实事求是地展开对死刑法律条款的理解，促其力争死缓而后努力改造。

（2）根除其"复原"欲望。彻底打消嫌疑人妄图复原其先前犯罪活动定型的欲望，告诫其交罪伏法，争取从宽接受社会改造是唯一的前途。尽快将其心理预期导入原有生活定势与新生活展望之间，用积极和诚实的态度达到自己期望变化的目的。

（二）侥幸心理

侥幸心理是犯罪嫌疑人自以为作案隐蔽，自信没有什么证据落在公安机关手里，从而以为可以逃避和减轻罪责时所持有的一种心理状态。抵赖、狡辩是具有侥幸心理的人最常见的表现。犯罪嫌疑人侥幸心理的产生一般出于两种情况：一是自认为手段高明，行为诡秘，攻守同盟牢固，轻视公安机关获取罪证的能力，因而自欺欺人，以为公安机关不能拿他怎么样，以这种盲目的安全感为基础产生侥幸心理；二是一些犯罪嫌疑人经过回顾作案经过，分析了罪证、案情和初审情况之后所产生的侥幸心理，这种侥幸心理的产生比前者更理智、更顽固，因而更不易清除。侥幸心理是案犯交代罪行的最主要的心理障碍之一。但是有侥幸心理的人，只要其侥幸心理赖以存在的基础被戳穿，其对抗审讯的防线就会瓦解，而掌握和适时出示证据是打消其侥幸心理的关键所在。

1. 允许编造谎言

初审时，在侥幸心理支配下，犯罪嫌疑人为开脱罪责而编造关于案情的一些谎言，审讯者在其杜撰的每个谎供结束时，或以生活常识，或以自然风俗的思维，或以科学推理、逻辑规则等去驳斥嫌疑人，使其最终哑口无言。

2. 展示惩罚效应

犯罪嫌疑人自恃精明，回答问题相当谨慎，步步为营，时时算计。当他确信自己的供述可以自圆其说，此时策略地强化嫌疑人的侥幸心理，顺着他把证词推向夸张的畸形程度，再以逻辑剪裁法将其绊倒，使他自己无辩之词，便适时地展示惩罚效应，逼使其出现仓促找"希望"的心理活动，进而出现供罪行为。

3. 将计就计，后发制人

公安民警在讯问犯罪嫌疑人的过程中，时常遇到胆大镇静、谎言连篇、执拗顽固的人。此时可以先给嫌疑人一个瞎编胡诌、谎言虚构的机会，允许他把情节编造得生动离奇。当其自认为已骗得讯问者信任时，当其恐惧感、安全感及戒备心理消除时，施以铁的证据劈头盖脸地朝嫌疑人压去，使其无地自容、坐立不安，迫使其请求审讯人员能给他说真话的机会。

（三）抗拒心理

抗拒心理产生大致有三种情况：一是在侥幸心理的基础上产生的抗拒心理。这种情况与侥幸心理的表现有许多相似之处。二是在绝望情绪支配下产生的抗拒心理。这种犯罪嫌疑人自知罪行严重、难逃法网，于是在求生愿望支配下做垂死挣扎。他们的心理活动是：即使交代也难以宽大，对抗审讯或许还能延缓时日，因此他们的内心之中仍然存在着侥幸心理。三是犯罪嫌疑人在反动的思想意识和政治偏见支配下，对抗审讯；也有的是审讯员方法不当损害对方人格和自尊，而产生出对立情绪。抗拒心理的外部表现，或者沉默不语，顽固拒供；或者岔开讯问主题东拉西扯；或者以攻为守，强词夺理，胡搅蛮缠；或假装痛苦，企图争取侦查人员的同情；或者欺骗、乱供、搪塞、顶撞；等等。出现上述情况时，常常会使审讯陷入僵局，这要求审讯人员头脑要清醒、思维要敏捷，要能有效控制审讯的氛围和进程。

1. 建立特殊人际关系，进行心理对话

把握案犯的政治态度、思想顾虑、权衡利害得失的具体内容，同他们建立"特殊的人际关系"，有效地运用访谈技术，以恰当的方法，讲层次、有分寸地与案犯进行"心理对话"，尽可能避免案犯发生大的内心骚动，为攻心夺志程序的展开打好基础。

2. 维护其人权，尊重其人格

被收审的犯罪嫌疑人由于其特定的法律地位，对讯问者持以反感态度是很自然的现象。面对出言不逊、行为暴躁者，执法者采用了不妥当的讯问方法，而损害了犯罪嫌疑人的自尊感也时常可见。有经验的讯问者往往会尊重其人格，顾及其内心感受，不搞刺激性发问，与嫌疑人建立特定的相互信任关系，使讯问者的形象植根于嫌疑人心中而产生敬畏感，再逐步加强利弊得失的说服教育工作，期望达成以情动人、示之以法、言之成理，推动其内心斗争，加速心理的积极转变。

3. 打破僵局、化解冲突

面对犯罪嫌疑人缺乏理智、气焰嚣张的公开抵触的言行，或反应冷漠、漫不经心、答非所问的故意谎供，都可能引发讯问过程的严重冲突，使讯问工作陷入僵局。思维灵活的讯问人员恰当地运用"坦白从宽，抗拒从严"的突出案例，进行细腻、生动、可信的现场启发，呈现给案犯"从宽"的曙光和求生的一线希望，促使案犯接二连三地浮现供罪的愿望，有效地控制讯问的气氛和进程。

（四）防御戒备心理

防御戒备心理是犯罪嫌疑人在接受审讯时比较常见的一种心理现象，其表现是处处设防、处处戒备、言辞谨慎、字斟句酌。这种人心理防范意识极强，需要采取适当策略，攻破其心理防线。犯罪嫌疑人出于防御心理，为达到逃避或减轻罪责的目的，也在千方百计地对讯问人员进行观察，了解他们的心理活动，想方设法影响他们的心理。其主要手法有：一是争取审讯人员的同情。如痛哭流涕、鸣冤叫屈；强调客观，把自己犯罪说成迫不得已，把犯罪原因归结于社会、学校、家庭，甚至被害人；强调自己一旦受到处罚会给家庭带来的不幸；不主动认罪，却一味强调自己的光荣历史；等等。目的都是为争取同情，使审讯适可而止，或者使审讯人员对其供述作出有利于他们的判断。二是扰乱审讯人员思维活动。有的无中生有，虚构情节；有的答非所问，转移话题；有的转嫁罪责，开脱自己；有的故意乱供，你喜欢听什么，他就说什么；有的则只供从犯、拒供主犯，只供轻罪、拒供重罪，只供一般事实、拒供关键情节；等等。三是动摇审讯人员意志。如反诘反问，故意给审讯人员制造难题，"你不是要我供述吗？那你先回答我的问题"；有的则胡搅蛮缠，抓住审讯人员问话和态度上的漏洞，指责发难；有的以沉默进行对抗，消磨审讯人员意志；有的故意挑动审讯人员发火，企图诱使审讯人员丧失理智，从而导致审讯陷入僵局。

（五）恐慌情绪

恐慌情绪一般是由以下几个原因造成的：有侥幸心理的犯罪嫌疑人，其侥幸心理赖以存在的基础被揭穿；犯罪嫌疑人发现自己的犯罪导致没有预计的后果的发生，这种后果超出了他的心理承受能力；审讯中压抑、严肃的气氛、环境在犯罪嫌疑人心理上产生恐惧的效应。恐慌的心态多见于初犯和偶犯。由于恐慌，犯罪嫌疑人容易出现思维紊乱和言语障碍。主要表现如下：一是神思恍惚，手足无措，自我控制能力减弱，有的会出现冒汗、脸色发白、肌肉颤抖等外部表现；二是语无伦次，吞吞吐吐，神色慌张，对指控一概否认或一概承认。这种情况会使审讯难以进行。这时需要缓和审讯气氛，放松审讯节奏，稳定对方情绪。

三、审讯工作中的心理对策

（一）影响犯罪嫌疑人认识活动的策略

1. 形成错觉，改变认识

针对犯罪嫌疑人心理特点，通过审讯提问给犯罪嫌疑人提供某种信息，使其产生错误判断，以改变其不利于供述的认识。一般说来，人对外部信息的接受是有选择的，人总是倾向于接受与自己有关的，或对自己有利的，或符合自己需要、期望、期待的信息，犯罪嫌疑人同样具有这一心理规律。据此，审讯人员可以通过提供与案情有关的信息，使犯罪嫌疑人加以接受并产生错误判断。

为使犯罪嫌疑人产生错觉，审讯人员通常要设计一个审讯的情境，在审讯进行过程中，由审讯人员"无意"中透露某个信息，这信息可以有多种理解，而犯罪嫌疑人在感知到这一信息后往往以自己的需要和期待加以理解，使其在不自觉中接受了影响，形成某种错觉。如一杀人案犯罪嫌疑人希望被害人没有死，以便获得从轻处理，在审讯时，主审人员就说了对被害人尽力抢救等话语并引用了被害人生前所写信件的内容，使犯罪嫌疑人产生了被害人没有死亡的错觉。

2. 允许撒谎和制止撒谎

在审讯中，一些犯罪嫌疑人往往以编造谎言的方式，开脱罪责、抗拒审讯。这是因为他们具有侥幸心理，以为公安机关尚未掌握其罪证，编造谎供有可能蒙混过关。这时审讯人员即使明知犯罪嫌疑人在撒谎，仍可不露声色，耐心听取，使其自由表达；犯罪嫌疑人看到审讯人员在认真听，就会以为审讯人员已被其谎言所蒙骗，于是愈加起劲地论证自己的说法，开脱自己。从这种编造谎言的过程中，我们可以了解他企图回避和隐瞒的问题、注意和强调的问题、力图使审讯人员相信或不相信的信息。允许编谎是获取信息的一种手段，如果犯罪嫌疑人的谎言越编越离奇，甚至以撒谎拖延时间，应在适当时机揭露其谎言。有时则在被讯问人刚刚开始撒谎时就予以严正制止和驳斥，以造成其心理紧张，瓦解其心理防线。

3. 引而不发

在审讯中，不直接出示证据，但可以通过问话，给犯罪嫌疑人以有力暗示，即犯罪证据已被掌握，审讯人员所以不点破其罪行或证据，是为了给他一个坦白供述的机会。所以，引而不发是指在审讯中，以点到为止的问话，让犯罪嫌疑人理解审讯人员并未点破的意思。引而不发的策略可使对方产生犹豫动摇的心态，有助于促其坦白供述。

4. 连续使用证据

有的犯罪嫌疑人自以为作案诡秘，犯罪证据难以收集，防御计划周密，因而侥幸心理、对抗意识比较严重。针对这种情况，审讯人员可以有选择地连续出示一组或几组强有力的证据，配合以强有力的讯问，以给犯罪嫌疑人造成巨大的心理压力，使其丧失对抗信心，形成有利于供述的观念。需要指出，连续使用证据，并不是无保留地全部抛出，而应留有余地，同时还要结合政策攻心等其他策略方法。

(二) 影响犯罪嫌疑人意向活动的策略

在审讯过程中，犯罪嫌疑人总是把其注意集中于对抗审讯上，因此审讯人员要运用各种方法把犯罪嫌疑人的注意中心从主要防御部位引开，促其暴露防御的漏洞。

1. 自由交谈法

人在孤独心境下，总会设法与外界交流以保持心理平衡，犯罪嫌疑人同样如此。他们在受到拘押后，与外界联系隔绝，身心备感孤独，是希望有人与他交谈的，但在审讯中那种威严的气氛，审讯人员严肃的态度，又容易使犯罪嫌疑人感到压抑、紧张，产生戒备心理。这时，审讯人员可以避免正面强攻，不是以严厉的讯问，而是从其愿意或敢于交谈的问题入手，消除犯罪嫌疑人拘束、压抑的心态，缓和审讯气氛，加深双方的心理接触，这样有助于转移犯罪嫌疑人注意，消除其戒心，树立对审讯人员的信任感。如果审讯人员再注意其言语的感染力和针对性，就会使犯罪嫌疑人产生交谈兴趣，并在交谈中透露我们希望获得的信息。这里的关键是建立对话的心理基础，巧妙地、不动声色地引导交谈的方向。

2. 声东击西法

犯罪嫌疑人在审讯中常常是既想逃避罪责，因而对重要罪行或犯罪关键情节极力隐瞒、闭口不提，又想表明自己老实认罪的态度，于是主动交代一些次要问题。声东击西法，就是利用犯罪嫌疑人这一特点，将计就计，声东而击西，从而转移对方在关键问题上的注意。其方法是：审讯人员对犯罪嫌疑人隐重示轻的企图不予点破，而是顺其心态，向次要问题发起进攻，追问细节，或从表面看来与主要罪行无关的情节谈起，隐蔽主攻方向，使犯罪嫌疑人思想麻痹，察觉不出审讯人员的真正意图，这也就是所谓"声东"。当审讯人员通过"声东"使犯罪嫌疑人注意发生转移，对主要罪行或犯罪关键情节疏于防范时，立即扭转主攻方向，针对其防御漏洞，直取要害，使其猝不及防，这也就是所谓"击西"。声东击西的关键是要对犯罪嫌疑人防御重点即注意中心，也就是"声东"所攻主要方向，加以准确选择，确能转移犯罪嫌疑人注意，又不泄露审讯意图，同时要看准"击西"的时机。

3. 四面出击法

犯罪嫌疑人为逃避惩处，不分罪行大小、情节轻重，一概否认、全面防御，心理时刻处于高度戒备状态。对此类犯罪嫌疑人，可以采用四面出击方法，使犯罪嫌疑人摸不着审讯意图、抓不住审讯规律、形不成稳定的注意中心，使其顾此失彼，漏洞百出。这一审讯策略的要点是通过讯问问题从一个到另一个迅速、频繁地转移，使其穷于应付、疲于奔命，心理高度紧张、注意高度分散，这时审讯人员就应集中力量，拿出过硬证据，选准突破口，予以攻克。四面出击的关键是保持审讯的强度和速度，使其无法集中精力进行防御。

（三）影响犯罪嫌疑人情绪的策略

情绪对于人的活动具有动机作用。积极的情绪可提高人的活动效能，消极的情绪则降低人的活动效能。影响犯罪嫌疑人情绪的策略的采用，就是为了减弱、缓和以至于消除那些不利于供述的消极情绪，建立形成有利于供述的积极情绪。

1. 制造紧张与消除紧张

有些犯罪嫌疑人自以为作案手段高明、防御严密或自恃后台过硬，因而侥幸心理严重，没有任何紧张，表现为对待审讯满不在乎、轻松自如，有的甚至态度嚣张、公然挑衅。对于这类犯罪嫌疑人应采取措施，促其情绪紧张。其方法：一是在犯罪嫌疑人狂妄自大、毫无防备的情况下，突然出示有力证据，伴以义正词严的讯问，指出其所犯罪行的严重性和恶劣态度的后果；二是通过加快审讯强度和速度，缩小犯罪嫌疑人考虑如何回答讯问的时间，使其思维活动难以跟上讯问节奏，从而造成其情绪紧张。当然，制造紧张应在法律和人的生理机制许可的范围和限度内进行，否则难以保证供述的准确性。也有些犯罪嫌疑人在审讯中顾虑重重，或者由于审讯气氛和环境及对将受到惩罚的恐惧，而产生巨大的心理压力，情绪极为紧张、思维活动紊乱，造成供述障碍。这时，审讯人员应采取措施，消除其紧张情绪，恢复其心理稳定与平衡。其方法主要是减缓审讯的强度和速度，缓和讯问语气，宽松审讯气氛，讲解法律政策，解除其顾虑，指明其前途；或暂时避开实质性问题，以避免对其心理造成新的不良刺激，对其犯罪原因表示理解，对其失去自由表示惋惜，等等。制造紧张与消除紧张不是对立的，而是统一的，都是为了使犯罪嫌疑人形成有利于供述的情绪。采取这一策略，要注意宽严结合、刚柔相济，还要对犯罪嫌疑人的具体情况做具体分析。

2. 加快审讯速度与减缓审讯速度

通过加快审讯速度，即快速提问，让犯罪嫌疑人马上回答，不给其考虑的时间，可以使犯罪嫌疑人无暇思考对抗审讯的方法和编造谎言，使审讯人员把握审讯主动权。快速审讯持续时间不宜过长。有的犯罪嫌疑人利用快速审讯快速回答，回避对他不利的情节和问题，审讯人员由于讯问速度过快，无法对犯罪嫌疑人供述的可靠性作出全面衡量；有的犯罪嫌疑人为对抗审讯，有时也故意激怒审讯人员，企图使审讯人员自乱阵脚；同时，有些犯罪嫌疑人由于身体状况及心理条件，也不宜使审讯强度和速度过强过快，在这些情况下，应减缓审讯速度。加快与减缓审讯速度，要灵活掌握。一般认为，加快速度易使犯罪嫌疑人的心理防线出现漏洞；放慢速度则有助于审讯人员洞察犯罪嫌疑人心理，判断供述真伪，思考有效对策。

3. 出其不意，攻其不备

有些犯罪嫌疑人具有反审讯的心理准备，他们往往根据审讯人员可能提出的问题，编造口供。对此，审讯人员通过突然提出前面审讯中未涉及的问题和犯罪嫌疑人意料之外的问题，或出示某个犯罪嫌疑人以为审讯人员未能掌握的证据，常常会使其惊慌失措。此策略关键在于正确分析犯罪嫌疑人反审讯心理，避开其有备、猛攻其无备，给其造成巨大的心理压力。

（四）针对犯罪嫌疑人个性施加影响

犯罪嫌疑人在审讯中的心理表现受其个性的制约，因此在审讯中，要注意分析犯罪嫌疑人个性特点，针对其个性采取不同策略，才能收到好的效果。如对于犯罪之前表现较好、犯罪有一定客观原因的犯罪嫌疑人，应当肯定他们为社会做出的贡献，以唤起他们的荣誉感、罪责感；对于受过挫折、感情脆弱、家庭观念较重、儿女情长的犯罪嫌疑人，应进行感化教育，激发其悔恨之心；对于讲义气、脾气暴躁、感情容易冲动的犯罪嫌疑人，可以采取激将法，或针对其讲义气的特点，对其进行关怀帮助，给予理解，解决实际困难，以使其产生认同感，在义气所驱使下，他们往往以交代罪行来回报审讯人员的"义气"；对于思想负担沉重、顾虑较多的犯罪嫌疑人，多讲解法律政策，进行政策攻心；对于彼此间有矛盾的共犯，应利用他们之间的矛盾，如分赃不均、争风吃醋、观点分歧等，进行分化瓦解；对于夸夸其谈、口若悬河者，要注意抓住其言语中的漏洞，严厉质问，以严肃审讯气氛。此外，对于犯罪嫌疑人的气质类型，审讯人员也应注意分析，加以利用。

第七章　警务危机谈判

第一节　警务危机谈判概述

一、警务危机谈判的内涵

危机谈判是心理学在警务工作中的一个应用领域。近年来，随着我国社会的发展和社会矛盾的增多，危机事件呈增多态势，这对公安机关驾驭治安局势和处置危机事件的能力提出了严峻考验。传统的以暴制暴、高压打击的工作理念和处置方式已经不能适应新形势的要求。国内外的经验表明，警务危机谈判是处置此类危机事件行之有效、不可或缺的手段，对不少危机事件的成功处置发挥了至关重要的作用。

（一）警务危机含义

警务危机谈判的理念源于西方。20 世纪 70 年代以前，警方重视的是如何最好地以杀伤性武器对付犯罪分子，以及如何以特种武器来对付社会骚乱和恐怖主义活动。这种武力强攻的方式成本高、代价大，使对立双方的生命安全均受到威胁。随着人权运动的兴起和一些因采取战术武力手段而造成恶劣影响的事件的发生，其中影响最为恶劣的是 1972 年的慕尼黑事件。此后警方开始考虑采取新的处置策略，和平的谈判方式开始受到重视。为此，欧美许多国家在警察队伍中设立了专门的"谈判专家"，其主要任务是配合各部门，在各类与警方处于敌对状态的高危人群之间建立对话的桥梁。我国对于危机谈判的日益重视，与 2004 年 7 月的长春人质事件有着极大的关系。受此事件的触动，各地公安机关均构建了谈判人才训练机制，并在实践事务中取得了一定的成效。

危机又称突发事件、紧急事件。对危机的理解如下：首先，危机事件具有突发性和紧急性，并造成一定的社会影响，既不能回避又难以用通常解决问题的方法来处置。其次，危机包含两个层面的含义，既有危险又有机会，即风险与机遇并存。一方面，危机事件对社会和组织造成威胁，该威胁会阻碍社会稳定或组织目标的实现，如果处置不力，甚至会导致局面恶化无法挽回；另一方面，危机事件实质上就是潜在的各种社会矛盾与社会问题积聚激化后的表现形式，或者说是冲突的人群试图通过非常规或极端的方式，促使有关部门解决没有预见或长期无力解决的问题。最后，遭遇危机时必须在时间紧急和不确定性很强的情况下迅速做出决策，采取具体应对方案。在危机中，各类组织所认定的社会基本价值和行为架构面临严重威胁，危机事件的突发性和前景的不确定性造成高度的紧张和压力，迅速做出决策可以将危机带来的损失减少到最低限度。日常警务工作中遇到的各种冲突、与警方形成的对峙都属于警务危机的范畴。对警务危机的理解有广义和狭义之分。广义警务危机划分为三个类别：第一类是自然灾害，包括洪水、地震、台风、雪灾等；第二类是由于部门、组织、人员疏忽或失职造成的公共危机；第三类是社会动荡造成的，具有对立冲突性的危机，如绑架、劫持、爆炸、恐吓、投毒等。在前面两类危机中，公安机关主要是在有关危机处理领导小组的总体部署下，与其他相关部门配合工作。第三类危机以公安机关为处理主体，是警务危机的主要内容。狭义警务危机主要是指第三类因社会动荡导致的、有对立冲突性的、常与警方形成对峙局面的危机。

（二）警务危机谈判

警务危机谈判，是指在日常警务工作中，专职或者兼职的警务谈判人员在处置行为人与警方形成的对峙状况过程中所进行的谈判工作。警务人员在执行任务时，经常会遇到与行为人对峙的局面。为了维护公众安全和维持社会秩序，警察在很多情况下必须和对峙的行为人进行谈判。警务危机谈判涵盖的范围很大，主要体现在四个方面：一是劫持人质的刑事案件或暴力事件，如绑架勒索案件。二是与警方对峙的刑事案件，如抓捕涉枪、涉爆行为人时出现的对峙局面，用投毒、爆炸等形式进行敲诈的案件等。三是企图自杀案件。在实际工作中，基层公安机关会经常遇到民工因讨要工资不成或个人因家庭矛盾、感情挫折而跳楼自杀等情况，这一并可以纳入其中。四是恐怖活动。我国目前警务危机谈判主要运用在劫持人质的现场处置上。由于人质自由问题是谈判的核心问题，所以这种谈判常称为人质谈判。

二、警务危机谈判的意义

(一) 有利于危机事件的和平解决

在处置劫持人质等危机事件时,安全解救人质或当事人是警方的首要任务。由于对立双方经常处在公开、直接对峙的状态中,对抗性极强,稍有不慎,就可能造成人员伤亡,包括人质、警察及群众的伤亡。这就对处置活动提出了极高的要求。如前文所述,处置活动有两种方式:一是武力强攻,二是危机谈判。国内外大量的案例表明,武力强攻虽然有可能安全解救人质或当事人,但成本较高,风险较大,极易给人质或当事人带来生命的威胁。相比而言,危机谈判的方式成本较低,风险较小,警务效益高,社会效果好。

和平解决危机事件的具体形式有两种:一是促使犯罪嫌疑人或当事人无条件地终止和放弃犯罪行为;二是在满足或部分满足劫持者所提条件的前提下促成案件的和平解决。将谈判工作引入危机事件的应急处置中,让经过专门训练、掌握一定技巧的谈判人员赶赴现场,尽快同犯罪嫌疑人或当事人建立沟通渠道,有利于缓解紧张气氛,消除其在激情之下的危险行动,进而劝说其缴械投降,或放弃自杀念头,或围绕劫持者所提出的一些条件和要求与其对话,探讨和平解决问题的具体前提和方法。可将攻心活动贯穿于谈判过程之中,以和平方式化解一触即发的危机。即使劝说不成,也可以将谈判作为缓兵之计,既能稳定劫持者情绪,又能探明劫持者的心理状态和欲求,同时还可以为下一步各种战术措施的筹划和准备赢得时间,或为武力解决创造有利条件。

(二) 有利于彰显以人为本、尊重生命的执法理念

构建以人为本的执法理念是建设和谐社会进程中的要求。以人为本,就是尊重、满足人的需求。这理念明确要求以人作为执法机关执法的最高价值取向,认为人是执法的根本目的,人的需求是一切执法活动的出发点和归宿,而这一需求在法律上的集中反映就是对人权的尊重。生命权是公民最基本的权利,为社会提供安全保障,保护公民免受暴力侵害,是警方和警察义不容辞的职责。在任何情势下,警方都应尽最大努力,最大限度地保障公民的生命安全。以人为本的执法理念要求在处置劫持人质等危机事件时,将人质、群众和警察自身的安全放在头等重要的位置来考虑,与此同时,对走上犯罪歧途的劫持者的生命也不能漠然视之、随意处置,在有可能的情况下,应尽力予以挽救。警方在处置过程中对劫持者生命的挽救同审判机关对劫持者刑

事责任的追究，是两个范畴的问题，是并行不悖的。谈判作为处置警务危机的一种方式，其基础是平等和人性化。通过谈判工作，追求以和平的方式解决问题，可以降低风险，为保障生命的安全创造条件，这是警方以人为本执法理念的具体体现。

（三）有利于进一步树立警方良好的社会形象

警方在处置劫持人质等危机事件过程中，以确保人质或当事人安全为首要目标，以谈判解决为基本方式，以武力攻击为底线保证。首先运用谈判方式寻求和平解决途径，在迫不得已的情势下，才运用武力强攻等手段。这不仅可以展现警方对公民生命权的充分尊重，争取当事人家属的理解和社会舆论的支持，而且可以对企图铤而走险的不法之徒起到警示作用。使之明白在与警方暴力对峙时，采取杀害人质、同归于尽等极端手段是自取灭亡，而选择与警方谈判，寻求非暴力解决途径，才可以挽救自己的生命。这样可以督促一些正在实施暴力犯罪或者企图犯罪的人员避免走上"鱼死网破"的绝路，昭示法律的惩戒和教育意义，从而赢得社会对警方的充分理解和支持，充分展示警方文明、规范执法的良好社会形象。

三、危机谈判的人员要求

（一）谈判人员的心理要求

1. 敏锐的观察力和灵活的思维能力

谈判人员应具有敏锐的观察力，善于捕捉到劫持者或当事人细微的言行与表情变化，从而判明其内心状态及内在需求。同时，谈判人员的思维应开朗灵活，知识面广，能够沉着应变情势的陡变，能够稳妥、灵活地应对危机。

2. 良好的移情能力

移情就是能够站在劫持者或当事人的立场，设身处地地体会、感受对方，并且能够把这份感受迅速地传达给劫持者或当事人，使其能够感觉到谈判人员是真心来帮助他的，至少在感情上是同步化的。因此，良好的移情能力使谈判人员能够准确地觉知和调控劫持者或当事人的情绪情感，有效地完成任务。

3. 极强的心理承受能力

危机事件现场情况危机四伏，所有涉及的人都在危险之中，这就要求谈判人员必须具有极强的心理承受力，否则难以有效控制整个事件。谈判人员的心理承受能力主要表现在两个方面：一是能控制自己的情绪。能够承受来自事件和劫持者、当事人的压力；能够忍受挟持者的粗俗语言或空洞废话；面对讽刺、谩骂、威胁而不感情用事；能够承受事件以外现场气氛的压力，在焦虑、恐惧、混乱等氛围下仍能保持清醒的头脑。二是能够承受挫折并且锲而不舍。让劫持者或当事人缴械投降、放弃伤害行为，和平解决问题，这是谈判所追求的最理想结果。但事实上并非每次谈判都能如此，即使达到目的，中间的过程也必然是艰难而曲折的。例如，有的人质劫持案件中无论使用什么办法，长时间沟通之后仍然没有任何突破性进展，甚至会导致人质和劫持人质者受到伤害，因此谈判人员会产生强烈的挫败感，认为自己应对这种糟糕的结果负有责任。这就要求谈判人员能够承受各种挫折，要有耐心，在困难的情境中能够锲而不舍地坚持下去。

4. 良好的语言表达能力和社交能力

谈判人员要有同各种社会角色打交道的经验，善于沟通，随机应变，语言感染力强。耐心细致，循循善诱，通过自己的言谈举止打动对方的心，使其能与自己产生共鸣，进而达到说服的目的。

（二）危机谈判的人员构成

警务危机谈判绝对不提倡在谈判问题上单兵作战，应该以谈判组的形式出现，但是与劫持者或当事人直接交流的往往是主谈人员一个人。谈判组的人员必须功能齐全、分工明确、配合紧密。综合境内外国家和地区的具体操作，谈判组的人员可分为两大类：一类为核心性谈判人员，另一类为辅助性谈判人员。核心性谈判人员通常不应少于三人，即负责指挥谈判的谈判组长、主谈人员、辅谈人员；辅助性谈判人员则要根据处置情况酌情配置，包括信息员、分析员、记录员、物资保障人员，有时也可聘请临床心理学专家。谈判组的人数和分工可根据事件现场的大小和性质来增减。

第二节　警务危机谈判心理应用

一、警务危机谈判阶段划分

我国目前警务危机谈判主要运用在劫持人质的现场处置上，下面以人质谈判为基础论述。从实践来看，大多数劫持案件的发生发展经历着一个演进的过程。在这期间，劫持者的行为、态度及策略并非一成不变，而是在劫持者自身因素、人质、警方及其他外围因素的影响下不断发生变化，整体上呈阶段性特征。第一，谈判启动阶段。当事双方人员的情绪都比较紧张，同时可能会产生迷惘和不安的感觉。在这一阶段，谈判的目的是要安定对方情绪、控制现场和建立一个有效沟通的渠道。在这段时间里，对方通常会提出一些要求，并且限时完成。第二，实质性谈判阶段，一般在整个案件处置中占据了大部分的时间。这个阶段主要是双方商议和讨价还价的过程。通过不断地对话，希望能够建立融洽和谐的互信关系。谈判组成员在此刻要设计多种方案来应付任何突发事件，譬如运送物品的安排、释放人质的安排、劫持者投降的安排和人质逃走的应变方案等，并向谈判组长报告以作适当调配。第三，谈判收尾阶段，是整个处置中最关键的时刻，也就是整个处置结束前的阶段。一般情况下有两种不同的结局：一是对方投降，双方安排投降细节，化解危机；二是对方拒降，危机升级，那就随时准备发动武力突击。

二、警务危机谈判心理技术

（一）尊重和真诚

尊重是指尊重劫持者的价值观、人格和权益，以便创造一个安全的氛围，最大程度地表达自己的意愿。谈判人员可以不喜欢劫持者，但这并不重要，重要的是不可以把自己的感受、价值取向和想法带入谈判现场。谈判人员需要正视和接纳对方的感受、价值取向、生活方式，以求解决问题。为了表现对劫持者尊重的态度，谈判人员的举止、态度和言谈都应符合一定的规范。例如，谈判人员进入现场时应衣着整洁、态度随和但不乏庄重，言谈中也要尽量使用"你"或"您"之类不贬低对方身份的词汇等。除此之外，谈判人员还可适当表扬劫持者，使其意识到自身存在的价值，增加对"生"的留恋。

真诚建立在对人的乐观看法和基本信任的基础上。即使是劫持者，谈判人员也应看到其人性中善良的一面，努力消除内心中对其所存有的偏见，以真诚的态度促进互相信任和理解，营造和谐气氛，使劫持者自由地吐露内心体验。当劫持者开始向谈判人员倾诉的时候，其心理防线会慢慢崩溃，谈判趋于成功。在谈判过程中，真诚可以表现为：

（1）言行一致。如果谈判人员言行不一，则必然招致劫持者反感，使已有的谈判成果功亏一篑。不过，谈判人员也应仔细观察劫持者的各方面表征，评估劫持者是否言行一致。企图欺骗谈判人员和警方而表现出言行不一的，谈判人员应委婉地揭穿其骗局，促其真诚沟通。

（2）表现自然。谈判人员应自由、得体地和劫持者交谈，不能过分拘泥于原则或技术的条框。应该注意的是，真诚不等于完全说实话，真诚也不是谈判人员的自我发泄。总之，一切要以有益于达成预定目标为目的。

（二）倾听技术

倾听在谈判中非常重要，甚至被视为谈判成功的秘诀。谈判人员应该耐心倾听劫持者，不但能听懂对方通过言语、表情、动作所表达出来的信息，还要能听出对方在交谈中所省略和没有表达出来的内容或隐含的意思，甚至是对方自己都不知道的潜意识，以促进探索和澄清。

1. 多用鼓励和重复

鼓励的方式主要是指发出一些声音，特别是在电话通话的时候，以让劫持者知道谈判人员正在听他说话。简单的言语，如"嗯""啊""真的吗""什么时候"等，就能产生这样的效果。沉默和适当的非言语交流，是另外一种形式的鼓励。这些鼓励形式一方面可以不干扰对话的流畅性，另一方面使劫持者能意识到谈判人员正在认真地听他说话，有利于促进双方良好关系的建立，促使劫持者愿意谈下去。重复是另外一种类型的鼓励技巧，可运用询问的语调进行重复。重复可以是对一段陈述中的最后几个关键词的重复，即重复劫持者所说的最后几个词语。例如，"发怒"也可以是对一段陈述进行简单的重复，如"你发怒了"。重复会推动劫持者转向更深层次意义的谈话，使得谈判人员在不需要引导对方思维的情况下获得更多的情报信息。

2. 运用开放式提问

开放式提问是指使用"什么""如何"等词提问。通过开放式提问，可以使谈判人员获得更多的情报信息。不要轻易尝试封闭式问题，除非是在紧急情况下谈判人员需要得到明确的信息，如需要立即评估自杀危机进展的严重性，因为这类问题的回答通常只要两个字就够了，它无助于良好融洽关系的建立，更为麻烦的是谈判人员不得不绞尽脑汁提出新的问题。

（三）积极关注和回应

谈判人员应积极关注劫持者的言行举止，对于劫持者思想感情中的闪光点、正面的行动和已作出的让步要不失时机地及时赞扬。有些时候，劫持者会提出一些看似毫无意义、与劫持目标毫不相干的要求。谈判人员对这些要求也应予以充分重视，因为这些要求背后往往隐含着劫持者的真实动机和目的。

1. 对劫持者谈话内容的回应

一是指对劫持者的谈话作出及时的反馈；二是指谈判人员把劫持者的主

要言谈、思想加以综合整理，再反馈给劫持者。有效的谈话内容的回应有以下几个要注意的问题：（1）称呼劫持者时要使用代名词"你"或"您"，或者使用他自己提供的名字。如果劫持者说自己叫张三，那么谈判人员就绝对不要称呼他为李四或王二。如果要用昵称更亲切地称呼其为"小张"的话，那么就一定要事先征得劫持者的同意，否则他会感到谈判人员不尊重他。（2）可以使用劫持者说出的最重要的语句，对劫持者所表达的内容加以浓缩，使其明朗化。通常的句式为："你是在告诉我……吗？"

2. 对劫持者情绪的回应

谈判人员不仅要倾听劫持者所说的事实情况，同时要辨认、体验劫持者言语及非言语行为中明显或隐含的情绪情感，并且反馈给劫持者。有效的情绪回应有以下几个要注意的问题：（1）明确、果断地对劫持者流露出的情绪进行"标刻"。一旦劫持者有情绪流露出来，谈判人员最好立刻对这种情绪加以"标刻"。不用担心"标刻"的情绪是否恰当，因为如果不准确的话，劫持者自己会加以纠正，而且对于谈判人员这样关心重视自己劫持者也许还会心存感激。（2）谈判人员不直接指明劫持者的情绪，而是用间接、委婉的方式向劫持者表达。通常用的句式为："你听起来……""看来你好像觉得……"等。（3）与对内容的回应结合起来可以使语意更加明确。例如，"当……的时候，你好像觉得……"积极的回应能够创造出一种对劫持者的"同感"，打消劫持者的防御心理，能在双方之间建立一种融洽的关系。同时，也有利于劫持者重新探索自己的问题，深化谈话内容。

（四）根据需要适当满足劫持者的要求

劫持者向谈判人员提出的具体要求，这些内容有些是能够满足的，如，食物和饮料、治疗性药物、金钱等；有些则是不能满足的，如，催眠剂等有害药品、武器、释放囚犯、更换人质等。对于香烟，若是正常的吸烟，可以提供香烟和火种。如果劫持者企图以吸烟为名取得火种进行某种罪恶活动，则应予以回绝。交通工具的提供可在两种情况下进行：一是在准备借机制伏劫持者的情况下提供，提供交通工具时警方可借机就地制伏劫持者，或在运动中制伏劫持者：二是在迫不得已的情况下提供。如果劫持者要求一定级别的领导出面，应根据情况而定。原则上不能答应，必要而又可行时，可安排低级别的领导出现，以缓和局面。回应劫持者的要求时，尤其需要指出的是：（1）在拒绝劫持者的要求时，要注意不能直接说"不"，而要以婉转的拒绝方式表达。例如，"让我看一看，这个要求是否可行。""我需要跟上级商量一下。""我会向有关方面反馈你的要求，但最终是否可行，我不能保证。"

（2）每满足劫持者的一项要求时，都要谋求尽可能大的回报。在满足其任意一项要求时，不要忘记对劫持者提出具体的要求。这种要求小到一个具体的承诺或一个具体行为的改变，大到使其作出重大让步。这种回报可以是等价的，也可以是低投入、高回报的。（3）必须明确，在处置劫持等案件的过程中，对劫持者所提出的一些特殊的要求是否予以满足，最终的决定权在指挥人员而不是谈判人员。

三、谈判对于谈判人员心理影响

危机谈判是一项高度刺激、紧张、危险的活动，会给涉入其中的谈判人员带来伤害，有时这种伤害可能会非常严重。主要表现在以下方面：

1. 事件结束后的一段时间里，产生应激后障碍

出现诸如失眠、持续疲劳、乏力、食欲不振、烦躁不安、精神难以集中、记忆力减退、性功能下降、无名低热等症状，但又查不出任何明显的器质性病变；严重的则可能有胃溃疡、心肌梗死等症状，并导致内分泌、免疫功能和行为方面的负面变化。

2. 沮丧和过分自责心理

有时，谈判人员无论使用什么方法，都无法避免人质和劫持者受到伤害。尽管有人安慰他们，称他们已经尽了全力，他们还是会感到非常沮丧和自责。有些谈判人员会检讨自己的不足，后悔自己为什么有些话没有说，有些事情没有做。尤其是在时间较长的谈判中，谈判人员因与劫持者或人质建立了相当紧密的关系，更加认为自己负有责任，因此很难接受最终的结果。

3. 极度疲劳感容易滋生挫折感、冲动感并导致判断力下降

谈判人员经历高度紧张应激状态后，身心承载的压力非常大，极度疲劳感容易滋生挫折感、冲动感并导致判断力下降。鉴于此，谈判人员在谈判结束后应进行详细的任务汇报，并可接受专业的心理咨询辅导。

第三节　常见警务危机谈判处置

一、劫持人质事件谈判处置

劫持人质事件谈判过程中，谈判关系的建立非常重要。良好的谈判关系，

实质是指谈判人员与劫持者之间建立起适当的信任、接纳和理解的合作关系，一旦双方之间的这种良好融洽的关系得以确立，那么劫持者就有可能会听从甚至是接受谈判人员所提出的解决危机的方法和建议。

（一）先声夺人，适度展示武力

在劫持案件发生之初，由于外围环境突变，劫持者会陷入情绪亢奋状态。由有先期处置经验的警察进行初步的武力布控，适度地展示武力，其目的有二：一是以强硬之武力震慑消减其锐气；二是警方策略性地展示武力，使劫持者意识到警方强有力的武力部署，为谈判奠定"实力基础"。同时，为避免劫持者因巨大心理压力而产生过激行为，警方还要通过各种信息沟通渠道，让劫持者意识到人质是其手中的王牌，只要人质在，警方就不敢对其实施武力攻击，以营造出一个适宜谈判的环境。

（二）表明身份，表明立场，拉近双方心理距离

谈判开始的初期阶段，警方与劫持者之间要有一个相互认识、相互沟通的过程，在这个阶段不宜就实质性问题直接展开谈判。通常情况下，谈判人员要以平和、友善的语气，主动介绍自己的身份。例如，"我是×××，是××单位的谈判警察。我想来帮助你。"一般来说，建议向劫持者说出自己的全名。但如果只说出自己姓名中的"名"的话，将更有利于双方建立一种非正式的、宽松的、相互融洽的谈话氛围。此外，不宜亮明自己的警衔和职级，原因在于不能被对方误以为谈判人员拥有很大的权力。事实上，最终掌权的也并非谈判人员。应向劫持者表明，谈判人员在任何情况下都不会伤害劫持者，帮助劫持者解决问题、摆脱困境是自己唯一的任务。谈判人员应充分展示自己帮助解决问题的诚意，力求以诚动人。然后，谈判人员要强调对劫持者的关怀和关注。要求劫持者谈一谈自己的情况，以及为什么采取这种方式解决问题。这样，通过初步的对话，以消除敌对情绪，赢得对方信任，使双方逐步建立合作关系。通过各种谈判手段和技巧，寻找共同话题，以拉近双方心理距离。

（三）同劫持者谈判对话

在现场同劫持者进行一定的对话时，必须把握以下要求：（1）无论劫持者言谈如何粗鲁、急躁，务必保持冷静和缓和的语气。（2）留心倾听并准确记录劫持者的言谈内容，并且告诉劫持者，已经知道他的要求。（3）强调警方关心劫持者的安全，向劫持者说明，如果人质安全，他的安全可以得到保障。（4）向劫持者表明警方愿意协助他和平地解决事件。（5）向劫持者表示警方不希望任何人受到伤害。这一对话阶段的时间不宜过长，在建立谈判关

系的同时，还可以迅速了解案件的起因、劫持者的个人情况、劫持动机，为下一步展开实质性谈判奠定坚实的基础。

（四）注意人质谈判中的斯德哥尔摩效应

1. 斯德哥尔摩效应

斯德哥尔摩效应又称斯德哥尔摩症候群或人质情结，是指犯罪的被害者对于犯罪者产生情感，甚至反过来帮助犯罪者的一种情结。这种情结造成被害人对加害人产生好感、依赖性甚至会协助加害人。斯德哥尔摩效应的名称源于 1973 年发生在瑞典斯德哥尔摩的一起银行抢劫案。在这起案件中，抢劫行为"出了差错"，于是抢劫者劫持了人质，并在银行里与警方对峙了六天。在这期间他们威胁人质的性命，但有时也表现出仁慈的一面。事态的最终结果是，人质抗拒政府营救他们的努力，最终是因抢劫者放弃而和平解决，抢劫者被捕。然而，当对人质就其经历提问时，许多人质并不痛恨抢劫者，反而对抢劫者流露出怜悯、感激之情，并对警察采取敌对态度。有些人质出庭时，甚至不愿作出对抢劫者不利的证言。人质中一名女职员竟然还爱上抢劫者，并与他在服刑期间订婚。自那以后，斯德哥尔摩效应就成为产生于人质和劫持者之间的这种强烈心理关系的代名词。斯德哥尔摩效应的产生往往需要较长的时间和特定的劫持现场环境。如果劫持者根本不和人质说话，态度极为粗暴，甚至始终用枪指着人质，或者劫持者将人质隔离起来，不与之接触，这些情况下人质对劫持者感到极为恐惧，不太可能产生斯德哥尔摩效应。

2. 斯德哥尔摩效应在案件处理中的作用

斯德哥尔摩效应的产生，使得劫持者不忍对人质下手，降低了人质的生命危险，有利于处置活动的运筹。因此，应采取措施促使斯德哥尔摩效应产生。

3. 斯德哥尔摩效应产生的原因分析

从心理学的视角来剖析，其中的原因并不难理解。虽然劫持者和人质所扮演的角色不同，但随着时间的流逝，他们之间的关系在互动中发生着微妙的变化。一方面，劫持者和人质因共同面对受伤和死亡的恐惧而组成了小团体，并以团体的方式对警方的行为做出各种反应。因此，警方面临的将是整个小团体而不是单个的劫持者。例如，人质会认为是警方在将事态扩大，否则也许自己不会成为人质；警方如果发动进攻，将因无法将人质和劫持者区分而使自己面临危险，所以，和劫持者一样，人质也会逐步产生对警方的抵制和敌视。如果事件得以和平解决，每个人都会很高兴，庆幸自己从如此痛苦的经历中幸存下来，并对一同幸存下来的人形成相互的尊重。另一方面，人质心理出现病理性的转变。他们因生死操纵在劫持者手里，而对劫持者产生一种心理上的依赖感。劫持者让他们活下来，他们便不胜感激，觉得欠劫持者一大笔人情债。因此，他们与劫持者共命运，把劫持者的前途当成自己的前途，把劫持者的安危视为自己的安危。于是，人质采取了"我们反对他们"的态度，把警察当成了敌人。

4. 促使斯德哥尔摩效应的产生

首先，如何识别斯德哥尔摩效应的产生。第一，劫持者缩短与人质保持的距离。此距离并不一定指实际的距离，而是彼此心理上的距离。例如，当人质向劫持者要一支香烟时，劫持者交付的方式从开始的丢掷改为递交，或当人质对劫持者提出意见时，劫持者从开始冷笑转变到互相交换意见。第二，劫持者与人质有间歇性的交谈。第三，劫持者开始以人性的态度对待人质。例如，劫持者与人质交谈的态度从开始的贬损、恶劣的语气变得温和。第四，劫持者个人活动停止，团体活动增加。第五，劫持者所提出的要求，一再改变或犹豫不决。第六，逐渐有不同的人与谈判人员对话，特别是刚开始时都是由固定人员与谈判人员对话的情况。第七，对话常会停顿、拖延，做出决定时犹豫不决，特别是出现向谈判人员说"待会再打电话给你"等情形。

其次，采取措施促使斯德哥尔摩效应的产生。第一，谈判人员要求劫持者透露人质的姓名。警方可以借此收集相关的信息情报，而且可以促使劫持者将人质当成一个有充分人格的人来看待。第二，谈判人员需要请求劫持者查看人质是否受伤或患病、是否需要医疗、是否有人需要特别护理。第三，所提及的需求主体应是所有人。不要使现场的情境对于劫持者形成一个"我"与"他们"的相隔离的两个系统，而应使劫持者觉得自己和人质是一体的。第四，要避免使用"人质"这样的字眼。将"人质"用"里面的人""大家"等个人化、人格化的字眼来代替。如果谈判人员知道某些人质的名字，则最好直接称呼这些名字。第五，充分发挥时间的作用。人质和劫持者之间接触的时间越长，就越容易产生相互的沟通理解和相互作用，也就增加了产生斯德哥尔摩效应的可能性。

二、突发群体性事件的谈判处置

群体性事件往往与较多人的利益相关，对这种事件的处置应快速、有效、彻底，使其被控制在一种最小或最微弱的范围里。

（一）请出权威人士

对于突发性群体事件，处置者应以最快速度获得真实信息，千万不可采取回避的态度。根据需要选派具有政策水平、懂业务、心理素质好、语言凝聚力强、具有一定权威性的人与事件中的主要人物进行沟通或对话。与代表接触时的开头语，首先给众人一种温和、坚定、可信赖的感觉，希望达到迅速平息对方激愤情绪的效果。而后表达"请推选出能代表大家意愿的人进行对话，让其余的人都在指定的地点休息，等待沟通的结果"，退出闹事地点。接下来请事件代表充分发表意见、表明其观点，在此期间如果有不理解的地方、听不清的时候可以向他们及时提问，也允许他们在场的其他人补充性地发表意见。

（二）表达诚意而消除对立

通过与代表们直接对话，了解了基本情况后，便要具体地表达本部门解决问题的诚意。此时此地这种诚意的表达，要有理有力，要将政策水平和人文关怀顺畅地完整表达出来。当然事实、数据、时间、决心包括情感等，都是消除对方的怀疑和对立态度的关键性环节。

（三）提出解决问题的方案

人们鉴别领导者解决问题的诚意，主要看提出的方案是否具有现实性、可操作性和时限性特点。如果领导部门的对话仅限于一般表态、泛泛分析，可能给对方造成没有诚意、要弄人的感觉，从而激起群体更大的愤怒。要从根本上解除群体性事件给社会带来的公共安全危机，就应该给对方真正准备解决问题的诚意。

（四）提出撤离的要求

派出的领导与事件代表进行对话后，或很快使问题得到较为满意的答复，或问题解决需要与一些相关部门协商，故而要求参与群体性事件的人员应随后撤离，以等待问题的最后解决，需表明这样的观点。

（五）定期、及时地给予反馈

政府职能部门在群体性事件被劝退后，应该在努力解决问题的过程中，不断地向群体性事件的主要成员通报有关进展情况，切不可掉以轻心、不闻不问，否则一旦群体性事件的相关人员故态重现，就难以收场。因此，会谈者在解决问题安定人心的同时，以心理学的知识有意识地培养他们的心理承受能力，引导其耐心寻求理性的问题解决方法。

对群体性事件的处置，应该像对待其他公共安全危机事件一样，耐心地用人性化的温和谈判方式与其对话，在不断解决阶段性问题的同时，加大力度解决与此相关联的其他问题。从长远安定的意义上，将群体性事件作为各级领导者的工作课题进行研究。一些地方的哄骗蒙混的思维方式或急功近利图短时消除危机之快，不是服务性政府工作人员应有的职业价值取向。

三、公开自杀事件的谈判处置

大量事实证明，自杀行为者在进行自杀时，抱有一种希望被他人理解的求助心理，通过及时适当的开导，自杀事件一般是可以化解的，因此心理救助的作用不可小觑。处置中应把心理救助摆在首位。对威慑性自杀这种民事救助性事件的处置，可以选派精通心理治疗的工作者担任谈判者，救助公开自杀者必然经历艰苦的心理转化过程。

（一）启发轻生者诉说

谈判者首先以一种关切的问候与轻生者进行初步的心理接触。问候的语气、说话的声音、谈话的切入点、情感的伴随、面部的表情，应该说尽可能达到自然得体。让轻生者从一听见这种多年来极少有过的关爱，就产生一缕亲近的感觉，促其潜意识层中产生动摇，甚至顷刻间打开自己情感的闸门，哭诉自己的遭遇和不平。

（二）对轻生者心理的深度把握

谈判者具有丰富的人生阅历非常重要，此时不仅能以同理心去分担轻生者的内心郁闷、痛苦和无奈，也能够从理性、人道、平常心方面给以较全面的分析和适度的表达，让轻生者感到自己尚有知音可寻。谈判过程中尽快找准轻生者的心理症结：痛处、恨点、困境等。而后以贴近轻生者能够理解的方式，具体化地分析生与死、逃避与面对的截然不同的前景，启发轻生者对问题解决有盼头、有希望，重新唤起他们对生活的勇气与期待。

（三）用亲情启动其家庭责任感

谈判者从个体家庭责任感的角度激发其对亲人的思念，并不失时机地强化其亲情性心理负荷，将他从自我世界中拉回到家庭成员的感觉状态，从他本人、社会现实、当时条件许可等综合因素上去考虑，尽力找回其可信赖的社会支持条件，也就是说在拟自杀者的心中点燃重新生活的勇气，恢复其求生的强烈欲望，引导对方自动放弃自杀的举动。

（四）回归平常心

谈判者救助轻生者的落脚点是帮助他们摆脱心理困境，恢复常态心理，从危险的位置上离开。一方面用共同商讨的方式拟定出一个"解决问题的操作方案",帮助他们寻找走出困境的方法,说服其认同方法的可行性和合理性,在感情上有着互融的心理效应;另一方面以老百姓的真实故事启发他们感受,确信平常人都有的烦恼、痛苦,甚至一时泰山压顶的困境也比比皆是,适时地启发他们恢复人类所共有的平常心,进而发展成为克服困难勇敢地活下去的现实心态。

威慑性自杀者的心态有一点是可以肯定的,即他做出种种拟自杀行为的姿态只是一种表面现象,而在这个表面现象的背后隐含着不情愿去死的本质。谈判者只要不去揭穿这种表面现象,从求同的意义上来把握对方的心态,好言相劝,找到解决困境的办法,表达真诚的救助之意,那么对拟自杀者的行为干预就有可能完全获得成功。在威慑性自杀的民事救助处置现场,注意避免围观人群中,防止有人以刺激性的喊话刺激轻生者,促使对方"假戏真做",而导致真实自杀后果的发生。

四、恐吓犯罪事件的谈判处置

敲诈恐吓与公共恐吓的犯罪案件虽然在性质上有着共同特点,都是犯罪主体对犯罪客体进行精神方面的威逼利诱,但由于敲诈恐吓与公共恐吓的犯罪对象不同,对其处置的方式也有所区别。

(一) 敲诈恐吓犯罪事件的处置

敲诈恐吓是犯罪者在非分物欲动机推动下,经充分预谋而对特定人进行恐吓以敲诈财物的犯罪。对敲诈恐吓犯罪的处置,一般接受任务的警队,要求被害人协助警务机关诱引犯罪人出现,并迅速通过文检或电讯等技术手段,从声感、习惯特征去推测其年龄、籍贯、表达方式、求财心态。在他多次呈现的基础上,勾勒出一幅最大限度贴近嫌疑人个性的画像,通过信息搜寻准确地划定侦查方向、缩小犯罪嫌疑人的圈子,为尽快锁定对象而捕捉一切可能的信息。当警队运用各种有效手段迫使犯罪嫌疑人浮出水面,一般警队的做法是继续给犯罪嫌疑人营造安全、自信感的体验氛围,令其放开手脚行动,使其不经意中增大自我暴露的程度。当犯罪嫌疑人反复索要一定钱款数额时,警队提醒被害人佯装无可奈何的样子,用请求的语气,哀求犯罪嫌疑人能否少拿一点,当犯罪嫌疑人矢口回绝,坚持自己索要的钱数,被害人假装顺从地按犯罪嫌疑人的要求执行。当犯罪嫌疑人要求见面取钱物时,警队注意制造一种"行为安全感",使其认定此时拿钱问题不大,或者此时不去拿必然错过良机,使犯罪嫌疑人在特定时刻现形。当抓获了犯罪嫌疑人以后,在一定敏感时间内还要对被害人进行必要的保护，以防不测。

（二）公共恐吓犯罪事件的处置

公共恐吓犯罪是公安机关接到的最棘手案件之一。过去在处置此类案件时，经常将指挥员置于两难境地。当前，随着人民群众对警务危机事件的认知判断和心理承受能力的提高，一般根据国际惯例，对待公共恐吓事件本着"宁可信其有、不可信其无"的基本思路处置。在大型公共场所，一旦发生了"公共恐吓犯罪事件"，可以按照事先准备的紧急预案进行工作。从信息传递、应急机制依次展开，警力进入关键位置，锁定险段、勘查现场等操作行为在预案指导下有条不紊地进行。事件处置过程除了锁定险段的勘查工作外，就是如何疏散人群。为了防止人为灾害的发生，一般负责单位的工作人员往往以计算机故障等较为缓和的理由策略地告知群众，让在场的群众逐步退出险境。尤其遇到节假日大量人群聚集，在内部疏离的同时，还要避免外面群众涌入现场。这样采用由外及内、由慢及快、由聚而散的分层撤离方法，同时严密观察，谨慎行事，防止无意中使人群出现躁动、恐慌，而导致无法遏制的高危局面。

五、心理障碍的暴力劫持谈判处置

当前，社会问题或矛盾的激化状态时有发生。一些社会适应性较差、心理承受能力较低、人格负性特征程度较高的人，遇到外界刺激或挫折极易出现严重的心理障碍。由于不能及时调整而发展为对外寻找攻击目标，采取劫持人质来要挟政府或职能部门，以满足个人社会愿望的暴力行动。由于心理障碍者的成长背景、心理状态、攻击强度等不同于恐怖劫持与刑事劫持者，公安工作实践证明这种类型的暴力劫持更适合以谈判的方式来解救人质。

（一）人性化地减压疏导

心理障碍暴力劫持者的行为活动往往发生在其情绪极端化状态。他们对周围的自然环境与人际关系都极为敏感，心理感受刺激的阈值非常低，稍有风吹草动会使其无限地夸大和理解刺激物的强度而导致人质伤亡。因此降低心理压力、疏导心理障碍是此类案件谈判的第一位的措施。警方应对此类劫持案件时，对谈判手应该予以选择。一些心理专家认为，选择面相憨厚、面目慈祥、态度和蔼、似曾相识、有良好距离感，具有诸如此类的心理感召效应的谈判者较为胜任，当然有经验的心理医生更好。尤其在试探接触阶段，谈判者能以关爱、朴实的平常心态给劫持者以心灵抚慰，不但可以有效减少劫持者的心理压力，建立一种心理深处的对话通道，形成一个相互吸引的心理磁场，而且有利于晓之以理，讲明事情的是非功过、利弊得失、摆脱困境的办法，以达到帮助转化劫持者心态与解救人质的双重目的。

（二）人性化地深入内心世界

担此重任的谈判者应善于有限度地满足劫持者的基本需要，设身处地考虑劫持者的危险处境，让劫持者真实地感到人文关怀。通过谈判者有技巧的提问，对劫持者以前在社会和家庭中遭受的挫折和打击，可以适当地表示同情，让劫持者感受到尊重。在劫持者逐渐消除戒备心理后，他性格中的弱点就会慢慢暴露出来，谈判者抓住时机，深入其内心世界，帮助劫持者恢复真情，重构其对人世间的依恋，强化其对人质的情感体验，进一步拓宽彼此相互交流的心理空间。

（三）人性化地消除敌意

担此重任的谈判者，在与心理障碍的暴力劫持者接触时，务必想方设法冷却其情绪冲动状态。当然谈判者也要相应地同步调整自己，以忍耐、宽容、不急不躁的心理状态来面对和调整和弱化对方的冲动。我们可以假定对方是心理咨询来访者，不管其如何无理，都能以心理治疗者的诚心和同理心，较多地倾听劫持者的述说，引导鼓励其学习用语言表达自己的负性情绪。这样会促其渐渐将武力行为与自己负性情绪的宣泄二者相分离，并适时地诱导提高劫持者自我反省的程度，帮助他们在强化是非观念基础上，提高自我评价能力。要引导劫持者明确对峙形成的因果关系，通过摆事实讲道理的客观分析，让劫持者意识到是自己做了错误的选择。

第八章　群众工作心理

第一节　群众工作中心理现象概述

一、群众工作含义、原则及内容

（一）群众工作含义

群众工作是警务工作中十分重要的一个环节，人民警察同群众的关系有如鱼和水的关系。切实抓好群众工作，有利于密切警民之间的关系，使人民群众理解和支持警务工作。从社会心理学的角度来看，群众对警务工作的理解和支持，依次包含了解、谅解、认同、喜欢和支持五个层次。促进群众态度在这五个层次中的递进转变，是建立良好警民关系所必要的心理基础。警察应当切实利用与群众接触的每一个机会，尽可能地主动与群众进行沟通，才能赢得群众的理解与支持。随着我国政治、经济、文化的不断发展，社会中的矛盾也日益凸显出来，人民警察作为维护社会治安的首要力量，不可避免地要与群众进行思想沟通和情感交流。如今，群众工作面临着群众利益多元化、需求复杂化、素质层次化的趋势，构建和谐警民关系也越来越受到双方心理因素的影响。然而在警察与群众沟通的过程中，双方都存在一定的不良心态，这在一定程度上阻碍了警民关系的和谐。因此，广大人民警察必须重视和加强在群众工作中的心理调控，以适应日益复杂化的警民关系。群众工作是一项社会性工作，有自身特定的内容和方式方法。在长期的警务工作实践中，人民警察为了依靠和造福群众严格履行自己的工作职责，发动和组织群众来支持、参与警务活动，于是便形成了现在群众工作的概念。具体包括社区民警群众工作、窗口民警群众工作、接处警中的群众工作、路面执勤执法中的群众工作、治安管理中的群众工作、侦查办案中的群众工作等。

（二）群众工作的基本原则

群众工作的基本原则包括：

一是科学而有效的原则。科学而有效的原则是指开展警务群众工作应当采用科学的方式方法，讲求工作实效。这一原则基于警务群众工作的目的和特点，提出了从总体上评价警务群众工作状况的客观标准，一方面要充分认识和把握群众工作的客观规律；另一方面要努力实现群众工作内容与形式的有机统一。

二是和谐警民关系的原则。和谐警民关系的原则是指开展警务群众工作应当着眼于建立与人民群众的密切联系，促进警民关系的和谐。这原则基于警务群众工作中的主客体关系，确立了其所要达到的基础目标。"警民鱼水情""警民一家亲"就是警民关系达到和谐的具体写照。完善和谐警民关系，需要建立发现和纠正警民关系偏差的工作机制，加强和畅通与群众保持密切联系的工作渠道。

三是结合警务活动的原则。该原则是指开展群众工作应当以日常警务活动为主要载体，两者紧密结合，相得益彰。完善这个原则，需要准确把握群众工作与警务活动的结合点，充分了解人民群众对警务活动的关注点。

（三）群众工作的基本内容

1. 发动和组织群众维护社会治安

维护社会治安稳定的任务，并不是靠公安机关一方面就能圆满完成的，必须动员全社会的力量。无论是秘密侦查还是公开管理，都需要人民群众的帮助与支持。因此，我们必须采取切实可行的措施去发动和组织群众，调动群众的积极性。一方面，可以集中群众的力量，充分发挥群众的整体作用，使警务工作得到强有力的支持，引导群众为解决社会问题出主意、想办法；另一方面，又可以使广大警察在日常工作中更迅速、更广泛地依靠群众力量和汲取群众智慧，去解决工作中出现的问题，提高工作效率。

2. 汲取群众智慧和意见改进工作

群众的智慧和群众的力量一样，都是取之不尽、用之不竭的。要将群众的无穷智慧用于解决警务工作中的问题，必须靠广大警察主动发掘和汲取。

首先，要虚心向群众学习，广泛听取群众意见和搜集客观资料；其次，要结合公安业务工作，实事求是地集中群众意见。

3. 动员群众弥补专业手段的局限

随着科学技术的发展和犯罪手段的智能化，专业技术手段在公安业务中的应用已显得越来越重要，其作用是不可低估的。但是，技术手段并不是万能的。在许多时候、许多情况下都存在不可忽视的局限：其一，技术手段不可能解决公安业务工作中的全部问题；其二，公安机关使用的技术手段，往往会在与犯罪手段的较量中减弱甚至失去作用。因此，必须充分动员群众，依靠群众力量以弥补专业手段的局限。

二、群众工作的心理现象

（一）群众工作心理现象概念

群众是公安工作服务和依靠的力量，包括社会组织、干部、普通劳动者等。群众工作是公安机关依法组织和依靠社会团体、干部、劳动者等一切社会大众参加保卫国家安全、维护社会治安秩序的活动。包括宣传和教育群众，也包括依靠、组织、发动群众，调动群众积极性，还包括服务群众、保护群众等方面。群众工作中的心理现象，应该包括警察与群众互动中主客体双方的心理现象，具体指他们的认知、需求、愿望、情绪特点，以及个性、行为等方面的特点。

（二）群众工作中群众心理应对原则

群众工作中群众心理应对原则包括：一是转变观念，以服务为宗旨，与群众保持鱼水情谊。警察是权威角色，国家权力赋予警察一定的强制性，这在人们的心目中形成警察的权威意识，往往把警察看成管理者，个别警察自己也因为拥有一定的权力而认为自己高于群众，以管理者自居。这样在心理地位上警察和一般群众就形成了相应的落差，自然而然群众就会对警察敬而远之。警察要想做好警务工作，任何时候都不能离开人民群众的帮助，所以任何时候都不能脱离群众而成为高高在上的管理者。变管理者为服务者，以服务为宗旨，和群众建立鱼水般的关系才是我们群众工作的根本。二是以人为本，尊重人性。以人为本是西方人本主义心理学的核心思想，也是马克思主义哲学中的一个重要思想。美国心理学家卡尔·兰塞姆·罗杰斯（Carl Ransom Rogers）的当事人中心疗法认为，当一个人受到尊重以后，他的自尊和自我价值就会被激发，人就会向着建设性方向发展。

（三）群众工作中心理研究的意义

1. 群众工作中心理研究是发动和依靠群众的需要

中华人民共和国成立以来，公安工作一向坚持依靠群众、专门工作与群众路线相结合的方针，这已成为长期的公安工作传统。"打防结合，预防为主"的方针要求必须相信群众，依靠群众，走群众路线。人民群众是依法治国的主体。治安防控需要群众的直接参与，群众是社会治安的最具决定因素的力量。警力有限，民力无穷。维护社会治安，预防犯罪，没有群众的参与是不可能的。随着社会经济的发展，社会矛盾越来越普遍和复杂，需要投入的警力越来越多，社会治安的稳定完全靠警察来维持越来越困难，而发动群众、依靠群众则可以激发出无穷的力量。群众中蕴藏着无穷无尽的智慧和力量，真正的铜墙铁壁是群众，真正的天罗地网也是群众。当然，人民群众帮助警察维护治安、预防犯罪不是什么时候都能做到的，当警察深入群众，和群众紧密联系时，群众才愿意帮助警察；当警察和群众有距离时，警察常常寸步难行。警察要获得群众的信任和支持，必须和群众结成紧密的联系，必须研究群众的认知、需求、愿望和情绪特点，了解他们的个性和行为特点。做到有针对性地开展宣传与发动工作，有针对性地进行走访和调查工作，才能取得预期的效果。

2. 群众工作中心理研究是服务群众的需要

当前，公安机关践行为人民服务重要思想最主要的任务，就是为人民群众提供稳定良好的社会治安环境，保障人民群众安居乐业。服务群众、为人民群众提供稳定良好的社会治安环境，保障人民群众安居乐业，需要了解群众的需求、愿望，想群众之所想、急群众之所急，这样的服务才会被群众接受和拥戴。当然警察的服务群众和一般的社会服务部门提供的服务是有较大差异的，警察是社会秩序的管理和协调者，管理会带有行政强制性，协调带有特殊性。警察的社会秩序管理，如对人口的管理、对交通秩序的管理，对部分人的自由有相对束缚性，就会带来冲突，这种冲突解决不好，反而会激化社会矛盾。警察在管理时必须对自己和当事人的心理特点有所洞察，特别是对不同对象的心理需求和个性行为特点有预测和识别能力，在恰当的时期说恰当的话、采取恰当的行为。警察的社会协调，如纠纷的协调处理，涉及纠纷当事人双方的利益或情绪情感问题，必须对双方有深刻的了解和理解，才可以居中调解，采用恰当的方法帮助双方当事人获得利益或心理的平衡。这必须对纠纷问题的各种心理现象有深刻的认识，否则作为调解方的警察，处理不好却会把自己卷入纠纷中去。

第二节　群众工作中群众心理及方法

一、群众工作中群众不良心理

在群众工作中，群众的心理既是影响警民沟通的重要因素，同时也是人民警察制定工作措施的主要依据。警察只有了解群众不良心态产生的原因，有针对性地采取有效引导的工作措施，才能做好群众工作。群众与警察打交道主要有下面两种情况：一是主动与警察接触，这种情况多数是群众需要警察的帮助，例如报案、求助、办理证件等；二是被动与警察接触，这种情况一般是由于警察需要群众配合某项工作，或是群众违反相关法规而接受处罚。在这两种情况下，群众所表现出的心态是截然不同的。前者警察耐心和细致的工作会得到群众的认可和赞许，而稍有失误便会为警察这一群体树立不好的口碑；后者群众是处于被动沟通的地位，不管警察的沟通水平如何，都会首先被淹没在群众的怨声当中。在这种情况下稍有不慎就会激发两者之间的矛盾，所以沟通方式和方法便显得尤为重要。

群众在面对警察执法活动时主要有三种心态：一是积极配合，努力为警察工作提供必要的帮助和支持；二是消极不配合，躲避警察，本着"多一事不如少一事"的想法，回避警察的请求；三是抵触对抗，对警察产生厌烦和对抗情绪，甚至会发生言语和肢体的冲突。警察要针对群众的不同表现，有针对性地做好相关的心理疏导。

（一）消极不配合心理

群众的消极不配合，往往表现在对警务工作的敬而远之，"事不关己，高高挂起"等思想深入人心。这些群众在与警察打交道的过程中，首先想到的是自己能从这项活动中得到什么样的实惠，如果没有任何好处和利益，他们不会主动透露任何信息；还有的是害怕犯罪分子打击报复而不敢或不愿透露实情；再者，群众对一些警察的不良作风有意见，进而扩展到对整个警察队伍形成刻板印象。

针对这种类型的群众，警察应当在日常沟通中与群众建立和谐互信的关系。细水长流，指的就是这样一种沟通方式，警察日常沟通工作没做到位，群众是不愿意在关键时刻挺身而出的。此外，还应该经常鼓励那些积极配合的群众，形成一种积极向上的社区氛围，在警察不断宣传和带动下，那些消极不配合的群众会慢慢转变过来。然而，首先需要解决的仍然是警察的言谈举止、待人接物以及工作作风问题，良好的职业风范会让周边的群众肃然起敬，对警察也会敬爱有加。

（二）抵触对抗心态

一些群众对公安机关或警察的抵触对抗心态，往往容易引发过激甚至极端的行为，直接地对公安工作乃至社会稳定造成伤害。有些人认为警察会因为害怕麻烦而迁就那些故意吵闹的人，于是在与警察打交道时，不论自己是否有理，都利用大声吵闹和制造事端来把事情闹大，希望以此引起众人的围观，混淆视听，令警察为难，从而达到自己的目的。随着警务工作的不断深入推行，有些群众利用目前公安机关处理群众投诉的制度，片面地认为投诉可以替自己出一口怨气，因此在遇到问题或稍微不顺心时，动辄便以见领导或投诉相威胁，甚至恶语挑衅。在闹事群体中，许多人都抱有从众心理。怀有这种心态的群众，通常都会跟随大多数人做出一些过激的行为。警察作为社会秩序的维护者和管理者，在群众眼中是政府的代表之一。当政府管理工作中出现某些问题而引发群众不满情绪时，一些人就会将对政府的不满迁怒于警察身上；一些曾经受过公安机关处罚或对警察存有偏见的人，也往往会在与警察发生口角和冲突时寻衅滋事。

二、警察应对群众不良心态方法

（一）认真聆听，安抚情绪，把握意图

警察在与群众沟通的过程中，知己知彼是引导、控制对方心态的关键。首先，应学会耐心倾听对方讲话，尽量体会对方的难处，表示出对其不便之处的理解，以此来控制现场气氛，使群众向平稳情绪过渡；其次，充分了解对方，判断对方的动机和情绪状态，做到对症下药，不急于发表看法，等对方宣泄过后再阐述自己的目的和意图，通过双方的互动沟通和交流，有效营造一种和谐的警民关系和工作环境。

（二）耐心讲解，阐明理由，提供办事指引

服务是群众工作的核心。在法律法规允许的范围内，警察应当为每一个群众提供尽可能多的服务，但是当受到法律底线限制时，就必须严格按照法律法规办事，不得跨越，这是警察执法纪律的要求。无论与群众发生何种争吵，都应该尽量避免在公开场合进行。因为围观群众不明真相，在这种情况下就会以讹传讹，损毁公安机关形象，不利于警务工作的开展。因此，警察应在第一时间使对方的声音降低，尽量避免大声喧哗；如果条件允许，可以将其带到相对独立的环境中处理。

（三）宽容接纳，体谅难处，主动帮助

对待群众不良的情绪反应，警察应当保持积极接纳的心态。群众表达的负面情绪往往并不是针对警察个人，警察应尽量将其不满限定于事件和处境之中，让对方能够感受到"如果客观条件允许，我就会尽力帮助你；在客观条件不允许的情况下，我也能理解你"的诚意。群众在某些场合发生强烈的情绪反应，是对警察沟通态度和行为作出的反应，是他们要求被尊重、被重视等心理需要的表现。警察应该保持宽容接纳对方的心态，正视群众的不良情绪，绝不可以与之产生对抗反应。

（四）重视群众利益，关注感受，传递理解

开展警务工作，无疑要做大量的思想工作，但其并不是万能的，因为每个人的行为都有无法超脱自身利益的关联。在与群众打交道时，要充分考虑群众的利益和情绪，将关心群众的利益与安抚情绪贯穿于整个群众工作之中，不能脱离群众基本利益和感受而去做空洞的思想工作。情绪安抚是沟通顺利实施的前提。在双方已经产生矛盾的前提下，适当地安抚群众的情绪使之回归原点，则群众工作就已经取得了决定性的成效；若是再能考虑到群众利益问题，群众工作就能水到渠成了。

（五）强化沟通意识，掌握沟通技巧

警察与群众的沟通分为日常沟通和冲突沟通两种。前者是警察在业务工作中与群众进行的平常沟通，后者是在警民间已发生争吵或对峙情况下的沟通。从沟通技巧上来看，两者大致相同，但是在冲突状态中对于警察对自身情绪的控制和把握，以及对对方情绪的引导技巧的要求比较高，具体表现为以下几点：一是树立尊重、平等、关注及有效的信息传递的观念。尊重，主要表现在礼貌、礼节上面；平等，就是不要表现出高高在上的管理者架势，避免强势语言而多用平等语言；关注，就是努力表达对对方利益和感受的关心；有效的信息传递，就是要选择恰当的表达方式，做到准确传递信息。二是保持友善、诚恳、耐心的态度。对群众需要帮助的事情，警察要积极主动加以应对，而对自身工作出现的失误，要及时地加以检讨和反省，态度要诚恳，对群众提出的各种复杂烦琐的问题，争取将其简化并耐心地予以解答。三是掌握基本的察言观色的技巧。警察在与群众进行沟通的过程中，要适当地对群众的各种反馈性的表情进行观察，进而更好地应对即将发生的事件，使警察始终能够主动地把握聊天进程的发展和态势，清楚群众所需所想，同时也能非常好地解决一些沟通的难题。

第三节　群众工作中纠纷当事人心理

一、群众工作中的纠纷当事人心理特点

纠纷是一种社会冲突，是指在一定的时间、地域，由于利益纠葛、认知偏差、情绪积累等原因引发的人际间冲突。其持续存在构成对社会秩序稳定性的威胁；在激化状态下，普通民事纠纷也可能酝酿恶性治安事件甚至刑事犯罪。调解纠纷是公安机关日常社会管理中的一项重要工作，涉及社区警务、治安管理、接处警等公安日常工作。公安机关所承担的行政调解工作，对于有效维护社会政治和治安秩序的稳定，预防犯罪和群体性事件的发生具有深远的意义。数据统计表明，我国公安机关在现阶段为处理民事纠纷而投入的警力越来越多，甚至超过了刑事案件的侦破及其他工作。其中呈现的心理现象也是警务心理范围内需要认真研究的。

（一）经济至上价值观念

少数群众只注重个人得失和眼前利益，互不谦让，很多由小事引起的纠纷到最后闹得不可开交。有些纠纷因几元钱甚至几毛钱而起，双方闹到引来大量路人围观的地步。即使是债权债务纠纷也不想走司法程序，有些人是出于避讼心理，有些人却是担心一笔诉讼费。这类纠纷当事人把经济利益看得高于一切。

（二）严重积累的负性情绪

有一类纠纷并不涉及财产利益，当事人仅仅是觉得内心压抑，无处发泄，只求得到一个说法，辨明谁是谁非。尤其是家庭内部纠纷、邻里纠纷、物业纠纷多夹杂着过去的一些恩怨在里面，为了赌一口气而纠缠着互不相让。

（三）认知水平偏低

引发纠纷的原因，一种情况是当事人明知道自己的行为违背社会普遍承认的规范，但为了一时方便或心存侥幸引起纠纷。例如，乱倒垃圾、噪声扰民引起邻里纠纷；家庭一方有外遇引起家庭纠纷；等等。另一种情况是当事

人未意识到自己的行为有何不妥，因为生活习惯的不同而引发纠纷。常见的为外来人员与本地居民的一些纠纷。

（四）过度自尊的个性

过度自尊即好争"面子"，中国人的文化观念中过分重视"面子"。"面子"是通过生活中的成功和炫耀而取得的名声，同时也是表示自我的道德性格获得社会认可，失掉它将使一个人在群体中不可能发挥其个人价值。有些家庭纠葛以及口角引起的纠纷，都是"面子"惹的祸。

二、群众工作中纠纷当事人心理应对

（一）及时收集证据，以事实说话

相对于其他案件来说，纠纷当事人往往只提供对自己有利的情况，因此在调解纠纷时，民警应了解全局情况，及时掌握证据有助于看清情势，掌控大局。但在现实操作中，纠纷双方往往因情绪激动没有保护纠纷现场的意识，现场极易遭到破坏。现场证人可能比较多，却很少有人愿意提供证言，证人证言的真实性往往难以保证。遇到现场人多嘈杂、局势混乱的情况时，民警应立即将双方当事人隔离，简要询问情况，及时登记。要将当事人与围观群众分离，详细记录在场围观群众的姓名、联系方式，便于日后调查取证。有条件的派出所可以充分利用科技手段固定证据，出警民警要尽量携带摄像机、录音机、照相机等设备，提高民警获取、固定证据的能力，切实掌握现场情况的第一手资料。调解必须建立在基本查清案件的基础上，以查实的事实说话，做到有理有据。在调解纠纷时，经常出现这种情况：当事人一方或双方为了推脱责任，往往添油加醋，只提供对自己有利的情况。面对这样的情况，只要民警将充足的证据摆在当事人面前，就能从气势上压倒对方，令其哑口无言，从而控制住局面。

（二）保持警察角色中立，处理好各角色关系

纠纷处置大多是调解。调解是指由纠纷当事人以外的第三者通过说服教育的方法，使纠纷在双方当事人互谅互让的基础上获得解决。警察在纠纷调解中处于第三者的地位。纠纷当事人总是倾向于选择比自己位阶更高的机构或人士来裁决纠纷。因此，警察在调解纠纷的过程中要找好自身的定位。复杂的社会关系、不同的社会地位和多重的社会行为决定了角色的多样性。警察在纠纷的调解处理中扮演着教育者、威慑者、处罚者、同情者等不同的角色，但在这些角色的扮演过程中其角色之间不同程度地存在矛盾和冲突，这

就是所谓的角色冲突。解决角色冲突的有效办法是学会自我协调，克服紧张心理。调解纠纷要专心致志，例如，对于在纠纷处置中当事人以警察作为矛盾转移对象，对警察进行恶语攻击，甚至以投诉相威胁的情形，警察这时要做到不卑不亢，情绪不受其影响，严格依法行事，必要时迅速请求支援。现场往往还会出现纠纷其中一方无理取闹，将警察作为矛盾"挡箭牌"的情况，对此警察口头要收紧，不能轻易许诺，防止让其抓住"把柄"引火烧身。

在实地调处纠纷时，当事人往往情绪比较激动，说话可能没有分寸，甚至会把无名怒火撒到警察头上。这时，调处民警要保持头脑冷静，要控制好情绪，予以对方充分的理解，尽量避免冲突。等当事人情绪平静，恢复理智后，再耐心做工作。有时候当事人口头上接受调解，但易于反复，刚出门心里又后悔而不去履行，这时民警应认识到距离成功仅有一步之遥，切忌心情急躁而出言不逊，要耐心地进一步向当事人阐明不履行协议的利害关系，努力协助其履行，防止新的矛盾产生。因此，民警只要以情动人、以理服人，纠纷处理起来就容易多了。在遇到当事人胡搅蛮缠的时候要把握原则，当机立断、不拖泥带水。民警进行调解应做深入细致的工作，但也应有限度，一般以两次为宜，不宜久调不决。在调解未果的情况下，应及时让受害方自诉或提起公诉。

（三）学习心理学知识，提高处置纠纷能力

1. 学习相关心理咨询和谈判技术

心理咨询技术中的倾听、同感、呈现等技术的运用可以帮助警察提高解决问题的能力。可以通过引导纠纷双方进行心理换位，在纠纷双方之间构建良好的关系。引导纠纷双方通过冷静地反思，在找出自己不足的同时，站在对方的立场思考问题。纠纷的调解过程实质上是一个三方谈判过程，谈判的实质是让纠纷双方接受对方，互相做到有进有退。调解纠纷时要懂得什么场合讲什么话，对什么人讲什么话。调处民警要留心自己的语言，不要使对方造成误解，或给对方留下把柄作为将来攻击民警的依据。对一些自己没把握的问题，要利用倒茶水、做笔录等机会争取时间多进行思考，或找机会及时向上级请示，不要随便做出解释和承诺。对一些有意刁难的问题可采用分解法，只回答其中一小部分问题；也可以先肯定和赞扬对方问题的重要性、正确性和适时性，然后，再合情合理地强调问题的复杂性、现场回答的困难程度，以取得对方的理解。为避免发生不必要的正面冲突，还可采用转移话题的方法，讲一些与问题似有关又无关的话题，转移对方注意力。因为在某些场合中，正确的答案不一定是最好的答案。

2. 提高心理分析能力

民警在调解中会遇到性格迥异的纠纷当事人，有不善言辞、思想顽固的，有态度蛮横、行事外露的，也有自尊心强、极讲面子的。调处民警要具备敏锐的洞察力，善于分析，对性格内向的人要找到根本原因与其开诚布公地沟通；对性情优柔寡断的人要软话重讲，严肃地指出其行为不妥之处、问题的严重性及任其发展的后果；对性情直爽干脆的人要硬话轻讲，避免陷入僵局；对冲动急躁的人采用冷处理，避其锋芒才是调解之上策，站在公德、法理的角度作深入浅出的分析，帮助其知法明理；而对于那些"好面子"的人就需要设法提高其思想觉悟，注意说话的语气和技巧，既维护其自尊心又能使其心悦诚服。

在纠纷的不同阶段，纠纷当事人的心理活动不同，其心理特征也会随着解决矛盾的过程而变化。民警要以不变应万变，善于对剑拔弩张的当事人加以引导，给出合情可信的意见及合法解决问题的途径，促使双方口服心服，迅速平息矛盾。

民警可以通过对方无意中显露出来的抱胳膊、抱头、抓头、抖腿、摸鼻子等姿态，了解对方的心理，有时能捕捉到比语言表露得更真实、更微妙的内心想法，然后对纠纷双方进行定位以便对症下药。人各有其情、各有其性：有的人喜欢听奉承话，有的人刚愎自用，有的人脾气暴躁，有的人优柔寡断。民警可以通过纠纷双方反映情况时的外在表现，摸清双方的脾气性格，依据各人的特点，结合对方的社会层次、文化程度等因素，投其所好或投其所恶，让整个调解过程按照民警的意愿进行。

（四）不同纠纷当事人的具体应对

治安调解针对的是人与人之间的纠纷。人是矛盾纠纷产生的主导因素，所以要解决矛盾纠纷就必须从人入手。不同的人具有不同的个性，个性一般包括需要、动机、价值观、性格、气质、能力等因素，对当事人的调解，需要关注当事人个性的方方面面，了解不同个性的人的心理规律与心理现象反应，对化解人的心结、解决矛盾具有重要意义。

第四节　群众工作中警察心理及方法

一、警察在群众工作中的不良心理

警察是一个高风险、高责任、高压力的社会群体。一方面这个群体肩负着维护国家长治久安的重大责任，但另一方面，他们的心理健康每时每刻都在受到外界事件的影响。大多数警察都有过陷入生理、心理双重疲劳的状况，而这种情况已经成为削弱公安队伍战斗力的原因之一。在这种心理状态影响下，很多警察在与群众打交道的过程中，态度容易冷漠麻木，无法设身处地理解群众当下的焦急与烦躁，情绪调控不当便会造成警民关系紧张，甚至出现言语或肢体的冲突。因此，警察的不良心态需要有意识地进行自我调节。

（一）职业枯竭表现突出

近些年来，随着社会突飞猛进的发展，社会矛盾也逐渐凸显出来，警察的工作任务变得更加繁重；同时各项相关指标要求也越来越严格，工作持续时间长，加班无规律，身体疲劳和心理疲劳症状明显，职业枯竭现象随处可见。其主要表现是：工作热情丧失、情绪烦躁易怒、冷漠麻木、情感资源干涸、敏感、攻击性行为加剧等。

（二）执法权威受到挑战的失落感

随着执法理念与执法方式的转变，警察执法过程受到更多的监督和制约，部分习惯了高高在上的警察无法适应现实工作的要求。群众在民主意识、权利意识不断增强的同时，参与管理与配合执法的意识又尚未提高；加上群众素质参差不齐，有些群众出现了故意挑衅执法权威的行为。因此，工作中，警察虽身为执法者，然而其权力却处处受到挑战。

（三）应对投诉身心疲惫

当群众与警察发生矛盾冲突后，多数人会选择投诉。群众投诉执法者，本来就是加强公安队伍监督和警务活动的一项有效措施，但是由于一些群众缺乏投诉的责任感，滥用掌握在自己手中的这项权力，这会对警察造成巨大的困扰，而不论最后调查结果如何，被投诉的警察遭到投诉后均有一种比较委屈的感受，加之领导在不明实情的情况下，有时会对警察施加巨大压力。如果警察长期处于焦虑和紧张之中，有时甚至会谨小慎微、畏首畏尾、如履薄冰，有的还会表现为心力交瘁的病理症状。

（四）自我否定感强烈

在警民沟通不畅的情况下，尤其是在警察遭到投诉、被群众骂、领导训等情况发生后，警察特别容易产生对于自身的否定性感受，包括不被人理解、否定自己的能力、自尊心受伤害、否定工作意义等。这种情感会影响警察工作的积极性和创造性，而且会直接导致警察在与群众接触时产生不良心态。

（五）对群众冷漠麻木

有些警察常常只关心与自己有私人关系的人，如对家人、朋友等会特别用心，而对陌生人则表现得异常冷漠与麻木。他们会选取一些对自己有好处的人着重建立一种互利共生的关系，而漠视那些对自己没有好处的群众。少数警察认为群众素质差、觉悟低、认识浅，这样会大大损毁了公安系统执法者的光辉形象，同时也在一定程度上导致群众对警察群体产生很难逆转的偏见。

（六）自我为中心心态

过分强调自己的感受，不去领会和同情别人的困难和遭遇。无论在什么情况下，一些警察都是以自我感受为中心，这种心态与自身担当的社会角色极其不相称。警察在社会中担当公共管理和公共服务的角色，这要求其在职务活动中更应该关心工作对象的感受。例如某人家中被盗，报案时语无伦次、支支吾吾，这时警察不应该对其表述问题的方式进行嘲笑，而应该认真地用最朴实的语言安抚对方情绪，这样才能建立警民互信的和谐气氛。还有一些警察总是觉得自己是对的，自己的想法就是答案，因此听不进去别人的意见和建议。表现一种自大心态，无疑会将群众拒于千里之外。

（七）情绪易怒，不能自控

警察在工作中，由于心理压力过大或者受到不良刺激，往往不能及时调整自己的心理活动，表现为易怒或情绪失控。这种情绪在表露的过程中，往往是无目的、无意识地发泄出来，有时会给对方一种不可理喻的感觉。就警务工作的烦琐来看，它的确容易让一个人产生烦躁和不安的情绪，进而容易演变为愤怒。即使这样，该完成的工作还是要如期完成，易怒非但不能很好地完成工作，反而会让群众对警察的印象大打折扣。因此合理地控制自己的情绪，必然会使警务工作事半功倍。

二、警察在群众工作中心理调节方法

群众工作中警察不良心理状态的调节，归根结底需要警察本身具备相关的心理学知识，结合自身的实际情况，有意识地调节与控制。其具体表现在以下几个方面：

（一）理性看待警民关系

警察与群众的关系，从整体上来看是一种和谐、双赢的关系，双方应该在根本利益上保持一致，在情感上相互包容。警察应主动与群众建立良好的沟通渠道，提高自身的服务水平和专业技能，采用合理、合法、适当的工作方法，可以在一定程度上赢得群众的理解和支持。在警务工作和群众需求发生矛盾时，警察应当把群众还原为一个生活中有着各种具体需求的人，多为群众办好事、办实事，这样就能处理好与群众的关系。

（二）换位思考，体察对方情绪

警察在与群众打交道时，首先应当明白对方的感受，敏感地体察对方的情绪变化和发展趋势，而做到这一点需要警察能真正站在群众的角度去看待问题。常问自己这样一个问题："如果我是他，我希望对面的这个人为我做什么？"当以对方的立场来思考时，我们才能准确地判断和把握对方的情绪，更好地传递彼此间的了解。

（三）自我控制，调整情绪

警务工作繁重而琐碎，尤其当与群众产生冲突时警察容易被激怒，这也是情有可原的，但这并不意味着警察可以随意宣泄自己的不良情绪。当遇到紧急情况时，警察要通过以下方法对自身的状态进行调整，以保持冷静清醒：自我暗示，是指通过内部语言暗示自己，以达到增强信心和情绪稳定性的一种方法；场景撤离，是指当发觉自身情绪即将失控时，可以先选择一个清静的地方，让自己情绪冷静下来，再进入刚才的情境分析解决问题的方法；深呼吸法，可以试着让自己通过有规律、缓慢的深呼吸来舒缓紧张、气愤的情绪。

（四）转换思维，分配注意力

警察随着群众工作的进行，对相关业务和内容逐渐趋于熟练，在这种情况下，不妨通过合理地分配注意力来让自己在同一时间从事更多的事情，比如一方面与群众甲交谈，另一方面聆听群众乙的诉求。这样必然会很大程度地提高自身的办事效率，让群众对自己刮目相看。

（五）配合协作，团队支持

警察调解自身的不良心理状态，有时需要同事所代表的团队的支持、配合与鼓励。很多时候，"当局者迷，旁观者清"，在处理相关问题时，其他同事作为旁观者对问题的认识或许比自己更加准确和独到。如果同事能及时发现问题并给予提醒和帮助，就可以在第一时间避免不良后果的产生，从而使自己更快地排除困扰，恢复良好的工作状态。

主要参考文献

［1］崔占君，关亚军，何翠芳等. 警察心理训练的理论与实践［J］. 公安教育，2004（2）：23-25.

［2］王红梅. 民间纠纷调解［M］. 北京：清华大学出版社，2011.

［3］郑江涛，等. 新时期公安群众工作指南［M］. 北京：中国人民公安大学出版社，2008.

［4］乐国安，等. 证人心理学［M］. 北京：中国人民公安大学出版社，1987.

［5］吴中林. 证人心理学［M］. 成都：四川大学出版社，1987.

［6］王淑合. 警察心理咨询［M］. 北京：中国人民公安大学出版社，2013.

［7］孙配贞，刘敦明，于军胜. 关于证人证词可靠性的研究［J］. 社会心理科学，2007（2）：167-172.

［8］任克勤. 被害人学新论［M］. 广州：广东人民出版社，2012.

［9］［美］安德鲁·卡曼. 犯罪被害人学导论［M］. 李伟，等，译. 北京：北京大学出版社，2010.

［10］刘邦惠. 犯罪心理学［M］. 北京：科学出版社，2009.

［11］王大伟，张榕榕. 欧美危机警务谈判［M］. 北京：中国人民公安大学版社，2007.

［12］李维. 谈判中的心理学［M］. 北京：清华大学出版社，2011.

［13］刘宣文. 心理咨询技术与应用［M］. 宁波：宁波出版社，2006.

［14］［美］Gerald Corey. 心理咨询与治疗经典案例［M］. 石林，等，译. 北京：中国轻工业出版社，2004.

［15］［英］Jane Milton. 精神分析导论［M］. 施琪嘉，等，译. 北京：中国轻工业出版社，2005.

［16］周朝英，黄雅静，吴宁. 警务心理学［M］. 北京：中国人民公安大学版社，2013.

［17］郑希付. 心理咨询原理［M］. 广州：广东高等教育出版社，2003.

[18] 许又新. 心理治疗基础 [M]. 贵州：贵州教育出版社，1999.

[19] 乐国安. 咨询心理学 [M]. 天津：南开大学出版社，2004.

[20] [美] S. Cormier, B. Cormier. 心理咨询师的问诊策略 [M]. 张建新，等，译. 北京：中国轻工业出版社，2000.

[21] [美] Gerald Corey. 心理咨询与治疗的理论及实践 [M]. 石林，等，译. 北京：中国轻工业出版社，2004.

[22] 郑友军，吴海荣. 警务心理学 [M]. 成都：四川大学出版社，2011.

[23] 周正款，张载福. 咨询心理学 [M]. 南京：东南大学出版社，2007.

[24] [英] Ainsworth, P. B. 警察工作中的心理学 [M]. 安福元，庄东哲，译. 北京：中国轻工业出版社，2007.

[25] 杜志敏. 心理素质与综合能力训练教程 [M]. 北京：化学工业出版社，2007.

[26] 郑云正. 心理行为训练实务 [M]. 北京：长征出版社，2008.

[27] 中国就业培训技术指导中心组织. 心理危机干预指导手册 [M]. 北京：中国劳动社会保障出版社，2008.

[28] [美] B. E. Gilliland, R. K. James. 危机干预策略 [M]. 肖水源，等，译. 北京：中国轻工业出版社，2000.

[29] 宋小明. 公安民警心理健康训练与心理危机干预 [M]. 北京：北京师范大学出版社，2011.

[30] 邱鸿钟，梁瑞琼. 应激与心理危机干预 [M]. 广州：暨南大学出版社，2008.

[31] 张保平，李世虎. 犯罪心理学（第四版） [M]. 北京：中国人民公安大学出版社，2006.

[32] 张春兴，罗大华，何为民. 犯罪心理学 [M]. 杭州：浙江教育出版社，2003.

[33] 彭聃龄. 普通心理学（修订版） [M]. 北京：北京师范大学出版社，2009.

[34] 肖兴政，郝志伦. 犯罪心理学 [M]. 成都：四川大学出版社，2004.

[35] 梅传强，王敏. 犯罪心理学 [M]. 北京：中国法制出版社，2005.

[36] 周晖. 犯罪心理学 [M]. 北京：中国人民公安大学出版社，2014.

[37] 李玫瑾. 犯罪心理学 [M]. 北京：中国人民公安大学出版

社，2008.

[38] 陈兴乐. 司法心理生理测试技术教程 [M]. 北京：中国人民公安大学出版社，2008.

[39] 陈云林，孙力斌. 现代心理测试技术导论 [M]. 北京：知识出版社，2005.

[40] 郭建安. 犯罪被害人学 [M]. 北京：北京大学出版社，1997.

[41] 徐玉明，申智军，卫莉莉. 警察职业素质结构的实证性研究 [J]. 公安研究，2002（7）：72-75.

[42] 张振声. 警察访谈技术 [M]. 北京：警官教育出版社，1998.

[43] 徐玉明，张大庆，黄长仙. 公安实用心理学 [M]. 北京：群众出版社，2006.

[44] 徐玉明. 公安心理学 [M]. 北京：新华出版社，2000.

[45] 郑昌济. 犯罪动机的心理分析 [J]. 政法论坛，1986（5）：44-48.

[46] 张大庆，张建明，杨运生等. 警察职业能力测评的初步研究——警察认知能力结构的验证性因素分析 [J]. 山西警官高等专科学校学报，2006（2）：55-56.

[47] 徐玉明，张旭东. 心理应激反应与警察身心健康探微 [J]. 公安研究，2002（2）：60-63.

[48] 刘援朝. 公安民警心理教育 [M]. 天津：天津社会科学院出版社，2003.

[49] 郑杭生. 社会学概论新编 [M]. 北京：中国人民大学出版社，1996.

[50] 张振声. 警察心理学 [M]. 北京：中国人民公安大学出版社，2003.

[51] 戴良铁，白利刚. 管理心理学 [M]. 广州：暨南大学出版社，1998.

[52] 孔令智，汉新建，周晓仁. 社会心理学 [M]. 沈阳：辽宁人民出版社，1987.

[53] 高锋，等. 反劫制暴战术谈判 [M]. 北京：中国人民公安大学出版社，2004.

[54] 邓维鸾，等. 预审心理学 [M]. 成都：四川科学技术出版社，1986.

[55] 庞兴华，等. 犯罪心理学 [M]. 北京：中国政法大学出版社，1989.

[56] 徐世京. 司法心理学 [M]. 上海：上海人民出版社，1986.

[57] 林晶修，赵冠贤. 侦查心理学 [M]. 北京：群众出版社，1987.

[58] 乐国安，等. 侦察心理学 [M]. 北京：中国人民公安大学出版社，1987.

[59] 武伯钦，张钦礼. 变态心理与犯罪 [M]. 北京：中国人民公安大学出版社，1987.

[60] 邱国梁. 犯罪与司法心理学 [M]. 北京：中国检察出版社，1998.

[61] [美] 罗伯·K. 雷斯勒，汤姆·沙其曼. 疑嫌画像 [M]. 李璞良，译. 北京：法律出版社，1998.

[62] 郭亨杰. 心理学的学习与应用 [M]. 上海：上海教育出版社，2001.

[63] 黄希庭. 心理学导论 [M]. 北京：人民教育出版社，2004.

[64] 徐玉明，王利斌，侯军，等. 警察职业人格特征研究 [J]. 中国人民公安大学学报，2005 (3)：58-60.

[65] 钱铭恰. 心理咨询与心理治疗 [M]. 北京：北京大学出版社，1994.

[66] 乐国安. 咨询心理学 [M]. 天津：南开大学出版社，2004.

[67] 马建青. 辅导人生——心理咨询学 [M]. 济南：山东教育出版社，1992.

[68] 曾文星，徐静. 心理治疗：理论与分析 [M]. 北京：北京医科大学、中国协和医科大学联合出版社，1994.

[69] [美] 查理斯·S. 卡弗，迈克尔·F，沙伊尔. 人格心理学 [M]. 梁宁建，等，译. 上海：上海人民出版社，2011.

图书在版编目（CIP）数据

公安心理应用/郑立勇著．—合肥：合肥工业大学出版社，2020.8
ISBN 978－7－5650－4955－2

Ⅰ．①公…　Ⅱ．①郑…　Ⅲ．①公安学—应用心理学　Ⅳ．①D035.30

中国版本图书馆 CIP 数据核字（2020）第 131389 号

公安心理应用

郑立勇　著

责任编辑　郭娟娟

出　版	合肥工业大学出版社	版　次	2020 年 8 月第 1 版
地　址	合肥市屯溪路 193 号	印　次	2020 年 12 月第 1 次印刷
邮　编	230009	开　本	710 毫米×1010 毫米　1/16
电　话	人文编辑部:0551－62903205	印　张	13.5
	市场营销部:0551－62903198	字　数	240 千字
网　址	www.hfutpress.com.cn	印　刷	安徽昶颉包装印务有限责任公司
E-mail	hfutpress@163.com	发　行	全国新华书店

ISBN 978－7－5650－4955－2　　　　定价：39.00 元

如果有影响阅读的印装质量问题,请与出版社市场营销部联系调换。

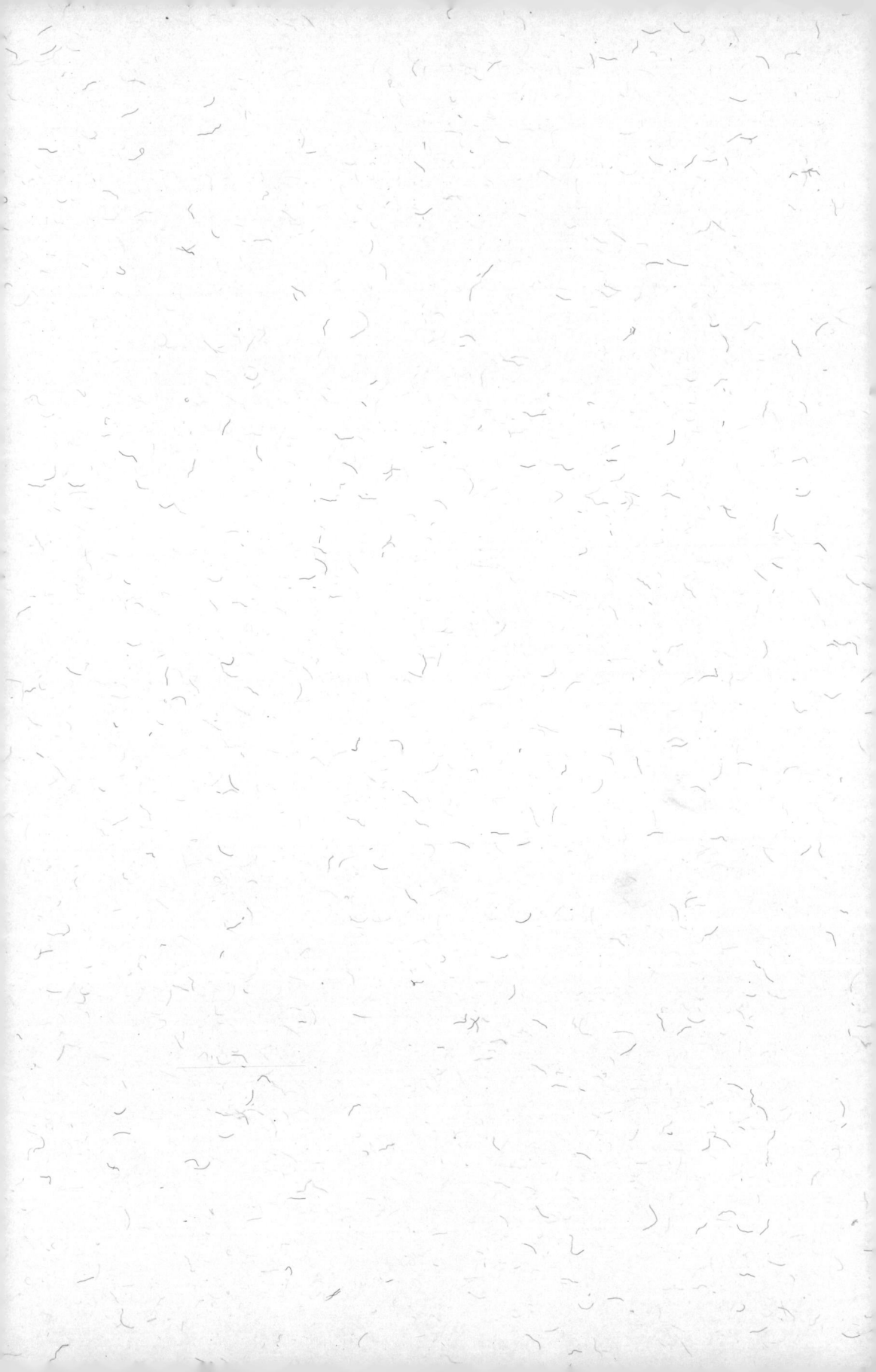